Impressum

Dieses Buch ist im Jahr 2020 in Singapur entstanden, als die Welt von einer ‚Corona-Pandemie‘ heimgesucht wurde, und keiner so recht wusste, wie es in nächster Zeit – auch angesichts des Klimawandels auf der Welt –weitergehen würde.

Titelfoto Senkrechtaufnahme der Supertrees im Parkgelände „Gardens by the Bay“ in Singapur; Foto: Fahrul Azmi (http://unsplash.com)
© Kathrin Wee-Asenkerschbaumer, Singapur

Kathrin Wee

Prinzessinnen haben's besser!

Und andere existenzielle Fragen
semi-wissenschaftlich beantwortet

Inhalt

Vorwort

Menschen. Sie umgeben uns täglich, und mich persönlich fasziniert menschliches Verhalten. Und so kommt es des Öfteren vor, dass ich mich über ihr Verhalten, wie auch mein eigenes, wundere und grüble, was der Hintergrund und Auslöser verschiedener Verhaltensweisen sein könnte.

Nach Bedeutungen, Erklärungen und Mustern zu suchen, hilft mir, mich nicht komplett Alltagswahnsinn anzuschließen. Diese Angewohnheit hatte ich schon als Kind, angefangen kurz nachdem ich zu rechnen gelernt hatte, und ich pflege sie noch immer. Bei Autofahrten als Beifahrer oder Passagier beschäftige ich mich damit, in Autokennzeichen mathematische Muster zu erkennen. Interessanterweise traf ich bisher kaum auf Nummern, aus denen man keine mathematischen Muster machen konnte! Doch manch scheinbare Erkenntnisse, auf die man oft besteht, als bedeutsam auszulegen, tragen manchmal gar keine Signifikanz. Wie in einer Geschichte, die ich während meiner Studienzeit von einem Soziologieprofessor hörte: Er befand sich als junger Doktorand in Sulawesi, Indonesien. Nach ein paar Wochen Aufenthalt in einem einheimischen Dorf fiel ihm auf, dass fast jeder einzelne Kuhfladen einen Stein in der Mitte hatte. Er war überzeugt, dass das ein einheimisches Ritual sein musste und befragte vorsichtig einen der Einheimischen, mit dem er sich angefreundet hatte. Dieser erklärte ihm, dass die Kinder Spaß daran hätten, das Pflatschen des Steines in Kuhfladen zu sehen, und sie daher keine Chance verpassten, dies zu tun. So viel zu einem kulturell bedeutenden Ritual.

Ich komme bei meiner Suche nach Erklärungen und Bedeutungen auch nicht immer auf logische, wissenschaftliche oder sogar halbwegs richtige Antworten, doch versuche mein Bestes, unserer Umwelt ein wenig Sinn einzuhauchen und vielleicht sogar ein wenig dazu beizutragen, unsere Mitmenschen besser zu verstehen, zu tolerieren und zu schätzen. Sind wir nicht alle tief in unseren Herzen besondere, wahnsinnige Prinzen und Prinzessinnen, die sich nach Liebe, Rücksicht und Ansehen sehnen? Genau das macht uns doch so liebenswert!

Singapur, im Herbst 2020
Kathrin Wee

Was ist los mit Kaffee?

Seit ein paar Jahren bemerke ich nun, dass ich monatlich neue Kaffee-Optionen bekomme. An fast jeder Straßenecke macht ein neues Café auf, das ganz besonderen -Kaffee anbietet. Da gibt es Indonesischen Retro-Kaffee, „Artisanal Single Origin Biological Hand-ground and lovingly -brewed" Kaffee, Arabischen Kaffee, Türkischen Kaffee, Bastard-Versionen von lokalem Kaffee (Kopi), Kopi Luwak, einer der teuersten Sorten, da es aus dem Kot von Zibetkatzen gewonnen wird, und noch mehr. Alle werden natürlich teurer verkauft als der reguläre ‚housebrew' bei Starbucks oder Kopi in den lokalen ‚Kopi shops'. Und die hippe, junge Generation tut das auch gerne. Dieser Kaffee verspricht immerhin nicht nur sehr gut zu schmecken – nach Honig, Schoko, Holz, weiß-Gott-was –, sondern ist auch fair und umweltfreundlich. Die Jungen stellen sich sogar an, um diesen besonderen Kaffee zu probieren, oft Ewigkeiten.

Für mich ist das nichts, ich brauche meinen Kaffee schnell! Vor allem am Morgen … extra in ein Café gehen und dort besonderen Kaffee holen? Und dann auch noch anstellen? Bis dahin hab' ich eine so schlechte Laune, dass ich weder den Kaffee noch den Tag gebrauchen kann! Aber wie gesagt, sehr viele hippe junge Leute machen das hier. An Wochentagen sind es hauptsächlich junge Expats. Entweder Pärchen, die sich nach dem morgendlichen Laufen umweltfreundlichen und fairen Kaffee leisten wollen, oder junge Expatfrauen mit Kinderwagen die müde mit einer Hand den Kinderwagen vor sich herschieben und in der anderen den tollen Kaffee halten. Bei den Einheimischen sieht man das so gut wie nie. Die Einheimischen besuchen diese Cafés an den Wochenenden, und sitzen dann da (um gesehen zu werden?) und nippen an ihrem ‚Künstler-Kaffee'. Café-Hopping ist sogar ein anerkanntes, hippes Hobby geworden (Häkeln leider noch nicht, aber wer weiß). Café-Hopping bedeutet man geht in ein hippes Café, trinkt da einen besonderen Kaffee, und geht dann in ein weiteres Café und macht da genau das Gleiche, bis man keinen Kaffee mehr sehen kann oder das

Herz nachgibt (den letzten Satz habe ich selber dazuerfunden). Das ist gut für die Kaffee-Industrie. Aber woher kommt eigentlich unsere Besessenheit in Sachen Kaffee? Um ganz ehrlich zu sein, Kaffee schmeckt eigentlich gar nicht so gut, nicht so wie zum Beispiel Schokolade.

Kaffee wurde ursprünglich so populär wegen seiner Eigenschaft, dem Konsumenten Energie zu verleihen und den Hunger zu unterdrücken, was im Islam seit jeher während des Ramadans wichtig ist. Der Geschichte nach entdeckte man diese Eigenschaft des Kaffees im 15. Jahrhundert, und Kaffee verbreitete sich seitdem rapide. Es ist ein unglaublich gutes Geschäft auf der ganzen Welt geworden, so gut, dass man ernsthaft dahintersteht, es auch weiterhin ein gutes Geschäft sein zu lassen. Der morgendliche Kaffee, Kaffee und Kuchen, sogar abendlicher Verdauungskaffee unterstützt den hohen Kaffeekonsum vor allem in den sogenannten entwickelten Ländern. Aber Märkte müssen wachsen, es muss mehr Profit gemacht werden, wenn nicht monatlich dann jährlich! Und so denkt man sich neue Strategien aus, so viel Kaffee wie möglich an den Mann/an die Frau zu bringen. Kaffee als Hobby ist eine wunderbare neue Strategie! Perfekt für Extravertierte wie auch Introvertierte! Immerhin kann man seinen ‚Künstler-Kaffee‘ auch daheim machen. Wer hat während des Lockdowns nicht von Dalgona-Kaffee gehört? Und vor allem, wer kann heute noch ohne Kaffee leben? Naja, vielleicht die Engländer … Ich brauche jetzt auf jeden Fall meinen Nachmittagskaffee!

Der Tod der Esstischgespräche

Ich erinnere mich mit nostalgischen Gefühlen an Abendessen und Wochenendfrühstücke mit meiner Familie, als ich noch ein Kind war. Unsere Mahlzeiten dienten nicht nur zur einfachen Nahrungsaufnahme, sondern auch dem Austausch von Information, unserer Erfahrungen und Gedanken. Das war natürlich vor der Geburt des Internets und des

Smartphones. Wir unterhielten uns am Wochenendfrühstückstisch oft stundenlang über Politik, hielten soziale Diskurse und tauschten eigene Erfahrungen aus. Ich genoss diese Familienessen immer unglaublich. Ich fand diese Gespräche jedes Mal sehr aufschlussreich und informativ. Ich bewunderte meine Eltern um ihr riesiges Wissen in Bereichen von Politik, Geographie und Geschichte. Aber am besten gefielen mir unsere Treffen mit auch anderen Verwandten wie meinen Großeltern und meinen weltbereisten Tanten und Onkels. Ich konnte ihnen stundenlang bei Mahlzeiten oder Kaffee und Kuchen zuhören und saugte Geschichten über ferne Länder regelrecht auf. Ich war der Ansicht, diese Familienmahlzeiten wären normal, und war der Überzeugung, dass das alle Familien so machten. Vielleicht war es damals auch so. Heutzutage ist das allerdings ganz anderes, sogar bei uns daheim. Mein Mann ist nämlich nicht mit Familiengesprächen aufgewachsen und kann sich an unnötig langes Sitzen am Esstisch nicht gewöhnen. Er strengt sich sehr an, mit uns sitzen zu bleiben, aber es klappt nicht immer. Sobald er mit seinem Essen fertig ist, wird er nervös, rutscht auf seinem Stuhl herum wie ein kleines Kind und findet dann bald eine Ausrede, den Tisch zu verlassen, egal ob ich oder die Kinder noch am Essen sind. Mahlzeit vorüber, nicht stattgefundene Unterhaltung verloren. Er hat das so von seinem Vater gelernt, denn mein Schwiegervater ist noch extremer. Er verlässt sogar das Restaurant, wenn er mit seinem Essen fertig ist und wartet im Auto. Mein Mann hat auch schon öfter so ähnliche Vorschläge gemacht, die sind allerdings nicht positiv bei mir angekommen, und er bleibt nun zumindest an Tischen in Restaurants sitzen, geistig allerdings bleibt er nicht präsent. Er holt sein iPhone aus der Hosentasche, und dann kann man die Unterhaltung für den Rest des Restaurantaufenthalts auch vergessen. Das war nicht immer so. Vor vielen Jahren, als es noch keine Smartphones gab, unterhielten wir uns während unserer Mahlzeit. Wir hatten ja immerhin keine Unterhaltungsalternativen, sondern nur einander. Aber ich beobachte das auch bei den meisten anderen Familien. Jeder unterhält sich mit seinem

Smartphone, sogar kleinste Babys werden elektronisch vergnügt. Bei Familien mit Teenagern ist es am schlimmsten, diese Familien reden gar nicht mehr miteinander. Ich hatte vor vielen Jahren auch schon einmal so ein komisches Mittagessen. Meine Schwägerin aus Kanada kam uns besuchen (oder wahrscheinlich einfach nur das Land in dem wir damals lebten), und wir luden sie zum Mittagessen ein. Sie sprach genau vier Worte, dreimal ‚ja‘ und einmal ‚nein‘. Den Rest der Zeit verbrachte sie an ihrem Smartphone. Sie studierte übrigens Linguistik. Da wundere ich mich über die Zukunft unsere Kommunikationsfähigkeiten. Was wird aus Gesprächen, die, wie man es in jedem Psychologiebuch finden kann, die Basis unseres menschlichen Zusammenlebens bilden sollten? Wird es zu mehr Missverständnissen und Konfrontationen kommen? Werden die Frustration des Unterbrochenwerdens durch Nachrichten des Smartphones, die viel zu kurz gewordene Aufmerksamkeitsspanne und das Gefühl, ignoriert zu werden oder mit einem Smartphone ersetzt zu werden, das Ende von menschlichen, körperlichen Beziehungen bringen? In Japan kann man das schon beobachten. Altmodische menschliche Beziehungen empfinden dort viele junge Leute als zu anstrengend und zeitaufwendig, es gibt daher mittlerweile Dienste wie Miet-Freundinnen/Freunde, mit den man für eine Gebühr ein paar Stunden Gespräche über Gott und die Welt führen kann, sollten sie einem fehlen. Wer weiß, was einem die moderne Technologie sonst noch so bringen kann.

Jedenfalls habe ich vor kurzem in Interesse der Wissenschaft ein kleines, unwissenschaftliches Heimexperiment durchgeführt. Mein Mann und ich fingen gerade ein politisches Gespräch an (was sehr selten der Fall ist), und ich freute mich schon, endlich mal wieder die Möglichkeit zu haben, mich über Erwachsenenthemen zu unterhalten und ihn mit meinem gesamten politischen Wissen in den nächsten zwei Minuten zu überschütten. Ich hatte immerhin die optimistische Illusion, dass unsere Unterhaltung ganze zwei Minuten dauern könnte. Da hatte ich mich mal wieder verrechnet. Nach zehn Sekunden, halbwegs durch meine Einleitung, bekam sein Smartphone alle Aufmerksamkeit – eine Arbeits-E-Mail, wie sich später herausstellen sollte. Ich beendete unbeirrt meinen Satz, sah ihn zehn Sekunden lang an, und verließ dann den Raum. Es dauerte fast fünf Minuten, bis er bemerkte, dass ich nicht mehr neben ihm saß. Bis ich wieder ins Wohnzimmer zurückkehrte, hatte er unsere angefangene Unterhaltung schon komplett vergessen. Das ist natürlich unangenehm. Daher hat wohl Steve Jobs, der Erfinder dieses ‚bösen' iPhones, die Zeit, die seine Kinder zuhause mit Technologie verbrachten, begrenzt. Drogenhändler lassen ihre Kinder von ihren Gütern ja auch nichts probieren, Dealer sind sich den Gefahren zu sehr bewusst. Ich erlaube es meinen Kindern auch nicht. Es wäre doch schade meine letzten zwei Esstischgesprächspartner auch noch an Smartphones zu verlieren. Doch sollten alle Stricke reißen, dann führe ich einfach Selbstgespräche, dann kann ich mir zumindest sicher sein, dass mir jemand zuhört!

Hobbys

Jeder hat ein Hobby. Manche sind stolz auf ihre Hobbys, andere nicht. Ich mache es ganz anders. Ich lüge. Ich sage mein Hobby ist Stricken, das kann ich aber eigentlich gar nicht. Ich kann nur Häkeln, aber das hört sich nicht so gut an. Häkeln ist für alte Tanten, und so eine bin ich noch nicht. Außerdem kennen die meisten Leute den Unterschied eh nicht. Oder ich sage etwas wie: Reisen. Lesen. Solche Dinge hören sich immer gut an. So gebildet. So weltoffen.

Aber mein echtes, geheimes Hobby ist Schlafen. Ich mache nichts lieber als Schlafen. Am liebsten am Nachmittag. Vielleicht, weil das noch eher ein Tabu ist. Doch am Nachmittag habe ich die schönsten Träume. Das liebe ich am Schlafen. Man kann für eine kurze Zeit seiner Realität entkommen. Außer es renoviert schon wieder einer meiner Nachbarn. Ich habe 45 nachbarliche Wohnungen, das heißt, unsere Wohnanlage hat 46 Einheiten, und ständig renoviert jemand. Aber nicht nur Möbel umstellen, nein, ganze Wände und Bäder und was-weiß-Gott reißen die ständig raus. Und meistens scheint es genau die Wohnung über mir zu sein. Ich würde die Wohnung ja so gerne mal sehen, die muss ganz toll aussehen, nach fünf Jahren Renovieren. Am liebsten arbeiten die Handwerker da oben um die Nachmittagszeit, gerade wenn ich mich zu meinem Nachmittagsschlaf hingelegt habe und langsam in meinen Wunschtraum absegle. Dann, genau dann fangen sie an. Und dann ist es auch fast wieder vorüber mit meinem Nachmittagsschlaf. Dann freue ich mich auf die Nacht, da dürfen sie da oben keine Wände und Bäder rausreißen, sondern nur Party machen.

Ich verstehe eigentlich nicht, warum Schlafen kein Hobby sein darf. Ich bin mir sicher, dass ich nicht die einzige Person bin, die das Schlafen liebt. Aber es redet niemand darüber, es ist ja so peinlich, wenn man gerne schläft. Doch ich finde es ist ein ganz tolles Hobby! Es kostet nichts und hält einen jung und fit (wenn man nicht zu viel schläft, alles muss in Massen genossen werden). Außerdem kann man mit Schlafen niemanden stören, außer man ist ein chronisch laut schnarchender Schläfer. Aber trotz alledem ist ‚zu viel‘ Schlafen generell ein Tabu. Das weiß ich von meinem Papa. Er hat uns nämlich damals in unserer neuen Heimat aufgeklärt, als wir Kinder uns nach zwei Wochen noch immer nicht von unserem Jetlag erholt hatten und immer nur schlafen wollten, dass einem das Blut anfängt zu verrotten. Das will man natürlich nicht … Aber wie viel Schlaf ist zu viel Schlaf? Es heißt ja auch, dass es verschiedene Arten von Menschen gibt, die unterschiedlich viel Schlaf brauchen, um optimal zu funktionieren, manche brauchen nur vier Stunden Schlaf am Tag, andere zehn Stunden. Albert Einstein zum Beispiel war einer, der zehn Stunden am Tag brauchte. Er hielt Nachmittagsschläfchen, in denen er die verrücktesten Theorien erträumte. Da sagt dann niemand etwas … aber es redet auch niemand positiv über diese Angewohnheit von Albert Einstein. Und warum? Weil Schlafen generell nicht produktiv ist! Das ist es. In unserer höchst kapitalistischen Welt ist Produktivität alles. Alles muss immer besser, schneller und mehr werden. Da bleibt keine Zeit für unproduktive Inaktivitäten wie Schlaf. Man macht im Schlaf nichts, und man lernt nichts. Ergo, Schlaf ist Zeitverschwendung und daher ist Schlafen ein unakzeptables Hobby.

Mein Bruder hat einmal einem seiner Freunde erzählt, ich hätte vom Schlafen Muskelkater bekommen. Ich habe mich so geschämt! Und daher lüge ich nun … und behalte mir aber ganz geheim den Glauben, dass Schlafen das perfekte Hobby ist! Gute Nacht!

Spandex – macht uns zu enge Kleidung schlanker?

Es passierte während einer meiner täglichen Spaziergänge. Ich sah eine Frau in einem hautengen, beigen Spandex Outfit. Ich sehe nicht sehr gut, vor allem am Morgen, wenn der Kaffee seine Wirkung noch nicht so richtig ausgeübt hat, daher dachte ich zunächst, sie sei nackt! Aber das ist hierzulande ja verboten, man darf nicht einmal zu Hause nackt herumlaufen, zumindest dann nicht, wenn die geringste Chance besteht, von Nachbarn hüllenlos gesehen zu werden. Wahrscheinlich gibt es so etwas in anderen Ländern auch. Verbote halten Expats – das sind gut bezahlte Besuchsarbeiter meistens aus westlichen Ländern – hier des Öfteren jedoch nicht davon ab, Regeln zu brechen. In der Tat scheinen sie es sogar zu bevorzugen, sich nicht an lokale Regeln zu halten. Nach dem Motto: Wenn man in Rom ist, sollte man sich unbedingt nicht wie ein Römer verhalten! Sonst kennt man den Unterschied ja nicht, und das ist wichtig. Denn viele Expats sind traurigerweise der festen Überzeugung, einen viel höheren sozialen Status zu haben als die Einheimischen. Aber das ist ein anderes Thema. Expatverhalten beiseite, wer geht denn schon nackt joggen? Da würde ich mich ordentlich schämen. Ich gehe ja schon ungern vor anderen im Badeanzug in den Pool. Außer Nacktjoggen ist ein neuer Modetrend, den ich schon mal wieder verpasst habe. Das kommt bei mir schon öfter vor, dass ich Trends übersehe. Das außergewöhnliche Joggingoutfit dieser Frau brachte mich jedoch zum Nachdenken. Warum tragen wir Frauen den so gerne viel zu enge Kleidung? Kann man darin schneller und mit weniger Anstrengung joggen, da weniger Luftgegenstand herrscht? So flatternde Kleidung kann da echt anstrengend sein! Oder glauben wir etwa, dass uns zu enge Kleidung dünner aussehen lässt? Ohne zu versuchen, gemein zu sein, muss ich dazu sagen, dass die Frau in dem beigen Spandex-Outfit nicht gerade dünn war. Das ist voll und ganz in Ordnung, aber normalerweise sind wir Frauen nicht selbstbewusst genug, unsere Fettröllchen öffentlich auszustellen; nicht einmal privat im Badezimmerspiegel betrachten wir sie gerne. Also, was ist denn eigentlich wirklich der Unterschied zwischen hautenger Kleidung und nackt zu gehen? Aussehen tut man in beidem ziemlich gleich: es bleibt so gut wie nichts der Vorstellung übrig, vor allem bei einem beigen Spandexanzug.

Da fiel mir ein ähnliches Szenario ein, das ich während meiner Studienzeit behandelte. Man stelle sich eine Frau in Bikini mitten in einer beschäftigten Einkaufsstraße oder in einer Büroanlage vor. Sie würde auffallen, man würde sich beschweren und sie wahrscheinlich für verrückt erklären. Man stelle sich diese Frau in Bikini an einem beschäftigten Strand vor. Kein Mensch würde da etwas sagen, sie ist in diesem Umfeld komplett normal und akzeptiert, sie würde wohl nicht einmal besonders auffallen. Unsere Gesellschaft setzt bestimmte Regeln und soziale Normen. Einen Bikini außerhalb des Strandbereiches zu tragen ist nicht sozial annehmbar, weil es nicht angebracht ist. Nackt sein in der Öffentlichkeit, ist auch nicht angebracht und daher nicht akzeptabel – außer vielleicht am Nudistenstrand, wo jeder hüllenlos daherkommt. Der große Unterschied zwischen nackt sein und zu enge Spandexkleidung zu tragen liegt also in der dünnen Lage des Stoffes. Trotz sehr straffen Anliegens hilft diese Kleidung, sich an soziale Normen zu halten und bietet noch immer ein Gefühl der Sicherheit, seine Nacktheit hinter etwas Stoff verstecken zu können. Beiges Spandex bietet trotz allem Schutz vor unangebrachter Nacktheit.

Der Grund, warum wir uns Frauen entscheiden, oft viel zu enge Kleidung zu tragen, kann mit einem Blick in die Geschichte der Emanzipation der Frau zu besserem Verständnis führen. Figurbetonte Kleidung ist eine Form der weiblichen Ermächtigung. Männer können ihre weiblichen Formen zwar sehen, dürfen sie aber nicht berühren, sie müssen sich beherrschen, was Frauen ein gewisses Machtgefühl verleiht. Ihr Körper gehört ihnen. In Europa und auch in Nordamerika wurde es für Frauen erst um 1950 bis 1960 gesellschaftlich akzeptabel, Hosen und andere figurbetonte Kleidung zu tragen. Zur Wende des 19. auf das 20. Jahrhundert trugen Frauen weite, fließend-lange Gewänder, die erst um 1920 durch etwas mehr figurbetonte Kleider und Kostüme ersetzt wurden. In Islamischen Ländern ist figurbetonte Kleidung für Frauen außerhalb des Hauses immer noch nicht gerne gesehen und zum Teil regelrecht verboten. Kleidung ist eine Reflexion des Levels der Emanzipation.

Natürlich ist enge Kleidung auch ein Modetrend, man fühlt sich in der Tat etwas schlanker und weiblicher, wenn man figurbetonte Kleidung trägt. Jedoch leiden wir Frauen oft unter der Fehlannahme, in zu enger Kleidung dünner auszusehen, da sie Fettanlagerungen schön in Form drückt. Aber hautenge Kleidung kann durchaus auch praktisch sein! Da wabbelt und hüpft nicht mehr ganz so viel beim Laufen, was echt lästig sein kann! Warum man sich allerdings ausgerechnet für beiges Spandex entscheidet, kann ich beim besten Willen nicht verstehen.

Warum binden wir kleine Tiere an die Leine?
Meine Geschichte des Schoßhundes

Ich sehe sie jeden Tag auf meinem Spaziergang: kleine Tiere, die etwas wie Hunde aussehen und an Leinen angebunden sind, damit sie nicht davonlaufen können. Meistens sind es Männer, die hier kleine Hunde an der Leine hinter sich herschleppen. Einer dieser Männer hat sogar einen besonderen Sitz an seinem Fahrrad befestigt, damit der Hund vor ihm sitzen kann und er mit ihm reden kann (Update: mittlerweile gibt es zwei solche Hunde-Radler). Interessanterweise werden die größeren Hunde hier hauptsächlich von Haushaltshilfen spazieren geführt, und die richtig großen Hunde wie Golden Retriever befinden sich meistens an den Leinen ihrer weiblichen Besitzer. Ich nehme an, dass diese unwilligen, männlichen Hundespazierführer wohl das Familienhaustier an die frische Luft bringen müssen. Es wäre schwer erklärbar, warum sich Männer wolliges, kleines Hundegetier an eine Leine binden würden, vor allem, wenn sie es anscheinend nicht einmal gerne spazierenführen. Da hat wohl mal wieder ein gutmütiger Freund oder ein weicher Papa nachgegeben, und einem Hund zugestimmt, aber nur zu einem kleinen, süßen. Ich versuche das Ganze etwas zu verstehen und frage mich, warum wir uns eigentlich Haustiere, speziell Hunde halten. Die Unterschiede zwischen Hunden, Katzen, Hamstern, Kaninchen, Vögeln, Schlangen und Spinnen sind einfach zu groß, um sie möglicherweise in unter 10000 Worten beantworten zu können! Die Geschichte des Hundes ist mir relativ klar. Unsere nicht ganz so entwickelten Vorfahren hielten sich Hunde, um sich gegen andere wilde Tiere zu schützen, dann weiter als Hilfe beim Jagen und als Wächter für Schaf- und Kuhherden, Haus und Hof. Dann sammelten sich ein paar Menschengruppen Reichtum an, saßen in ihren Schlössern und es wurde ihnen langweilig und sie setzten sich kleine Hunde auf den Schoss (vielleicht auch als psychotherapeutischen Gründen gegen Stress). Zum Ratten- und anderem Ungezieferfangen hatte man ja Katzen. Diese Idee mit den kleinen Hunden auf dem Schoß hatte man in vielen verschiedenen Ländern, sogar China. Dort haben sie die ‚Pekinesen' erfunden, kleine, drachenartige Hunde mit eingequetschter Nase und krummen Beinen. Mir fällt jedoch auf, dass heutzutage Leute eher Laptops auf dem Schoss haben als Lapdogs/Schoßhunde. Wozu halten wir uns heutzutage also Hunde? Vor allem in Großstädten, wo so gut wie niemand eine Schaf- oder Kuhherde zu hüten hat, und wo sich menschliches Sicherheitspersonal um Hab und Gut und um die Wohnung kümmert. Beim Jagen von Schnäppchen bringen uns unsere Jagdhunde auch nicht recht viel. Besitz von Hunden, ob groß oder klein, muss heutzutage also einen anderen als den ursprünglichen Motivationsfaktor haben. Hierzulande ist mir aufgefallen, dass große Hunde oft einfach Statussymbole sind, mit denen man zeigen kann, dass man in einer teuren Privatwohnung oder in einem Haus lebt. Man darf sich nämlich in den öffentlichen Wohnungen nur kleine Hunde halten. Dazu kommt das Konzept der Designerhunde, die richtig teuer sein können. Ich habe schon von Designer-Welpen gehört, die einige tausend Euro kosten. Um den Hund als Statussymbol an der Leine zu unterstreichen, bieten uns Hundezüchter die Möglichkeit, verschiedene Kriterien unseres Traumhundes auszuwählen. Zur Verfügung steht: viel oder wenig dickes Fell, riecht nicht, notorisch faul, damit man weniger Spazierengehen muss und einen Hund bequem in der Wohnung halten kann; beschützerisch/gefährliches Aussehen um das ‚Gangsterimage‘ zu unterstreichen; intelligent oder einfach nur niedlich; die Möglichkeiten sind fast grenzenlos! Die Hundewahl hängt bei vielen Erwachsenen mit dem Bild zusammen, das sie darstellen wollen, bei Kindern ist es einfacher. Vor allem junge Hunde sind niedlich und verspielt, und wir Menschen haben eine natürliche Neigung, etwas zu bemuttern und/oder beschützen zu wollen. Kinder wollen auch oft einfach nur einen treuen Kameraden. Erwachsene auch. Das ist ein anderer Grund, warum sich viele Leute in Großstädten Hunde halten, sie wollen einen treuen, vertrauten Begleiter, um besser mit der Anonymität und Einsamkeit der Großstadt umgehen zu können. Wer hat nicht gerne jemanden daheim, der einen Tag ein, Tag aus freundlich begrüßt, wenn man müde und gestresst von der Arbeit heimkehrt. Jemand, der nicht jammert, meckert und auch noch eigene Probleme an den Tisch bringt. Für Kinderlose kann ein Hund den Platz im leeren Nest einnehmen, für viele Alleinstehende ist der Hund ein Partnerersatz. Solch ein Hund kann aber durchaus auch bei der Partnersuche und Suche nach menschlichem Anschluss hilfreich sein. Ich beobachte oft, wie Hundebesitzer durch ihre Hunde ins Gespräch kommen und Freundschaften bilden. Und viele von uns haben doch schon

Geschichten von befreundeten Hundebesitzern gehört, die durch ihren Hund ihren Partner gefunden haben. Der Hund gegen Einsamkeit. Andere entscheiden sich auch für einen Hund, da man ihm gezwungenerweise täglich vor die Türe treten und sich bewegen muss. Außer man legt sich eine Bulldogge zu, die gehen nur ein paar Meter am Stück und sind daher zum Bewegungszwang untauglich. Ein weiterer Grund für Hundebesitz scheint die Vorliebe von manchen zu sein, etwas dominieren zu können, Macht über etwas zu haben. Bei Katzen funktioniert das nicht. Jeder Katzenbesitzer weiß, dass er erstens nie wirklich eine Katze besitzt – er zahlt nur für Tierarzt und Futter, bis die Katze einen besseren Dienstleister gefunden hat – und zweitens, dass die Katze den Menschen beherrscht. Katzen kommen und gehen, wie sie wollen, und machen auch nur das, was ihnen gerade gefällt. Mein letzter Gedanke zum Hundebesitz geht etwas ins Philosophische. Besitz ist tief in der westlichen Mentalität verankert. Wer Erich Fromms ‚Haben oder Sein‘ gelesen hat, erinnert sich, dass wir westlichen Menschen uns gerne Schönes, Rares und vielleicht auch Niedliches ansammeln. Niedliche, kleine Hunde, wie auch schöne, große, elegante Hunde und alles zwischendrin könnten diese Sammlerneigung anregen.

Ob Hundebesitz in 50 bis 100 Jahren auch noch so aussehen wird? Was werden unsere Gründe für Hundebesitz dann sein? Werden wir überhaupt noch Haustiere halten? In Japan hat man ja schon vor längerem Roboterhunde erfunden, nur das weiche Fell fehlt noch …

Toilettenpapiermonster
und andere gespenstische Erscheinungen

Warum bin ich immer diejenige, die das letzte Fetzchen, den Rest der Klopapierrolle abbekommt? Es scheint fast wie ausgerechnet, dass ich jedes Mal die Klopapierrolle ersetzen muss. Vielleicht liegt es an meinen unglaublichen Fähigkeiten, dieses komplizierte Unterfangen

effizient und kompetent zu erledigen. Bei anderen Gelegenheiten ergeht
es mir ähnlich: Überall bleiben Dinge liegen, Socken, Schuhe, Stifte,
Legos (ein anderes Thema), Tassen, Kleidung, so ziemlich alles. Für
dieses tägliche Phänomen gibt es meiner Ansicht nach genau zwei Erklärungen: Entweder lebt bei uns daheim ein Gespenst, das sich jeden
Tag den Spaß macht, mich mit Unordnung (und Dreck) auf die Palme
zu treiben. Das würde sehr gut erklären warum meine ständigen Erinnerungen und Mahnungen an meine Familie, doch bitte ihre Sachen
aufzuräumen, immer auf taube Ohren fallen. Es heißt zwar, Männer hätten ein selektives Gehör, also hören nur, was sie wollen, aber davon bin
ich nicht ganz überzeugt. Die andere Erklärung ist, dass mich meine
Familie dank meiner unglaublichen Aufräum- und Putzkünste auserko-
ren hat, mich diesen Aufgaben zu widmen, damit sie stets zur Perfektion erledigt sind und keine unangenehmen Unterbrechungen auftreten.
Immerhin bin ich die Meisterin des Haushaltes, wenn nicht sogar meiner ganzen Familie! Ich weiß immer und stets, wo alles ist, wo alles
hingehört, wer was wo wann versteckt oder verlegt hat. Diese Information ist ganz einfach in meinem Gehirn gespeichert, wohl eine weibliche Fähigkeit, die genauso wie Multitasking Männer nicht zu besitzen
scheinen. Meine Männer zumindest vergessen grundsätzlich alles, was
mit Haushalt zu tun hat (selektives Erinnern?), und können immer nur
genau eine Sache auf einmal machen. Sprechen und gehen auf einmal
klappt gerade noch.

Aber Spaß bei Seite, warum ist es eigentlich der Fall, dass kompetente (und gutmütige) Leute immer die meiste Arbeit bekommen? Es
ist doch am Arbeitsplatz genau das gleiche. Ich habe das ja damals, als
ich noch für monetäre Entschädigung arbeitete, hautnah miterlebt. Ich
habe nämlich diese doofe Eigenschaft, aus der Konfrontation von mehr
Arbeit und mehr Projekten eine gewisse Energie zu ziehen. Eigentlich
versuche ich nur, alles viel effizienter zu erledigen, um mehr Zeit zum
Tagträumen und Kaffeetrinken zu haben. Aber meine Arbeitgeber und
Kollegen haben das damals total verkehrt ausgelegt! Die dachten, ich

wolle immer noch mehr Arbeit, natürlich für den gleichen Lohn! Umso schneller ich Projekte erledigte, Reden schrieb und Besprechungen bewältigte, umso mehr Mitgliedschaften in verschiedensten Fokusgruppen und Projekte bekam ich. Meine Arbeitstage waren täglich richtig schön voll, Besprechung nach Besprechung, und mein Name überall. Und wenn ich gerade ein paar Sekunden zum Schnaufen hatte, bat mich eine Kollegin um Hilfe, was ich als gutmütiger Mensch natürlich gerne tat. Allerdings machte es mir nichts aus, im Büro sehr beschäftigt zu sein. Immerhin war meine Arbeit bedeutungsvoll, und die zehn Stunden im Büro vergingen so schneller. Ich freute mich nämlich täglich auf meine abendlichen Hobbys wie Fernsehschlafen und gelegentliches Stricken (wer meine anderen Geschichten gelesen hat, was, dass ich gar nicht stricken kann). Jedenfalls ist die Frage ja, warum kompetente Leute mehr Arbeit bekommen als andere. Ohne nun dicke Psychologie- und Soziologiebücher zu konsultieren, vermute ich ganz einfach, dass es etwas mit der natürlichen Faulheit und dem logischen Denken von Menschen zu tun hat. Warum auch sollte man mehr arbeiten als unbedingt notwendig, wenn es jemanden gibt, der es für einen erledigt, und man mit weniger Arbeit auf die gleichen Resultate kommt, wie Gehalt oder saubere Wohnung und nachgefüllte Klopapierrollen. In einem gewissen Sinne ist das sehr schlau, allerdings nicht gerade verantwortungsbewusst. Und vor allem, nennt man das auch ganz gerne schlicht und einfach ‚ausnutzen'. Aber da sich an dem Verhalten von Menschen wohl über die nächsten Millionen Jahren nicht viel ändern wird, sollte ich mich vielleicht einfach freuen und stolz auf meine Haushaltskünste sein!

Essenskriege: Die Qual des Mahls

Bei uns daheim herrschen oft Kriege, nicht nur im Kinderzimmer, sondern auch am Esstisch. Mein älterer Sohn ist ein schrecklicher Esser. Er mag das Hundertste nicht. Wenn ich zum Frühstück, Mittag- oder Abendessen rufe, ist er immer der letzte, der sich hinsetzt. Gequält und verdächtig betrachtet er dann sein Mahl. Mir kommt es manchmal so vor, als wäre er der Überzeugung, ich plante schon seit Jahren, ihn eines Tages zu vergiften. Nur bei Steak und Lasagne macht er Ausnahmen. Wie könnte man auch Gift in Steak oder Lasagne verstecken. Bei meinem jüngeren Sohn ist es genau andersrum. Er hilft mir oft beim Kochen, sitzt als erster am Esstisch und freut sich über jegliche Art von Essen. Er betrachtet seinen Teller mit Genuss, schaut dann auf meinen herüber (ich koche oft etwas anderes für mich) und sagt mir, dass ich meine Portion nicht aufessen soll, weil er auch etwas davon probieren will. Als er noch nicht sprechen konnte, nahm er sich einfach das Essen, das ihn anlachte, von den Tellern anderer. Mittlerweile fragt er höflich danach. Das würde meinem älteren Sohn nie in den Sinn kommen: erstens höflich fragen und zweitens etwas von meinem Teller probieren zu wollen. Obwohl das Essen auf meinem Teller bestimmt nicht giftig ist – es wäre ja dumm von mir, mich selber zu vergiften. Das überlasse ich anderen. Jedenfalls ist das Mahl jedes Mal eine Qual. Mit einem Gesicht, als würde er in den Krieg ziehen müssen, stochert mein älterer Sohn in seinem Essen rum. Dieses Verhalten verärgert mich natürlich jedes Mal, allerdings mache ich mir auch Sorgen um seinen Wachstum und seine Gesundheit, wie jede Mutter. Ich bereite unsere Mahlzeiten mit Liebe, Hingabe und natürlich frischen, gesunden Zutaten zu. Das mache ich schon, seitdem er ein Baby war. Aber Dankbarkeit bekomme ich dafür keine. Höchstens ein ‚Warum-hast-du-mir-schon-wieder-soviel-zu-essen-gegeben‘! Er bekommt die gleiche Portion wie sein drei Jahre jüngerer Bruder, der grundsätzlich nach mehr fragt. So herrschen bei uns tägliche Essenskriege. Aber ich weiß, dass mein älterer Sohn kein Einzelfall ist, genauso wie mein jüngerer. Er isst außergewöhnlich gut und viel, und hat dazu noch ganz besondere Vorlieben für Brokkoli, Karotten und exotische Dinge wie Fischköpfe.

Wenn man etwas in Kinderernährungsbüchern herumblättert und sich im Internet etwas umsieht, findet man endlose Information über schlechte Esser. Es gibt hunderte von Büchern und tausende Rezepte, wie man denn den lieben Kleinen das Essen appetitlicher machen könnte. Wie man Gemüse in Nudel und Fleischgerichten verstecken kann. Wie man Fisch als Hühnchen oder Spaghetti verkleiden kann, um die ausgestochenen Zwerge zu all ihren Nährstoffen kommen zu lassen. Es gibt Hunderte von Ergänzungsmitteln und Getränken, die schlechten Essern wertvolle Mineralien und Vitamine und was noch alles zukommen lassen sollen, damit sie sich auch trotz schlechten Essens geistig und körperlich gut entwickeln. Ich sehe täglich Dutzende Werbungen für Kindermilch, Probiotika, Multivitamin und sogar gesunde Süßigkeiten wie Nutella oder Schokoladengetränke, die mit Mineralien und Vitaminen und Proteinen und Ballaststoffen und so weiter angereichert sind. Wir Eltern treiben uns zum Wahnsinn, die Lebensmittelindustrie für Ergänzungsmittel sowie Autoren von Kinderkochbüchern und Kinderrezepten verdienen sich goldene Nasen. Ob wir unseren schlechten Essern mit diesen speziellen Lebensmitteln und Ergänzungsmitteln nicht das Gefühl für das richtige Essen nehmen? Sie soweit verwöhnen und verwirren, dass sie als Erwachsene noch viel größere Kämpfe mit Mahlzeiten austragen müssen? Wer weiß schon wirklich, was normal ist.

Auf die Frage ‚normal‘, meinte unser Kinderarzt, solange mein Älterer in die Höhe wüchse, sollte ich mir keine Sorgen machen. Außerdem sollte ich ihm einfach seine Steaks essen lassen. Na, dann geh ich jetzt mal gleich zum Metzger.

Warum sehen wir uns eigentlich Filme an

Wir machen es alle fast täglich, hauptsächlich abends, in der Nacht, manche aber schon am frühen Morgen. Ich beziehe mich aufs

Fernsehen, und nicht etwa etwas anderes. Ein Leben ohne Fernsehen kann man sich heutzutage ganz schlecht vorstellen.

Fernsehen wurde vor fast 100 Jahren im Jahr 1927 erfunden und fasste dann sehr schnell Fuß in unserer Gesellschaft. Jemand beschrieb das Fernsehen einmal als einen Fremden, der es sich bei uns, fast uneingeladen, einmal im Wohnzimmer gemütlich gemacht und mittlerweile unser Zuhause übernommen hat. Anfangs war der Fernseher hauptsächlich wichtig für Nachrichten und für politische Propaganda (zusätzlich zum Radio, aber Bilder überzeugen effektiver), vor allem da es früher nur eine sehr limitierte Anzahl von Fernsehkanälen gab. Heutzutage sind wir fast komplett von unserem Fernseher abhängig in Sachen Unterhaltung. Zum Propagieren wird das Fernsehen noch immer gerne verwendet, allerdings wurde der politische Inhalt von Werbungen neuester Produkte und Dienstleistungen ersetzt. Zuschauer haben nun auch die Möglichkeit, bei Werbepausen einfach umzuschalten, oder für Fernsehkanäle ohne Werbung zu bezahlen, denn die Auswahl an Fernsehprogrammen ist mittlerweile riesig. Man findet endlose Genres, von Krimi, Horror und Thriller bis Abenteuer, Comedy und Kinderfilme, und noch viel mehr. Mein Papa ist stolzer Besitzer eines TV-Angebots von über 100 Kanälen. Ich weiß gar nicht, wie er es jeden Abend zeitlich schafft, etwas Passendes auszuwählen (mittlerweile weiß ich das schon; mein Papa hat mir nämlich erzählt, der Fernseher sei so kompliziert geworden, dass er nun Alexa braucht, um ihn zu bedienen. Alexa hilft auch gerne mit der Fernsehprogrammauswahl!). Mir ist das zu viel Arbeit, da nehme ich mir lieber ein Buch aus dem Bücherregal oder lasse meinen Mann auswählen.

Während meiner Kindheit gab es nur ein paar wenige Kanäle zur Auswahl, oder zumindest hatten wir daheim nur eine limitierte Anzahl, um uns vielleicht vom exzessiven Fernsehen abzuhalten. Denn wir durften als Kinder nur eine Stunde am Tag fernsehen. Wir schauten natürlich oft geheim viel länger fern, wir aßen und machten auch unsere Hausaufgaben vorm Fernseher, obwohl es uns strengstens verboten war. Unsere Mama arbeitete Teilzeit, und wir dachten, wir könnten machen, was wir wollten. Aber unserem Papa machten wir da nie etwas vor. Wenn er von der Arbeit heimkam, fragte er uns jedes Mal, ob wir ferngesehen hätten. Er musste allerdings gar nicht auf unsere Antwort warten, denn durch eine einfache Berührung des Fernsehers konnte mein Papa diese Frage selbst beantworten. Der Fernseher war noch warm. Die alten Kisten von Fernsehern damals wurden nach längerem Gebrauch richtig heiß.

Aber nicht nur unsere Fernsehzeit war eingeschränkt, sondern auch das, was wir anschauen durften. Amerikanische Sendungen mochte mein Papa am wenigsten. Er meinte, diese Sendungen verblödeten uns. Und mittlerweile stimme ich ihm da voll und ganz zu. Außerdem dürfen meine Kinder auch nur begrenzte Zeit fernsehen. Am liebsten ist es mir, wenn sie gar nicht fernsehen! Mit mir dürfen sie ohnehin nur Dokumentarfilme ansehen. Mein Mann und ich sind uns da nicht ganz einig. Er ist ein überzeugter Fernsehkonsument, aber auch nur abends und an Wochenenden. Doch warum ist das Fernsehen so verführerisch? Warum sehen wir uns so gerne Filme an?

Fernsehen ist einfach. Es ist wesentlich weniger anstrengend, als ein Buch zu lesen oder sich zu unterhalten, dazu braucht man Vorstellungsvermögen, und das hat man am Abend oft schon nicht mehr. Fernsehen erlaubt uns auch, unsere geheimsten Träum und tiefsten Verlangen von der Sicherheit unserer Couch aus auszuleben. Wir bekämpfen Gangster; retten als furchtlose Helden hilflose Frauen, Kinder oder Tiere, erkunden exotische und oft gefährliche Teile der Welt, ohne unser Wohnzimmer verlassen zu müssen; wir lernen, die größten Gourmetgerichte zu kreieren, verfolgen Familiendramen, beobachten Schicksale, ohne eingreifen zu müssen und können uns am Ende des Filmes darüber freuen, dass es uns so gut geht, und dass uns kein blutrünstiger Mörder verfolgt. Das Fernsehen erlaubt uns noch dazu, unseren inneren Voyeur auszuleben. Das ist wichtig, denn wir verlassen uns von dem Punkt unserer Geburt an auf unsere Beobachtungen von anderen (anfangs natürlich hauptsächlich von engsten Familienmitgliedern), um soziales Verhalten zu lernen und mit verschiedenen Situationen umzugehen. Dank des Fernsehens können wir nun ganz praktisch verschiedene Genres auswählen, passend zu welchen Emotionen und Erfahrungen wir gerade ausleben wollen. Und all das, ohne etwas tun zu müssen außer der Programmauswahl, ohne uns emotionalen oder körperlichen Gefahren auszusetzen.

Vor der Erfindung des Fernsehens erlebten wir Emotionen und Abenteuer durch Geschichten, erzählt oder vorgelesen von Familienmitgliedern. Aus Müdigkeit und wahrscheinlich auch Bequemlichkeit haben wir dem Fernsehen dieses Geschichtenerzählen überlassen. Eltern haben keine Zeit und Energie mehr, ihren Kindern Geschichten zu erzählen, und Großeltern mit der nötigen Zeit, Erfahrung und Fantasie leben nicht mehr im selben Haushalt wie ihre Enkelkinder. Wir greifen also aufs Fernsehen zurück.

Doch wie so vieles, hat Fernsehen seine positiven und negativen Seiten, und ist am besten in Maßen (nicht in Massen!) zu genießen. Denn der Zugriff auf so viele verschiedene Programme aus aller Welt kann uns zwar die Augen öffnen und den Verstand erweitern, trägt aber leider auch dazu bei, dass wir abgestumpft werden und dass sich Kulturen durch die übermäßige Darstellung von kulturell dominanten Fernsehmächten langsam homogenisieren. Die USA verwenden populäre Fernsehsendungen und Hollywoodfilme schon seit den Anfangszeiten des Fernsehens als Propagandawerkzeug ihrer Kulturverbreitung. Jedes Kind kennt prominente Fernsehfiguren wie Superman und Homer Simpson, den Papst oder den eigenen Bundeskanzler leider nicht.

Mir scheint jedoch, dass Fernsehen seine starke Anzugskraft in den letzten Jahren verloren hat. Nicht weil wir langsam wiedererkennen, wie wichtig es ist, kulturell relevante Geschichten zu teilen, sondern weil Smartphones mit ihren Sozialen-Medien-Angeboten wie YouTube, Facebook und Instagram nach unserer Aufmerksamkeit gieren.

Rücksicht

Es gibt Tage, an denen einen alles nervt. Für mich ist heute so ein Tag, ich weiß aber eigentlich gar nicht warum. Doch die – meist fremden – Menschen in meinem Umfeld gehen mir auf den Keks, es fallen mir plötzlich alle möglichen unangenehmen Verhaltensweisen von Mitbürgern auf. Es gibt hunderte von Beispielen: das unnötige Hupen von Autos oder Motorrädern, das jeden aus seinen morgendlichen Socken reißt; schneller geht es mit Hupen ja eh nicht, ich hätte das auch schon öfters probiert; absichtlich auf laut getunte Sportwägen, die mitten in der Nacht oder am allerfrühsten Morgen, am liebsten am Sonntag, durch Wohnanlagen rasen. Warum straft die Polizei die eigentlich nicht?; Leute, die in Zweierformation auf engen Gehwegen dahingehen und einen fast vom Gehweg auf die Straße schubsen, wenn man auch noch ganz gerne etwas vom sicheren Gehweg abbekommen würde; Leute, die mitten auf dem Gehweg so richtig schön gemütlich vor sich hinschlendern, als wären sie die einzigen auf dieser Welt. Und die Liste geht so weiter. In Anbetracht dieser Beispiele scheint das Konzept von Rücksicht auf andere sehr fern und vielleicht sogar etwas altmodisch. Denn unser modernes Denken und unsere Umgebung zwingen uns dazu, voranzukommen. Und, wie mein älterer Sohn mit seinen acht Jahren schon erkannte, kommt man nicht so schnell voran, wenn man immer auf andere Rücksicht nehmen muss, denn andere tun es ja auch nicht. Man benützt andere regelrecht als Trittleiter, ohne Rücksicht auf Verluste. Um nicht jegliche soziale Elemente des zivilisierten Verhaltens der Gesellschaft zu verlieren, opfert man hierzulande sogar hartverdientes Steuergeld, um Leute mit Kampagnen darin zu erinnern, Rücksicht auf andere zu nehmen. Man hat außerdem ein Maskottchen eingeführt, das rücksichtsvolles Verhalten erklärt. Dank dieser Kampagne haben wir nun Aufkleber in der U-Bahn, in den Bussen und an Bushaltestellen, die darauf hinweisen doch bitte rücksichtsvoll zu sein, und zum Beispiel andere aus der Bahn rauszulassen, bevor man versucht, sich selbst reinzuquetschen. Macht ja eigentlich Sinn, dann hat man im Zug auch Platz. Aber traurigerweise erkennen viele diese Logik nicht mehr selbständig. Wie es so weit gekommen ist, dass Menschen ihr logisches Denken verlieren, wenn es um Rücksicht geht, könnte man vielleicht auf ihre Angst zurückführen, etwas zu verlieren, etwas zu verpassen oder ausgelassen zu werden. Solche Angst entsteht, wenn sich die Spalte zwischen den sozialen Klassen vergrößert, wenn niedrigere Klassen an Status und Einkommen verlieren, während die höheren Klassen das Gegenteil erleben.

Ein gutes Beispiel bietet Japan. Für mich ist Japan die Offenbarung der Rücksicht und Höflichkeit. Wer schon einmal die Möglichkeit hatte, diese fantastische Kultur zu besuchen, bemerkt, mit welcher Rücksicht, Respekt und Höflichkeit man in Japan behandelt wird; und auch, wie sich die Menschen dort gegenseitig behandeln. Ein Vorfall während einer meiner Besuche in Tokio machte mir das besonders klar. Wir waren an der Kasse in einem Lebensmittelgeschäft. Aus der Unerfahrenheit mit dem lokalen Geld brauchte ich etwas länger, den korrekten Betrag in Münzen und Scheinen zusammenzukramen. Anstelle mich ungeduldig anzustarren, offenbar um mich nicht zu beunruhigen, beschäftigte sich die Kassiererin anderweitig mit nebensächlichem Sortieren von alten Kassenzetteln, die sie sofort weglegte, als sie bemerkte, dass ich endlich fertig war. Dieses Erlebnis stand im krassen Kontrast zu einem Vorfall in London, als mich eine Kassiererin schimpfte, da ich nicht fähig war, in Sekundenschnelle mein Geld rauszurücken. Dieser Vorfall in Tokio war nicht der einzige. In überfüllten U-Bahnen, geschäftigen Straßen und vollen Restaurants stößt man grundsätzlich mit niemandem zusammen und wird stets höflich und rücksichtsvoll behandelt. Ich habe sogar einmal gelesen, dass man in Japan soweit wie möglich versucht, seine Emotionen zu unterdrücken, um andere nicht zu belästigen. Dieses Verhalten fließt oftmals sogar ein in Beziehungen mit Partner, Eltern und Geschwister. Es gäbe noch viele weitere Beispiele von Rücksicht in der japanischen Gesellschaft. Mein Punkt jedoch ist, obwohl Japan hochentwickelt ist, hat man sein Mitgefühl für Mitbürger nicht verloren, sondern anscheinend noch stärker entwickelt. In Japan gibt es zwar wie in jeder anderen Gesellschaft auch ein Klassensystem – sogar sozialistische Länder haben es –, jedoch ist die Spalte zwischen den Klassen nicht sehr groß. Jedes konforme Mitglied der Gesellschaft ist angesehen, gleich, ob es ein Firmenleiter oder ein Straßenkehrer ist, jeder macht seine Arbeit mit Stolz und Respekt, zumindest erscheint es so an der Oberfläche. Gehaltsunterschiede sind auch nicht so extrem wie in anderen, entwickelten Ländern. Ein Geschäftsleiter verdient zum Beispiel nicht 10 bis 20-mal so viel wie ein einfacher Angestellter, er verdient mehr, aber in Maßen. Und vor allem reicht in vielen Fällen auch das Einkommen eines Familienmitglieds, den Lebensunterhalt zu bestreiten. Die relativ kleine Spalte zwischen den Klassen, kombiniert mit dem sozialen Sicherheitsnetz des japanischen Staates und strengen kulturellen Regeln, gibt den Bürgern Richtung und nimmt ihnen die Angst, verlieren oder etwas verpassen zu können. Die Spalte zwischen den Klassen und die Angst zu verlieren, scheinen Hauptauslöser für rücksichtsloses Verhalten zu sein. Vielleicht könnten wir etwas von der japanischen Kultur lernen. Man muss zwar nicht so weit gehen, seine Emotionen aus Rücksicht für andere komplett zu unterdrücken, aber ein wenig Respekt und Mitgefühl zu erfahren, wäre manchmal schon recht schön, vor allem Sonntag frühmorgens, um etwa 5 Uhr.

Aufbruchsfieber

Heute ist wieder so ein Tag. Es passiert bei mir alle paar Monate, und oft ganz unerwartet. Es sind oft einfache Auslöser, heute zum Beispiel war es der Anblick des Automodells, das wir während unserer Zeit im ‚Ausland' (kommt auf die Perspektive an!!) fuhren. Meistens sind es allerdings die großen Seefrachtcontainer, die oft in unserer expat-reichen Nachbarschaft abgestellt werden. Dieser Anblick lässt mein Herz schneller schlagen, mein Körper wieder fast fiebrig vor Aufbruchslust! Mich hat dann mal wieder dieses Aufbruchsfieber, diese Reiselust gepackt. Die Lust aus dem Alltag auszubrechen und etwas ganz Neues zu erleben. Ich habe damit ja nun mittlerweile etwas Erfahrung. Ich war glücklich genug und hatte bisher zweimal die Möglichkeit, ins Ausland zu gehen, das heißt, meinen festen Wohnsitz gegen ein Abenteuer in einem neuen Land einzutauschen. Ich liebe diesen Nervenkitzel des Ungewohnten, des Neuen! Ich kann mich noch so gut an den ersten Umzug erinnern, als wäre es gestern gewesen! Mein Papa kam eines Tages von der Arbeit zurück und fragte mich, ob ich denn wüsste, wo Singapur sei. Ich hatte noch nie von Singapur gehört und dachte es wäre irgendwo in der Nähe von China; zumindest wünschte ich mir das, denn China reizte mich schon als junger Teenager. Nachdem mein Papa erklärt hatte, wo Singapur denn in der Tat wäre, erwähnte er, dass wir am Anfang des nächsten Jahres dorthin ziehen würden. Ich war sofort begeistert, und die Zeit bis zum Abflug konnte gar nicht schnell genug vergehen, obwohl der Umzug bedeutete, meine Haustiere wie auch meinen damaligen Freund zurückzulassen. Im November dieses Jahres fingen wir an, unser Haus auszusortieren, Seefracht und Luftfracht zu trennen, und so viele Dinge wie möglich einfach wegzugeben, bzw. auch wegzuwerfen. Ich kann mich noch daran erinnern, als meine Mama und ich vor unserem großen Familienbadezimmer standen und staunten, wie viele Arten von Shampoo, Bürsten und Duschgel wir über die Jahre angesammelt hatten. Aber das Gefühl nach dem Packen war unglaublich erleichternd! Und dann kam endlich der große Tag, der Tag des Abflugs! Wir verpassten fast unseren Flieger, da sich mein jüngerer Bruder noch von so vielen Freunden verabschieden hatte müssen. Doch wir schafften es noch zum Flughafen, und etwa 16 Stunden später kamen wir in unserer neuen Heimat an. Die neuen Anblicke, Gerüche, Sprachen und das Essen waren überwältigend. Wir verliebten uns ganz schnell in unser neues Zuhause, vor allem ich, und verliebt in diese neue Heimat bin ich immer noch. Dennoch überfällt mich regelmäßig diese Aufbruchslust. Daher war ich sehr glücklich, als sich vor zehn Jahren nochmals so eine Möglichkeit zusammen mit meinem Mann auftat. Der

Anblick eines Seefrachtcontainers erweckt in mir noch immer diese Umzugslust! Und ich hoffe insgeheim auf eine weitere Möglichkeit, Zeit im Ungekannten zu verbringen, nicht für immer, aber vielleicht für ein paar Jahre. Ich habe dieses Aufbruchsfieber anscheinend von meiner Oma geerbt. Meine Oma hatte zwar nie die Möglichkeit, im Ausland zu leben, jedoch überfiel sie auch regelmäßig die Lust auf etwas Neues. Sie räumte dann die gesamte Wohnung um, verstellte Möbel und brachte dadurch neue Luft in den Alltag. Meine Mama macht das gleiche, sie stellt die Wohnung um. Als ich meiner Mama einmal von meinen Reisefieberausbrüchen erzählte, meinte sie, dass das wohl auf unser Zigeunerblut zurückzuführen sei. Meine Mama ist der festen Überzeugung, dass wir von Zigeunern abstammen; wäre interessant, dass einmal genetisch nachzuweisen. Doch wenn mich mal wieder das Reisefieber packt, das mein Mann nie bekommen zu scheint, frage ich mich, warum es Menschen gibt, die regelmäßig an diesem Fieber erkranken.

Seit Anfang der Menschheit verlassen Menschen ihre vertraute Umgebung, viele aus Gründen der Verbesserung, das heißt, bessere Lebensverhältnisse wie fruchtbareren Boden, mehr Platz, und günstigeres Klima zu bekommen. So breiteten sich die Menschen von Afrika bis in den Rest der Welt aus. Andere verließen – und verlassen noch immer –, ihre Heimat aus politischen, sozialen und religiösen Gründen. Man nehme zum Beispiel den Ursprung Nordamerikas, bezogen hauptsächlich auf die weiße Bevölkerung, die hauptsächlich aus europäischen Flüchtlingen besteht; oder das ‚Asylantenproblem‘ im heutigen Europa. Die chinesischen Viertel und Stadtteile in aller Welt sind ein weiteres Exempel. Andere Menschen treibt die Abenteuerlust ins Ungewohnte, Unergründete. Christopher Kolumbus, Sir Stamford Raffles und viele namenlose Abenteurer unterstreichen unseren menschlichen Trieb, Neues zu erkunden. Auch aus biologischer Sicht machen diese Abenteuerlust und der Trieb ins Neue unbestritten sehr viel Sinn. In einem eingeschränkten Lebensraum kann sich eine Bevölkerung nur bis zu einer gewissen Größe entwickeln, bevor Platz und Nahrungsunterlage auslaufen, und sich die Bevölkerungsgröße natürlich in Grenzen hält. Doch zum gesunden Gedeih benötigt eine Bevölkerung auch ‚neues Blut‘, neue Gene, sonst rottet sie sich selbst durch Inzucht und Erbkrankheiten aus. Das sind simple Prinzipien, die auf jede Lebensform zutreffen, inklusive auf den Homo Sapiens. Der Genpool menschlicher Völker muss von Zeit zu Zeit mit neuen, fremden Genen aufgefrischt werden, sonst ist eines Tages jeder mit jedem eng verwandt! Außerdem bringt neues Blut auch neue Ideen und Entwicklungen mit sich. Ein anderer Teil der Menschheit, der Teil, dem mein Mann angehört, hat dieses Verlangen, ihre familiäre Umgebung zu verlassen, nicht, und das ist genauso wichtig. Sonst wären wir heute noch alle Nomaden!

Manchmal legt sich die Reiselust bei mir für eine Weile, manchmal dank eines Urlaubs. So einer ist jedoch im Augenblick nicht möglich, da hierzulande auf Grunde Covid-19 noch immer drastische Reiseeinschränkungen herrschen. Mein Zigeunerblut brodelt also weiterhin fröhlich vor sich hin, und ich kann mich vor Reisefieber kaum stillhalten!

Ich bin wichtiger als Wir? Gesellschaft vor dem Einzelnen

Obwohl ich mich nicht sehr oft unter fremden Menschen befinde, treffe ich täglich sehr viele Menschen, die nur an sich selbst denken. Diese Menschen sind leicht zu erkennen, denn einfache Dinge wie anderen das Leben etwas angenehmer zu machen, fallen ihnen schwer. Dinge wie etwas Platz auf dem Gehweg machen, damit man an ihnen vorbeikommt, ohne in den potentiell-mit-Hundehäufchen belegten Grasstreifen ausweichen zu müssen; oder wie im Lebensmittelgeschäft, wo die ältere Dame, die ohne Rücksicht auf andere, zehn Äpfel ansehen und begrapschen muss, bis sie den perfekten für sich gefunden und sicher in eine Plastiktüte eingewickelt vorsichtig in den Einkaufskorb legt, während eine Mutter mit quengelndem Kleinkind geduldig darauf wartet, endlich an die Reihe zu kommen; oder der Egoist, der auf zwei Spuren gleichzeitig fahren muss, weil er sich noch nicht ganz sicher ist, welche die schnellere ist (um darauf weiterhin 40 km/h zu fahren), während man es selbst in der Tat eilig hat, da man schon hinter zehn solcher Autofahrer hängengeblieben ist und nun wirklich ganz dringend auf die Toilette muss.

Es gibt täglich hunderte solcher Beispiele, und da wundere ich mich des Öfteren, ob es dieses Konzept der Gesellschaft vor dem Einzelnen hier in Asien in der Tat noch gibt oder ob es mal wieder eines dieser abstrakt-philosophischen Utopien ist, und wenn, ob es eigentlich in der Praxis einen Unterschied macht. Denn die oben beschriebenen Vorfälle sind im Westen oder in Asien nicht einzigartig. Vor kurzem, vor allem im Laufe der Covid-19 Krise, hat sich der Drang, diese Frage zu beantworten, verstärkt. Angefangen hat es mit dem Maskentragen in der Öffentlichkeit. In westlichen Ländern wie Deutschland und USA riet man der Bevölkerung dazu, um die Verbreitung des Covid-19 Virus in Grenzen zu halten. In einigen asiatischen Ländern wurde das Maskentragen ganz schnell einfach nur Pflicht. In den westlichen Ländern fing man an, gegen das Maskentragen zu protestieren, sogar der US-Präsident weigerte sich lange Zeit, eine Maske zu tragen. Die Pflicht, Masken zu tragen sei gegen Menschenrechte, gegen Freiheit. Ja, Maskentragen ist lästig. Mir selber läuft ständig die Brille an, was mich halb-blind macht, ich brauche dann noch länger, Gesichter zu erkennen, und manche erkenne ich gleich gar nicht (wahrscheinlich, weil ich sie ohnehin nicht kenne). Doch trotz solcher Umstände meckert man in den asiatischen Ländern mit Maskenpflicht nicht einmal. In Hongkong trug man von Anfang an die Masken freiwillig, zur Maskenpflicht brauchte es in diesem Sinne erst gar nicht kommen. Vielleicht hatten Hongkonger nicht nur vom SARS-Ausbruch 2003 gelernt, dass Masken helfen, sondern erfuhren ihre Wirkung schon bei Erkältungsübertragungen, ähnlich wie in Japan.

Diese unterschiedlichen Verhaltensweisen führt man nun gerne auf politische und soziale Ideologien der betroffenen Länder zurück. Denn in vielen asiatischen Kulturen wie Hongkong, China, Taiwan, Japan, Korea, Vietnam und auch Singapur hat das politische und soziale Denken Wurzeln in Konfuzianismus. Konfuzius' Philosophie betont persönliche und staatliche Moral, Korrektheit der sozialen Beziehungen, Gerechtigkeit, Freundlichkeit und Aufrichtigkeit. Außerdem sollte die Familie die Basis des idealen Staates bilden. Und so kommt es, dass sich das fundamentale gesellschaftliche Prinzip dieser Länder folgenderweise darstellt: Die Nation kommt vor der Gemeinschaft und die Gesellschaft ist wichtiger als das Selbst, das Individuum. Familie wird gesehen als die Grundeinheit der Gesellschaft. Mit anderen Worten, das Wohl der Gesellschaft kommt vor dem Wohl des Einzelnen.

In westlichen Ländern sieht diese Grundlage etwas anders aus, da sie sich dem Kapitalismus, der seine Wurzeln in der westlichen Welt hat, dementsprechend angepasst hat. Die konfuzianische Ideologie reibt sich mit dem modernen Kapitalismus, denn der kapitalistische Erfolg basiert auf der Ausbeutung der Arbeiterklasse. Um nicht in die ausgebeutete Arbeitsklasse zu fallen, kämpft jeder um seinen eigenen Vorteil und vergisst dabei die Gesellschaft. Anstelle des konfuzianischen Denkens treiben die wirtschaftlichen Umstände des Kapitalismus die Gesellschaft in den Glauben des ‚Überleben der Stärksten', dem ‚survival of the fittest', und dem ‚jeder für sich selbst'. Es ist tief in unserer biologischen Natur verwurzelt, uns anderen gegenüber egoistisch zu verhalten, und uns nur um unseren eigenen Vorteil und dem unserer direkten Nachkommen zu kümmern. Ohne Konfuzius als Grundlage kann der Versuch, menschliches Verhalten zu kontrollieren, als politisches Werkzeug angesehen werden, und scheitert oft komplett, wenn der Eigennutzen der Verhaltensänderung nicht sofort und direkt erkennbar ist. Und so kann nicht nur das Sicherheitsnetz des erweiterten Familienkreises zusammenbrechen (bei wem leben heutzutage zu Hause noch die Großeltern?), sondern man vergisst dann auch leicht, sich um das

Wohl der Gesellschaft zu kümmern – was sich auch durch Maskentragen während einer Pandemie zeigt. Dank politischer Vernebelung und falsch platzierter Sorgen um Menschenrechte wird vergessen, dass Maskentragen der gesamten Welt helfen kann, die Covid-19 Pandemie zu bestreiten, bis ein Impfstoff zur Verfügung steht. Maskentragen ist verantwortungsvoll der Gesellschaft und sich selbst gegenüber. Man trägt immerhin nicht nur zur Sicherheit anderer bei, sondern schützt sich durchaus selbst vor dem Virus.

Meines Erachtens funktionieren Konfuzius' Prinzipien in einem kapitalistischen Umfeld aber auch nur, wenn die Konsequenzen auf zwei Seiten zielen, sie müssen sich als etwas erweisen, das gleichzeitig der Gesellschaft und dem Einzelnen nützt. Konfuzius' Ideologie (Ideologie im Sinne eines Systems von Normen, nicht einer falschen Weltanschauung) in Asien ist also noch nicht ganz verloren. Leider aber hat man anscheinend hierzulande Konfuzius' berühmte Goldene Regel vergessen: Tu anderen nicht das an, was du nicht willst, das dir andere antun (Do not do unto others what you do not want done to yourself). Es bleibt also manchmal nur noch, an das Mitgefühl zu appellieren. Bitte, ihr lieben unentschiedenen Autofahrer, entscheidet euch doch. Ich muss jetzt nämlich wirklich dringend aufs Klo!

Ist es verantwortlich, Fettleibigkeit zu feiern?

Seit dem Ausbruch von Covid-19 und der Verordnung hierzulande, von zu Hause aus zu arbeiten, finden sämtliche geschäftlichen Besprechungen meines Mannes über Telefon oder Videokonferenz statt. Da er nicht immer Lust darauf hat, alleine in seinem Arbeitszimmer zu sitzen, vor allem, wenn sich abends der Lärmpegel bei uns daheim gesenkt hat, da die Kinder endlich im Bett sind, nimmt er oft an Besprechungen neben mir auf der Wohnzimmercouch teil. Das klappt ganz gut, denn ich häkle ziemlich geräuschlos. Vor ein paar Tagen saß er also abends wieder neben mir und nahm an einer Vorstandssitzung teil, die er auf Lautsprecher gestellt hatte. Ich war also gezwungen, zuzuhören, was mich auch keinesfalls störte. So habe ich nämlich auch manchmal die Möglichkeit, ein wenig Einblicke in die heutige Arbeitswelt zu bekommen. In zehn Jahren kann sich ja so einiges verändern! Jedenfalls ging es bei dieser Vorstandssitzung um ein für mich sehr interessantes Thema, Körperbild und Leistungssport. Der Vorstand sollte sich Gedanken darüber machen, wie man vor allem jungen Athleten verhelfen könne, ein positives Körperbild trotz Druck von Leistungssporterwartungen beizubehalten. Der Leistungssport erwartet ein bestimmtes Körperbild von Athleten: sie müssen athletisch aussehen, mit wenig Körperfett, schlanken bzw. großen Muskeln, um den Sport richtig ausüben zu können, und dabei das ästhetisch erwartete Bild zu erfüllen. Man kann sich nun in der Tat schlecht vorstellen, dass eine pummelige Gymnastin ihre Sportart so ästhetisch präsentieren kann wie eine schlanke. Leistungssport, vor allem Gymnastik, wird auch oft als Kunstform betrachtet. Solche Erwartungen von bestimmten Körperformen sind daher verständlich. Doch in den USA scheint es einen Aufschrei von Eltern junger Athleten gegen diese Erwartungen zugeben. Sie finden es nicht richtig, dass die Trainer ihrer Kinder Einfluss auf die Körperform und das Gewicht der jungen Athleten ausüben, um durch Ernährungsumstellung und mehr Training die erwünschten Ideale zu erreichen. Denn dies könnte negative Langzeitauswirkungen auf das Selbstbewusstsein und Körperbild der jungen Geister haben, so wie irreversible Folgen auf ihr zukünftiges Essverhalten und Selbstbild.

Beim schieren Erwähnen dieses Themas haben sich bei mir gleich meine soziologischen Ohren gespitzt, denn ich mache mir schon seit einiger Zeit Gedanken über Körperbild und die moralische Verantwortung, der Gesellschaft gegenüber jegliches zu vertreten.

Die Modeindustrie wird schon seit Jahrzehnten attackiert und kritisiert für ihre Darstellung des idealen Körpers. Models großer Firmen und Designer müssen extrem schlank und groß sein, am besten noch mit richtig langen Beinen. Die Gesellschaft plädiert jedoch, ‚echte‘, also

‚normale‘ Frauen darzustellen, solche mit Körperfett und normal langen Gliedmaßen. Doch die Modeindustrie verkauft Träume. Niemand in unserer Gesellschaft möchte ‚normal‘ sein und vor allem nicht in die Kategorie Übergröße fallen. Wir wollen uns alle als schlanke, ranke und wunderschön-junge Feen sehen. Deshalb kaufen wir die Kleidung ja. Wollten wir unförmig aussehen, könnten wir auch einfach Kartoffelsäcke tragen. ‚Normal‘ und ‚übergroß‘ verkauft sich also schlecht als Traumerfüllung. Modedesigner argumentieren sie wollen Frauen nicht einmal zu diesen Idealen zwingen, Modedesign jedoch sein eine Kunstform, die zweidimensional auf Papier entworfen wird. Diese Kreationen lassen sich am besten auf Körper übertragen, die so wenig dreidimensional sind wie nur möglich. Außerdem muss Kleidung auch gut auf dem Kleiderbügel aussehen. Natürlich sollte jeder Mensch, jeder Körper, jeder kleine Aspekt, der uns zu Individuen macht, akzeptiert und zelebriert werden. Daher ist diese Bewegung übergewichtige Menschen in alle Bereiche des Lebens wie auch die Modeindustrie und dem Leistungssport einzuschließen verständlich. Insbesondere da sich das Normal in Hinsicht Körperform und Körpergewicht in den letzten Jahrzehnten in den entwickelten Ländern drastisch verändert hat. In den USA überschreiten mittlerweile 32.5 Prozent Erwachsene das Normalgewicht, und 36.5 Prozent der erwachsenen Population sind fettleibig (2020 Statistiken). Sogar ihr Präsident Donald Trump fällt in die Kategorie der Fettleibigen. In Großbritannien ist es ähnlich, 35.6 Prozent der Erwachsenen sind übergewichtig und 28.7 Prozent fettleibig (2019 Statistiken). Erschreckenderweise sind auch 17 Prozent der amerikanischen zwei bis 19 Jahre alten Kinder fettleibig, in Großbritannien sind es rund 15 Prozent, und andere westliche bzw. entwickelte Länder schließen sich dieser Statistik schnell an.

Angesichts dieser Statistiken frage ich mich, ob es moralisch verantwortlich diese Entwicklung zu unterstützen, indem wir versuchen Gewichtsnormen als diskriminierend anzukreiden? Indem wir ungesundes Übergewicht durch Normalisierung feiern? Tun wir uns und vor allem unseren Kindern einen Gefallen Übergewicht in den Medien aus menschenrechtlichen Gründen schon fast zu propagieren? In USA und Großbritannien gibt es ‚fat pride‘ (Fett Stolz) und ‚fat acceptance movements‘ (Fettakzeptanzbewegungen), die Normalisierung von Fettleibigkeit beanstanden. Angst andere wegen ihres Übergewichts zu diskriminieren ist so weit gegangen, dass man nun nicht einmal von Athleten erwarten darf, ein für den Sport ideales Körpergewicht zu haben. Wie kann man da Kinder glaubhaft davon überzeugen gesund zu essen und körperlich aktiv zu sein, wenn wir zur gleichen Zeit Fettleibigkeit zelebrieren, nur um uns ein besseres Gefühl zu genehmigen uns weiterhin ungesund zu ernähren und Bewegung so weit wie möglich zu vermeiden? Medizinischen Forschungen nach ist es nicht nur ungesund dick zu sein, sondern auch unnatürlich. Falsches Essverhalten und falsche Nahrungsmittel, vor allem hochverarbeitete Lebensmittel wie Fernsehdinners und Low-Fat Produkte, die Lobbyisten von Zucker und Milchprodukten seit Jahren erfolgreich unsere Rachen hinunterschütten, sind Auslöser für unnatürlich hohes Körpergewicht. Fettleibigkeit ist auch nicht nur ungesund für den Betroffenen, sondern kann auch richtig teuer für das Gesundheitssystem und Versicherungen sein. Fettleibige haben ein wesentlich höheres Risiko ernsthafte Gesundheitsprobleme zu bekommen wie Krebs, Diabetes und Schlaganfall.

Wenn wir uns also wirklich um das Wohl unserer Mitmenschen kümmern, sollten wir ihnen helfen die Fallen der Gewichtszunahme durch falsche Ernährung und zu wenig Bewegung zu vermeiden anstelle zu versuchen ihre Fettleibigkeit zu normalisieren. Models könnten vielleicht ein bisschen dicker werden, damit wir medizinisch Normalgewichtigen uns auch gut fühlen können, aber Sportler müssen schlank bleiben! Sonst ist alles verloren!

Meine Eltern sind total cool

Vor ein paar Tagen erzählten mir meine Eltern während eines unserer wöchentlichen Gesprächen, dass sie die nächsten Tage in den Urlaub fahren wollten. Sie würden allerdings am liebsten sofort losfahren, nur stand leider noch ein Termin im Weg. Dieser Urlaub ist komplett ungeplant von meinen Eltern, und für mich ist das auch ganz normal! Ich bin so aufgewachsen. Die meisten unserer Urlaube waren nur zum Allernötigsten geplant: Wann (wegen Schulferien) und meistens auch wohin (das änderte sich oftmals ganz plötzlich). Man muss dazu sagen, dass wir wie die meisten Deutschen damals hauptsächlich in Europa Urlaub machten, und auch in einem mit Auto erreichbaren Radius, das heißt Österreich, Italien, Frankreich, das damalige Jugoslawien und sogar Griechenland. Wir versuchten auch einmal, dem Norden Deutschlands eine Chance zu geben, aber das sprach uns nicht so an, und wir entschieden uns nach ein paar Tagen, den Urlaub einfach nach Italien zu verlegen. Das waren dann mehr als 16 Stunden Autofahrt, mit einer kleinen Pause daheim in Bayern, um unserem Gepäck etwas südländischen Geschmack zu verleihen. So etwas war in meiner Familie nicht ungewöhnlich. Wir machten etwas Ähnliches einige Jahre früher, als wir Kinder noch ziemlich klein waren. Wir reisten an einen italienischen Badeort, der gefiel uns nicht besonders, außerdem waren alle Unterkünfte ausgebucht (wir reisten grundsätzlich ohne Buchungen, es war ja auch vor den Zeiten von agoda, booking.com und anderen online Hotelbuchungsplattformen). Da packte uns mein Papa einfach wieder ins Auto, fuhr nach Bayern zurück, und stellte dort fest, dass wir eigentlich wirklich gerne an den Strand wollten, packte uns nach ein paar Stunden Schlaf wieder ins Auto und fuhr nach Kroatien. Wir waren fast 24 Stunden am Stück unterwegs. Es hat sich seitdem nicht viel geändert. Als ich mit meinen Kindern vor zwei Jahren eine Italientour plante (ich plane merkwürdigerweise), die im Regen endete, entschieden wir uns ganz spontan noch ein paar Tage im sonnigen Kroatien anzuhängen. Das waren noch einmal extra acht Stunden Autofahrt, mit zwei

Kleinkindern (und mir) auf dem Rücksitz! Es war einer der tollsten Urlaube schlechthin!

Als meine Eltern mir also vor kurzem von ihren spontanen ‚Urlaubsplänen' erzählten, wunderte mich das gar nicht. Aber ich stellte fest, dass meine Eltern unglaublich cool sind! Das ist mir vorher noch nie so aufgefallen, und ich habe es wohl auch nicht geschätzt, da ich es ja so gewohnt war. Meine Eltern sind die Offenbarung der Spontaneität und Sorglosigkeit, und unterstreichen für mich oft die Problematik des Überdenkens und der Überplanung unseres Lebens. In unseren professionellen Tätigkeiten, wie die meines Vaters und meines Bruders als Ingenieure, ist Planung natürlich das A und O einer guten Arbeit, sonst würde ich mich gar nicht trauen, über eine Brücke zu gehen oder ein Hochhaus zu betreten! Sogar als Mutter muss man einen bestimmten Plan haben und sich Gedanken über die Zukunft seines Nachwuchses machen, zum Beispiel was man heute schon wieder zum Abendessen kocht. Doch übermäßige Planung und Überdenken von Situationen verschwendet nicht nur wertvolle Zeit, sondern rauben uns oft den Spaß und Nervenkitzel, den man manchmal braucht, um sich lebendig zu fühlen! Aus zu viel Planung entstehen auch oft hohe oder bestimmte Erwartungen, die, sollten sie wirklich in Erfüllung gehen, kaum Raum lassen für positive Überraschungen, und wenig Möglichkeit etwas Neues zu lernen oder auszuprobieren. Unerwartete Freuden sind ohnehin besser als erfüllte Erwartungen! Ich habe dieses Thema gestern mit meinem Mann diskutiert und vorgeschlagen, dass Überplanung eine Krankheit unserer Generation sein könnte. Denn dank Internet können wir praktisch und schnell alles Mögliche als Gefahr oder Hindernis identifizieren. Wir haben stets schnellen Zugriff auf alle Arten von Informationen und damit eine größere Übersicht an potenziellen Risiken, also genau das Gegenteil von Ignoranz als Bliss. Und Risiken, derer man sich bewusst ist, müssen durch Planung gemildert werden. Paranoia mit freundlicher Genehmigung von Google. Mein Mann jedoch ist davon überzeugt, dass Planung und Spontaneität hauptsächlich etwas mit dem Charakter eines Menschen zu tun hätten. Doch wir kamen letztendlich darauf, dass es wohl eher eine Mischung aus Einflüssen des Umfelds (zum Beispiel, ob es alternative Absicherung oder ein starkes soziales Sicherheitsnetz gibt) und Charakter sei. Man nehme mich als Fall. Obwohl ich mit der Spontaneität und dem dazu notwendigen Optimismus aufgewachsen bin, plane ich ALLES!! Bis vor kurzem war sogar mein gesamter Tagesablauf geplant. Über die Jahre, seitdem ich in einem Land ohne starkem sozialen Sicherheitsnetz lebe (aka Sozialstaat) und seitdem ich nicht nur für mein eigenes Leben, sondern auch für das meiner Kinder verantwortlich bin, habe ich diese Spontaneität und diesen Optimismus unter ständiger Überplanung vergraben, um mir ein falsches Gefühl der Sicherheit zu verleihen. Doch ich weiß, es kommt ohnehin alles anderes, und vor allem anders, als man plant! Ich hoffe ich kann mir mit dieser Einsicht diese wunderbaren Eigenschaften in mir auch wiedererwecken, und das Leben so genießen wie es meine Eltern tun! Also, bleib cool, Mama!! (und Papa!)

Königin des Obstladens

Mein Mann und ich haben heute einen Obstladen besucht, weil uns die Bananen ausgegangen sind. Und dort traf ich sie. Die Königin. Ich nehme zumindest an, dass sie die Königin war, denn sie verhielt sich so, und da kann man sich immer drauf verlassen! Sie war wunderschön. Ihre langen, glänzenden Locken flossen über ihre Schultern, ihr buntes Kleid wehte im Wind (im Wind? Wo kam der denn her ... aus der Klimaanlage?) im Luftzug der Klimaanlage. Sie trug Prinzessinnenschuhe. Wie sie mit denen an dem Fischstand nebenan sicher vorbeikam, ist mir unklar, aber bei Königinnen ist das einfach so. Außerdem hatte sie einen eingebildeten Blick auf dem Gesicht. Sie war also ganz bestimmt eine Königin. Sie wollte Erdbeeren und konnte gar nicht schnell genug bedient werden. Sie muss Erdbeeren sicherlich sehr lieben, Mangos auch, denn sie quetschte ihre Finger in mindestens drei Stück, bevor sie sich für eine entschied. Sie fuhr die Verkäuferin gekränkt an, als diese sie höflich fragte, was sie heute denn gerne hätte. ERDBEEREN! Mir dauerte das nach einer Weile zu lange, denn es wurde klar, dass man hier ohne blaues Blut schlechte Chancen auf Bananen hat, und so furchtbar lieben tu ich Bananen dann auch wieder nicht. Ich nahm meinen Mann also am Arm, und zog ihn in das nächste Obstgeschäft, eines ohne Königin. Nachdem wir endlich Bananen errungen hatten, sagte ich zu meinem Mann, dass es doch so viel leichter wäre, einzukaufen, wenn keine Königinnen im Laden sind. Er meinte darauf hin, dass seine Dame an der Rezeption auch eine Königin wäre. Ich wusste gar nicht, dass wir hierzulande so viel königliches Blut haben! Doch diese blaublütige Begegnung brachte mich zum Nachdenken.

Viele meiner Mitmenschen scheinen der Überzeugung zu sein, etwas zu sein, das sie gar nicht sind. Wie vielleicht die Königin. Doch das Umfeld scheint das wenig zu stören, und sie werden ihrem Schauspiel entsprechend behandelt. Entweder ist die Menschheit großherzig genug, Träumern ihre Fantasien ausleben zulassen, und manche spielen mit, oder sie werden so sehr in dieses Schauspiel reingezogen, dass sie es als Realität akzeptieren. „Perception is Reality" ist, was mein Mann so gerne sagt. Er arbeitet für eine amerikanische Firma und kennt sich daher mit Schein sehr gut aus. Der Eindruck/Schein ersetzt die Realität, wenn man den Schein überzeugend und glaubwürdig genug ausübt. Wir Menschen neigen dazu, die uns präsentierte, scheinbare Realität nicht weiter zu hinterfragen, wir glauben, was wir sehen. Und diesen menschlichen Fehler, diese Leichtgläubigkeit, scheint so mancher nicht nur erkannt zu haben, sondern auch auszunutzen. Man nehme den momentanen US-Präsidenten. So mancher Aussage nach scheint er nicht den oberen Klassen der Intelligenzbesitzer anzugehören, jedoch hat er es geschafft, US-Statistiken nach, mindestens 60 Millionen Amerikanern erfolgreich vorzuspielen, als Präsident tauglich zu sein. Seine vorgegaukelte Fähigkeit, ein Land von etwa 368 Millionen Menschen kompetent zu regieren, wurde dadurch für die etwa 240 Millionen Nichtwähler (viele unfreiwillig) Realität. Es wurde auch Realität für weitere 194 Länder, von denen vielen nun mit den unangenehmen Konsequenzen zu kämpfen haben. Dasselbe trifft auf die gesamten USA zu. Seit Jahrzehnten spielen sie dem Rest der Welt vor, eine Weltmacht zu sein. Doch bisher hat noch kaum jemand gewagt, ihre Konten genauer zu betrachten. Der Schein würde sich in Sekundenschnelle als heiße Luft herausstellen. Doch manchmal ist der Glaube an den Schein praktischer, vielleicht sogar zum Vorzug des freiwilligen Ignoranten.

Einen ganz anderen Fall findet man in der Kosmetikindustrie. Werbefilme und Druckwerbung überzeugen uns Frauen von Tag zu Tag, nicht schön genug zu sein, doch nicht die Hoffnung zu verlieren, denn die großen Kosmetikfirmen haben eine Lösung! Make-up! Wundermittel, mit denen man vollere Lippen hat, längere Wimpern, volleres Haar, ebenes Hautbild und noch viel mehr! Wir können endlich schön sein! Oder zumindest anderen den Eindruck zu geben, schön zu sein. Denn die Realität unter der dicken Abdeckcreme kommt am Abend vor dem Spiegel wieder ans Licht. Und ich habe sogar schon von ein paar (ganz bösen) Männern gehört, dass sie ihre Freundinnen am Morgen, bevor diese das Badezimmer besucht haben, fast gar nicht erkennen. Man sollte sich also bewusst sein, bevor man diese Taktik anwendet, anderen etwas vorzuspielen, der Schein kann nur so lange anhalten! Den Schein zu unterschätzen und nicht weiter zu hinterfragen kann also wie geschildert fatale Auswirkungen haben. Aber vor allem, wann wird Schein zum Betrug?

Und sollte ich mich wirklich bei der Königin getäuscht haben, dann war sie zumindest eine Prinzessin!

Gehwegdynamik und der Kampf der Klassen

Es hängt ein Sturm in der Luft, es bahnt sich etwas an, man kann die Spannung in der Luft fast mit den Händen anfassen. Und da treffe ich sie wieder, die Menschen mit Kindern, Menschen in Zweierformation, Menschen mit Hund, Menschen mit Hunden, Menschen mit Kinderwagen. Und jeder einzelne davon scheint darauf bedacht zu sein, das Gegenüber über eines ihrer Anhängsel stolpern zu lassen. Ich persönlich hatte heute die Wahl zwischen einem Cockerspaniel und einem Kleinkind. Der Doppelkinderwagen versuchte nur mich etwas anzufahren. Aber an solchen Tagen mache ich mir Gedanken über die Dynamik zwischen den verschiedenen Menschengruppen, denen ich täglich hauptsächlich auf engen Gehwegen begegne. Als ich noch mit dem Auto auf viel zu eng erscheinenden Straßen unterwegs war, sind mir diese Menschengruppen nicht so aufgefallen. Ein weiterer Vorteil des Fußgängertums!

Die Dynamik der verschiedenen Gruppen ist kompliziert und würde zu viele Gehirnzellen benötigen, sie hier alle zu beschreiben, daher konzentriere ich mich heute auf die folgenden, die mir am meisten am Herzen liegen: Die stolzen Väter mit Kinderwagen, rachelustige Kinderbesitzer, rachelustige Hundebesitzer mit Doppelleinen, Haushaltshilfen mit Doppelkinderwagen und rachelustige Besitzer von Hunden und Kindern in Kinderwagen. Um eine bessere Vorstellung des Ablaufes zu bekommen, mein morgendliches Szenario läuft folgenderweise ab: Auf meinen morgendlichen Spaziergängen nach Abliefern meines älteren Sohnes treffe ich regelmäßig junge Männer mit Nachwuchs im Kinderwagen. Die Mütter sind oftmals nicht in Sichtweite, vielleicht weil das Kind eine Schnaufpause von seiner Mutter braucht. Jedenfalls sind diese Väter gefährlich. Sie schieben stolz und wenig bedacht auf die Sicherheit wagenloser Fußgänger (und Jogger) den Kinderwagen vor sich her, und weicht man nicht rechtzeitig aus, wird man angefahren. Glücklicherweise haben diese Kinderwagen nicht sehr viel Pferdestärken, ein bisschen weh tut es trotzdem. Das weiß ich aus Erfahrung, nicht etwa, weil mich so ein stolzer Vater schon einmal angefahren hat, sondern weil mir mein übereifriger älterer Sohn den Kinderwagen samt meinem jüngeren Sohn schon öfters auf die Fersen geschoben hat. Es schmerzt. Die nächste Menschengruppe sind die Hundebesitzer, oder diejenigen, die die Hunde ausführen (müssen). Da ist es ähnlich, man hat die Wahl auszuweichen oder über einen Fellball bzw. über ein kleinwüchsiges Kalb zu fallen. Ich ziehe meistens Ausweichen vor, denn die Fellbälle werden manchmal von scharfen Zähnen (Zungen) begleitet. Das klappt auf breiten Gehwegen ganz gut, es besteht keine weitere Gefahr beim Ausweichen auf die Straße, von einem Auto erfasst zu werden, oder bei Ausweichen in einen Grasstreifen in etwas unangenehmes zu treten. Die nächsten zwei Gruppen, nein drei Gruppen, fallen mir hauptsächlich auf dem Heimweg von der Vorschule meines jüngeren Sohnes auf, wahrscheinlich da es sich dabei um einen schmalen Gehweg handelt. Es sind die Doppelgruppen, Gruppen, die alles doppelt haben: Doppelkinderwagen, Doppelleinen (zwei Hunde) und Zweierformation. Ausweichen ist unweigerlich, trotz Gefahr des Straßenverkehrs und Grasstreifens. Die letzte, und ultimative Gruppe, mit der ich erst heute Morgen Bekanntschaft gemacht habe, sind stolze Väter mit Kinderwagen und Hund an der Leine (ich warte noch auf den stolzen Vater mit Doppelkinderwagen und mit Doppelhundeleine!).

Jedes Mitglied dieser Gruppen besteht auf das Recht des Nichtausweichens. Bei Besitzlosen stellt das kein größeres Problem dar, denn wer besitzlos ist, hat auch nicht viele Skrupel, seinen Stolz auch noch aufzugeben, aber das ist eine andere Sache. Morgendlichen Begegnungen dieser Art werfen viele Fragen und Theorien in mir auf. Zum Beispiel: Sind Kinder im Kinderwagen die Rache der Eltern rücksichtsloser Hundebesitzer gegenüber? Sind Doppelhundeleinen die Antwort auf Doppelkinderwagen? Mit welcher Gruppe identifiziert sich der Hundebesitzer mit Kinderwagen (fürs Kind)? Mit wem der Kinderbesitzer mit Wagen für den Hund? So viele unbeantwortbare Fragen.

Aber meine wahre Frage ist, herrscht ein Wettbewerb zwischen Kinderbesitzern, Hundebesitzern und Besitzlosen? Offenbart diese Gehwegdynamik dieser Gruppen einen Kampf um das Recht des Gehwegs? Geht es um Wichtigkeit?

Ich kenne dieses Gefühl selbst. Sobald man ein Kind erwartet, bekommt das eigene Leben Bedeutung, man fühlt sich plötzlich wichtig. Und in einer Gesellschaft wie dieser, in der die Geburtenrate beinahe ins Negative sinkt, wird das sogar noch von der Regierung unterschrieben. Man bekommt Steuererlassungen und Auszahlung für jedes Kind, das man auf die Welt setzt. Ja, wir Eltern sind wichtig, wichtig für die Zukunft der Menschheit! Und dementsprechend verhalten wir uns auch auf dem Gehweg. Wir fahren kinderlose Menschen mit dem Kinderwagen an, sollten sie einen nerven oder nicht schnell genug gehen oder aus dem Weg springen. Wir haben uns dieses Recht immerhin verdient, Kinder sind anstrengend. Oder wollen wir uns einfach für das jahrelange Stolpern über Kinder und Hunde anderer rächen? Für das langsame Gehen kinderloser Zweierformationen? Vielleicht. Aber wie sieht es bei Hundebesitzern aus? Hunde sind nicht die Zukunft der Menschheit (oder?). Anstrengend sind sie schon auch etwas, erwirbt man sich jedoch das Recht auf den schmalen Gehweg durch Hundebesitz? Erwerben vielleicht nicht, aber man nimmt es sich. Da Hunde- und Kinderlose sich das Recht auf den Gehweg weder erzwungen noch erworben haben, rächen sie sich durch die Zweierformation. Es geht wohl bald gar nicht mehr um Wichtigkeit und Recht, sondern um Rache. Der Zyklus der Rache.

Jedenfalls hätte ich eines Tages gerne so viel Zeit, zu beobachten, was denn passiert, wenn sich zwei stolze Väter mit Doppelkinderwagen, Doppelhundeleine und in Zweierformation auf einem engen Gehweg gegenüberstehen. Ich nehme jetzt Wetten an.

Kleine Kämpfe, große Kriege

Wie viele meiner gedankenanstoßenden Begegnungen traf ich auch diese auf einem meiner Spaziergänge oder auf Schulwegen. Begegnungen dieser Art habe ich allerdings täglich, manchmal bemerke ich sie und muss lachen, an anderen Tagen lassen sie mein Blut etwas zum Kochen bringen. Es sind selbstberechtigte Mitbürger. Begegnungen mit selbstberechtigten Leuten beginnen für mich meistens am Schultor meines älteren Sohnes. Aus mir unverständlichen Gründen bestehen hier viele Eltern darauf ihre Kinder DIREKT vor dem Schultor abzuladen. Am liebsten haben sie es, wenn es regnet, dann dürfen sich ihre lieben wasserempfindlichen Kinder DIREKT IN der Schule abladen, das ist natürlich noch viel sicherer. Jedenfalls herrscht täglich ein riesiger Stress am Schultor, jeder möchte der Erste sein, man hupt, ist sauer, schneidet andere ab. Dummerweise muss ich nach der Ablieferung meines Sohnes (per pedes!) eine kleine Seitenstraße überqueren, um auf meinen Spazierweg zu kommen. Doch dort stauen sich die verärgerten Eltern in ihren Autos. Und da jeder so schnell und sicher wie möglich seine wertvolle Ware abliefern will, ist in der Tat oft niemand bereit, ganz kurz anzuhalten, um mich SICHER über die Straße zu lassen. Das ist mein erster täglicher Kampf, den ich grundsätzlich verliere, denn es macht schon keinen Spaß, sich mit einer Pferdestärke anzulegen, geschweige denn 160 bis 180 davon! Ich lege mich erst gar nicht an.

Weiter zum nächsten Kampf, der folgt kurz darauf. Der Gehweg bis zu meinem Spazierpfad ist breit genug für zwei normal dicke Fußgänger. Es könnten theoretisch also zwei Einzelfußgänger bequem aneinander vorbeigehen, doch das verstehen viele nicht. In ihrer zielstrebigen Hetze, ihren Schützling noch vor Schultorschluss ins Schulgelände zu schubsen, reißen zufußgehende Haushaltshilfen Grundschulkinder neben und hinter sich her, übersehen dabei alles in ihrem Weg, und zwingen entgegenkommende Einzelfußgänger, in stolpernden Fußspitzengang an den Kindern vorbeizutanzen. Dieser Anblick erinnert manchmal stark an eine abstrakte Ballettaufführung. Schon wieder ein kleiner Kampf, der für mich ohne Sieg ausgeht. Der Rest meines Spazierganges läuft meistens reibungslos ab. Ab und zu muss ich nur etwas aufpassen, um nicht über einen Hund zu fallen, aber wer legt sich schon mit vierbeinigen Tieren an.

Dem nächsten Kampf erlebe ich dann erst auf dem Weg in die Vorschule meines jüngeren Sohnes, aber bis dahin habe ich meistens genügend Kraft getankt, weitere Kämpfe zu verlieren. Der Gehweg zur Vorschule ist, wie so viele Gehwege hierzulande, gerade breit genug für zwei Erwachsene (Lösung für Gehwegkriege: Macht doch einfach die Wege breiter!!). Jedoch bestehen hier viele darauf, erstens ihre Autos illegal am Straßenrand vor unserem Nachbarschaftslebensmittelgeschäft abzustellen, und dann von dem schmalen Gehweg aus die Waren in ihren riesigen Einkaufswagen langsam in ihre Autos umzuwuchten, und zweitens grundsätzlich in Zweierformation zu gehen. Beide dieser Arten von Kämpfen verliere ich normalerweise auch, denn niemand will zur Seite treten. Im Interesse der Sozialwissenschaften habe ich es auch schon mal ausprobiert, so eine Zweierformation zu konfrontieren. Diese kämpferischen Menschen laufen direkt in einen rein, und schauen einen dann ganz böse an, wenn man zusammengerempelt ist, bloß weil ich nicht im Angesicht der Königin von Irgendwo gleich vom Gehweg gesprungen bin.

Natürlich passieren solche Vorfälle nicht immer, und es gibt in der Tat auch noch rücksichtsvolle Menschen (hauptsächlich Japaner), doch dieses Beharren meiner Mitbürger auf ihre Gehwege, die ersten zu sein und immer gewinnen zu müssen, brachte mich zum Nachdenken. Warum ist es für manche so wichtig, kleine Auseinandersetzungen zu gewinnen? Ich habe einmal gelesen, dass kleine Siege Gelegenheiten sind, unseren Segen zu zählen und dankbar zu sein. Sie sind auch eine Gelegenheit, darüber nachzudenken, wie viel wir erreicht haben, was uns die Kraft gibt, weiterzumachen. Das Leben ist für manche ein großer Wettbewerb, ein Krieg, von dem sie befürchten, ihn zu verlieren. Man verbringt sein ganzes Leben mit diesem Krieg, man kämpft um die

Liebe und Aufmerksamkeit der Eltern, um einen Platz in der Gesellschaft, um Ansehen und Respekt. Kleine Siege, wie den entgegenkommenden Fußgänger temporär von dem Gehweg zu verbannen, oder sein Kind drei Sekunden vor den Klassenkameraden im hinteren Auto in der Schule abzuladen, sind wichtig für die Zuversicht einzelner Krieger. Kleine Siege ermutigen diese Krieger, weiterzukämpfen und die Hoffnung auf den Sieg des Krieges im Laufe ihres Lebens nicht zu verlieren. Ob die Kämpfe etwas mit dem Krieg zu tun haben, ist ihnen gar nicht wichtig oder bewusst. Wichtig ist das Gefühl des Sieges. Und so kommt es oft dazu, dass diese Krieger ihre Perspektive verlieren. Muss man denn wirklich täglich kleine Kämpfe ausfechten, um an Ende das Gefühl der Zufriedenheit zu erlangen? Da kapituliere ich lieber, und konzentriere mich auf den großen Krieg!

Gut angezogene Japanerinnen

Es ist tägliche eine mentale Tortur für mich, den Weg in die Vorschule meines jüngeren Sohnes zu gehen. Der Weg ist nicht weit, doch es sind die Scham und die Minderwertigkeitsgefühle, die ich erleide, sobald ich die Mütter der japanischen Schulkameraden meines Sohnes treffe. Mein Sohn geht in eine internationale Vorschule, die in unserer japanischen Expatgemeinde sehr beliebt ist. Daher sind mehr als fünfzig Prozent seiner Klassenkameraden Japaner. Ich mag japanische Kinder, sie sind grundsätzlich gut erzogen, höflich und sehen auch noch unglaublich niedlich aus, wenn sie nur nicht diese schon frühmorgendlich perfekt gekleideten und geschminkten Mütter hätten! Ihre Mütter sehen immer frisch, fröhlich und perfekt aus. Ich bin das komplette Gegenteil. Natürlich könnte ich mich auch etwas mehr in Schale werfen, doch leider macht es bei mir absolut und beim besten Willen keinen Sinn (ja, ich bin gut im Ausreden machen), denn vor dem Weg in die Vorschule gehe ich nach Abliefern meines älteren Sohnes in seiner Schule spazieren, und nach der Abgabe meines jüngeren Sohnes in der Vorschule, gehe ich schwimmen. Ich müsste also schnell nach meinem Spaziergang duschen, mich kleiden und Make-up auftragen, Haare machen; nach der Vorschule wieder alles ausziehen, abschminken, schwimmen, duschen, wieder kleiden, und das alles nur, um mir meine unsinnigen Minderwertigkeitsgefühle zu nehmen. Aber darum geht es ja gar nicht. Denn, nachdem ich meiner Mama einmal von meiner täglichen Seelenqual erzählte, meinte sie, dass das vielleicht etwas mit den japanischen Ehemännern zu tun hätte. Meine Mama erzählte mir dann nämlich, dass sie mal gelesen hätte, japanische Männer gingen recht gerne fremd. Und daher könnte es so wichtig für japanische Frauen sein, immer perfekt auszusehen, um mögliche Ausschweifungen ihrer Männer zu verhindern. Hört sich plausibel an für mich, ich fühle mich jedoch etwas unwohl, japanische Männer solchen Vorurteilen auszusetzen (ich bin hier etwas subjektiv, denn mir gefallen japanische Männer!). Daher versuche ich die Frage, warum japanische Frauen generell perfekt gekleidet sind, etwas objektiver zu beantworten. Der eigentliche Grund ist, dass sich japanische Männer genauso gut kleiden wie die Frauen. Das fällt vor allem hierzulande auf, da sich die einheimischen Männer meines Erachtens nach mit schrecklichen Outfits auf die Straße wagen. Viele tragen in der Freizeit Herren-Sportsandalen (wer auch immer die Idee hatte, Sandalen mit Klettverschluss als Sportschuhe zu verkaufen! Die sind es ja nicht einmal würdig als Sandalen, geschweige denn als Schuhe klassifiziert zu werden!), kurze Hosen, komische bunte T-Shirts und am allerliebsten Fußball-Trikots (über ihre kleinen bis mittelgroßen Bäuchlein). In die Arbeit geht es bei einheimischen Männern in Polyester-Mischhosen und schlecht-sitzenden Hemden mit hochgerollten Ärmeln. Die Schuhwahl ist meistens etwas besser als am Wochenende und besteht aus oft zu großen und abgeschürften Lederschuhen, die so aussehen, als würden sie nur unregelmäßig geputzt, geschweige denn poliert werden. Im Gegensatz dazu tragen die japanischen Männer außerhalb des Arbeitsplatzes normales Schuhwerk wie Sneakers,

Bermudas mit Struktur, kurzärmlige Hemden, Poloshirts oder einfache Retro-T-Shirts. In der Arbeit tragen sie trotz tropischer Hitze gutgeschneiderte Hosen und Hemden, oftmals mit Anzugjacke und polierten Lederschuhen hoher Qualität (man verstehe nun langsam meinen Vorzug japanischer Männer angesichts der einheimischen Männer; sie sind einfach angenehmer anzusehen!). Kleidung ist ein Ausdruck von Respekt, sogar Rücksicht für sich selbst und sein Umfeld. Karl Lagerfeld hinterließ uns folgende Weisheit (umschrieben): Wer in Jogginghosen auf die Straße tritt (ohne der Absicht Sport zu betreiben), hat jeglichen Selbstrespekt verloren. Japan ist die Ausgeburt des Respektes. Nicht nur die Sprache ist für Nichtjapaner sehr kompliziert zu erlernen, da sie auf Regeln des Respekts verschiedener Gesellschaftsmitglieder beruht, sondern das gesamte Verhalten, so wie Umgang mit Emotionen von höchstem Respekt reguliert ist. Gesichtsausdrücke, Ansprachen, Namen usw. sind dem Gegenüber individuell angepasst. Und so ist es auch der Fall bei Kleidung, wie es bei uns im Westen vor hundert Jahren auch noch üblich war: man kleidet sich dem Anlass entsprechend, um ihm damit entsprechend Respekt zu zeigen. Um den anderen japanischen Müttern und Lehrern ihrer Kinder entsprechend Respekt zu zeigen, müssen sich die armen Mamas der japanischen Mitschüler meines Sohnes schon in aller Frühe in Schale werfen. Gut, dass ich keine Japanerin bin, sonst müsste ich noch eine Stunde früher aufstehen! Her mit den Jogginghosen!

Talente: Gesegnet mit wertlosen Talenten

Ich mache mir über dieses Thema außerordentlich viele Gedanken, wahrscheinlich, da ich unter einer Art Minderwertigkeitskomplex leide. Ich bin aber der Ansicht, dass ich sicherlich nicht die einzige bin. Jeder hat einen oder mehrere Minderwertigkeitskomplexe, manche mehr ausgeprägt, andere weniger. Mein Minderwertigkeitskomplex hat etwas mit dem Fakt zu tun, dass ich kein monetär-entschädigtes Mitglied der Gesellschaft bin. Ich bin nur eine Hausfrau, was auch immer das bedeuten soll. Ich hatte ja bei weitem größere Pläne, als mich um den Haushalt zu kümmern, ich wollte Häuser entwerfen, ich wollte eine Architektin werden und mit meiner besten Freundin Brückenhäuser bauen. Aber als ich nach meinem Abitur feststellte, dass ich mit meinen Noten mindestens zwei Jahre auf einen Studienplatz warten müsste, und vor allem, dass so etwas wie ein Brückenhaus gar nicht funktionieren würde, änderte ich ganz schnell meine Pläne. Meine Architekturpläne wurden durch ein Studium in Sozialwissenschaften ersetzt. Obwohl mir Sozialwissenschaften unglaublichen Spaß machen, muss ich doch gestehen, dass meine Talente wohl nicht darin liegen. Ich war in meinem Studium gut, aber sicherlich kein Genie. Daher bekam ich auch nie ein Angebot von der Universität, mein Wissen mit einem Masterabschluss oder sogar Doktorat aufzupolieren. Meine Familie sah auch keine wirkliche Zukunft in weiterer akademischer Ausbildung. Aber wie auch immer. Immerhin weiß jeder, der mich kennt, meine wahren Talente liegen ganz woanders! Und daher träume ich manchmal von einer perfekten Welt, in der man mit seinen wahren Talenten auch eine angesehene Existenz führen und vor allem einen Lebensunterhalt verdienen kann. In meiner perfekten Welt gäbe es angesehene Berufe wie professionelle Häkler, Schläfer oder sogar Hausfrau! Ich kann nämlich durchaus sehr häuslich sein. Kochen, Backen und Putzen kann ich recht gut. Nur mit dem Bügeln habe ich es nicht ganz so, doch das könnte ich bestimmt auch noch zur Perfektion erlernen. Aber in unserer Welt sind durchaus gesellschaftlich nützliche Berufe wie Sozialarbeiter oder Grundschullehrer nicht einmal besonders geschätzt, was kann ich also erwarten. Doch wer entscheidet, welches Talent ein Beruf werden kann, und welcher Beruf mehr Schätzung und Bewunderung, und natürlich auch den höheren Gehalt verdient. Tragen Banker und Anwälte wirklich so viel mehr zu unserem Wohl bei als Grundschullehrer? Ich wundere mich daher fast täglich, warum wir nur bestimmte Talente als wertvoll bezeichnen. Denn in unserer Gesellschaft bin ich zum Beispiel nur mit unnützen Talenten gesegnet. Talente, um nützlich oder wertvoll zu sein, müssen in einer gewissen Produktivität resultieren, greifbar oder nicht. Talente müssen zu Nutzen der Gesellschaft sein, wie wir das so schön von Karl Marx und Max Weber dank Kapitalismus in die Wiege gelegt bekommen haben. Talente wie Häkeln bringen der Gesellschaft nichts, weil das ja mittlerweile Maschinen übernehmen können. Die sind viel schneller, kosten nicht so viel und können den ganzen Tag häkeln, ohne über schmerzende Hände und Finger zu jammern. Außerdem brauchen sie keine Pausen zur Nahrungsaufnahme oder zum Ausruhen. Die perfekten Arbeiter! Wer braucht da echte Talente. Talente, die mit Automatisierung ersetzt werden können, verlieren ihren Nutzen, und das hängt sehr eng mit der Entwicklungsstufe einer Gesellschaft zusammen. In für uns unterentwickelten Welten, sind Talente wie Stoffherstellung und Jagen durchaus noch respektiert und wertvoll. Der Wert von Talenten hängt direkt mit ihrer Fähigkeit zusammen damit Einkommen und Lebensunterhalt bestreiten zu können, und umso höher das Einkommen, umso höher der Wert. Einfach zusammengefasst: Wenn man kein Geld damit verdienen kann, ist das Talent nutzlos und auch nichts wert. Umstände der jeweiligen Gesellschaft entscheiden, welche Talente wertvoll sind.

Ansehen und Nützlichkeit von Talenten im Laufe der Entwicklung der Gesellschaft verändern, auch wenn das Talent nicht von technologischen Fortschritten betroffen ist. Man nehme zum Beispiel Psychotherapeuten. Wer hätte vor 20 Jahren gedacht, dass das Talent, anderen stundenlang zu zuhören und ein paar persönliche Fragen zu stellen, und dann den Patienten seine Probleme selber lösen zu lassen, indem man ihnen sagt sie müssten ihre Probleme konfrontieren, ein hochrespektierter, sehr gut bezahlter Beruf werden könnte? Diesen Status hat der Psychotherapeut in Deutschland vielleicht noch nicht erreicht, aber in den USA ist er hoch angesehen, und fast jeder selbstrespektierende Amerikaner hat einen eigenen Psychotherapeuten. Ob ihm das viel hilft, weiß ich auch nicht. Aber wie gesagt, helfen uns Banker recht viel? Ein anderer solcher Beispiele ist der Berater. Wir brauchen doch alle Berater: von Steuerberater und Studienberater, bis Geschäftsberater, die Firmen vermeintlich helfen, ihre Geschäfte zu optimieren. Berater haben ganz interessante Talente. Sie können sehr gut und überzeugend reden, Eskimos überzeugen, dass Eis eine gute Geldanlage wäre, und vor allem sind sie extrem talentiert darin, etwas zu erklären, was wir eigentlich schon wissen, es aber so rüberbringen, als wäre es etwas Neues. Man sagt ja ganz gerne, Berater fragen dich um deine Uhr, und sagen dir dann die Uhrzeit. Nutzen (und Produktivität) ist bestenfalls fragwürdig. Jedoch sind Berater sehr angesehen und gut bezahlt! Mein letztes Beispiel sind Männer, die professionell Ball spielen, also alles von Fußballer bis Basketballer. Angefangen als Hobby hat sich das Talent, mit einem Ball außergewöhnlich gut umgehen zu können, in einen Multimillionen-verdienenden Beruf entwickelt. Man kann Berufsausüber solcher Art fast als Ballkünstler bezeichnen! Doch nicht einmal Künstler sind vor Automatisierung sicher, wie eine kürzliche Entwicklung in den USA beweist.

In den USA hat man es geschafft, künstliche Intelligenz (Artificial Intelligence) so weit zu entwickeln, Gedichte zu verfassen. Automatisierte Poeten, wie romantisch. Könnte man in nächster Zukunft sogar Überredungskünstler wie den derzeitigen US-Präsidenten durch künstliche Intelligenz ersetzen? Not macht bekanntlich ja erfinderisch!

Umstände der jeweiligen Gesellschaft entscheiden, welche Talente gerade nützlich und wertvoll sind. Es gibt ein paar wenige, die wahrscheinlich noch lange wertvoll sein werden, wie zum Beispiel einen guten Magen und wenig Mitgefühl zu haben, um Arzt zu sein, oder politische Leidenschaft und Talent für Selbstillusion, um als Politiker tätig zu sein. Denn die Medizin und Regierung werden wohl nicht so schnell automatisiert werden, da wir subjektiven Menschen noch immer mehr vertrauen als objektiver, künstlicher Intelligenz.

In ferner, ferner Zukunft, sollten wir uns technologisch so weiterentwickeln wie in den letzten 40 Jahren, werden wohl noch viel mehr Menschen an Minderwertigkeitsgefühlen leiden, so wie ich, da sie nur mit unnützen Talenten gesegnet sind. Wenn sie nur wüssten, dass es vor hundert Jahren noch respektierte Polizisten, Lehrer und Ärzte gab! Vielleicht gab es vor vielen hunderten von Jahren sogar respektierte Häklerinnen, die ihren eigenen Lebensunterhalt bestreiten konnten!

Arbeit

Mir passiert das oft, ich übe gerade eines meiner besten Talente aus, wie Häkeln und Schlafen, oder wenn ich gerade inbrünstig, voll Leidenschaft Buchstaben in mein Computerkeyboard einhacke, höre ich plötzlich: ‚Mama/(privater Kosename) wo ist denn (mein LEGO Auto/der Orangensaft, was auch immer), warum (ist die Erde rund), kannst du mir helfen‘ … Und dann ist der kreative Fluss meiner Beschäftigung auch schon wieder vorüber, und ich frage mich: Warum muss ich das jetzt beantworten/tun? Warum ist es in Ordnung mich, während meiner Talentausübung (oder wie es andere sehen, Hobby) zu unterbrechen? Warum ist diese Tätigkeit nur mir wichtig, und es wird aber nicht von anderen respektiert, dass sie mir wichtig ist. Mir fällt ja auch nicht ein, meinen Mann während einer Besprechung nach meinem verloren gegangen Büstenhalter zu fragen, und man vermeidet unnötige Nachrichten und Anrufe im Büro so weit wie möglich. Es soll ja nichts von der Arbeit ablenken. Mein erster Chef ging sogar soweit, dass er seinen Untertanen klarmachte, dass Arbeit wichtiger wäre als Familie. Ich habe vier Monate später gekündigt. Also, wer entscheidet denn, was wem wann wichtig ist? Oder haben wir die Möglichkeit diese Entscheidung selbst zu treffen, gar nicht mehr?

Bei genauerer Betrachtung dieser Frage fällt mir auf, dass es oftmals mit monetären Umständen zusammenhängt. Hierbei handelt es sich nicht nur um Berufe, also dass ein Anwalt oder Banker so viel mehr verdient als ein Straßenkehrer, sondern dass (vermeintlich) unbezahlte Tätigkeiten wesentlich weniger respektiert werden als bezahlte. In unserer kapitalistisch geprägten Gesellschaft ist Zeit für Hobbys nicht wichtig. Man versteht zwar, dass sie zur Wohltat des Geistes und daher auch des Körpers beitragen, aber so viel Respekt wie für geldverdienende Beschäftigungen bzw. Arbeit, verdienen sie bestimmt nicht (ähnlich wie bei Hausarbeit, dafür hat auch niemand Respekt). Immerhin sind Hobbys in der Regel keine produktiven Aktivitäten und können nicht als Arbeit klassifiziert werden. Arbeit ist inoffiziell definiert mit folgenden Elementen: Anstrengung (geistig oder körperlich), einem gewissen Grad Unwillen (nicht freiwillig) und gegen (monetäre) Entschädigung (dieser Ausdruck alleine spricht doch schon sehr stark für das Unbehagen oder den Zwang, den Arbeit haben muss, um sich als jegliche zu qualifizieren). Hobbys haben oft die gegenteiligen Eigenschaften: Man macht sie freiwillig, mit Freude und umsonst. Weil sie einem Spaß machen, werden sie von anderen mit weniger Respekt behandelt als Arbeitsausübung, da man ja arbeiten muss, um Geld zu verdienen. Es gibt natürlich ein paar wenige, mit Glück gesegnete, die ihr Hobby zur Arbeit machen konnten, oder ihre Arbeit zum Hobby (weitere Gedanken dazu in einer anderen Geschichte über Pragmatismus!). Aber ob für diese wenigen ihr Hobby wirklich noch ein Hobby ist, ist auch fragwürdig. Wer hat nicht von erfolgreichen Schriftstellern gehört, die nicht mehr schreiben können, da ihnen der Zwang zu schreiben jegliche Kreativität geraubt hat. Nehmen wir in diesem Kontext einfach an, dass generell niemand wirklich freiwillig arbeitet. Diese Frage stellt daher ein Paradox dar: sollte uns nicht das, was uns wichtig ist, mit mehr Respekt behandelt werden? Sollten wir nicht das, was anderen wichtig ist, respektieren? Ist es richtig, anderen unsere Werte aufzuzwingen? Leider liegt die Wurzel dieses philosophischen Problems, wie so viele unserer modernen Probleme, in unserem kapitalistischen System. Hobbys sind oftmals nicht produktiv, um eindrucksvolle, monetäre Erfolge zu erzielen, insbesondere anfangs. Ein zehn Jahre altes Kind, das sehr gut und gerne Fußball spielt, verdient nichts, auch wenn es acht bis neun Jahre später ein Fußballstar sein könnte. Aber bis dahin wird das Fußballspielen als Hobby, und daher weniger wertvoll (und zum Teil als Zeitverschwendung) als Schulausbildung betrachtet, da man die Schulausbildung zum späteren Geldverdienen benötigt. Abhängig von der Art des Hobbys haben manche das Potenzial, damit ihren Lebensunterhalt zu bestreiten, jedoch benötigen sie Zeit und Geduld, bis man fähig ist, sie mit Perfektion auszuüben. Und gäbe man mir so genügend Zeit und Ruhe mit meinem Hobby, könnte ich vielleicht eines Tages eine Millionen-verdienende, berühmte und erfolgreiche, schlafende Häklerin werden. Und sollte das auch nicht der Fall sein, sollte man respektieren, dass mir meine Zeit, mein Hobby auszuüben, wertvoll und wichtig ist.

Und manchmal ist alles einfach zu viel

Manchmal kommt alles auf einmal zusammen, und dann fragt man sich, warum das so sein muss. Man nehme mich als Beispiel. Seit vier Jahren bringe ich meine Kinder zu Fuß in die Schule, obwohl mir in der Parkgarage mein Auto zur Verfügung stünde. Nur ganz selten, etwa bei schrecklichstem Wetter mit Donner und Blitz, setzte ich es ein. Seit 18 Monaten gehe ich jeden Tag denselben Weg, meinen älteren Sohn von der Schule abholen. Seit Jahren regnet es auch kaum in der Sommerzeit. Nun gut, vor zwei Wochen brachte ich mal wieder ganz routinemäßig meinen Sohn auf demselben Weg heim, als ich plötzlich den Halt verlor und mir eine schwere Verletzung am Knöchel zuzog. Glücklicherweise war nichts gebrochen, sonst hätte ich es wahrscheinlich gar nicht bis nach Hause geschafft, wo ich das Auto holte, um meinen jüngeren Sohn von der Schule abzuholen. Mein lieber Ehemann hatte ja gerade um diese Uhrzeit eine wichtige Arbeitsbesprechung. Zuhause angekommen konnte ich den Rest des Tages vergessen, Aufstehen und Gehen waren unmöglich. Seit zwei Wochen fahre ich nun beide Kinder in die Schule, obwohl das Wetter zwar wunderbar ist, ich aber noch nicht gehen soll. Dann fällt plötzlich der Aufzug in der Wohnung aus, genau in dem Augenblick, als ich in die Parkgarage runterfahren will. Das ist unter normalen Umständen ja kein Problem, aber mit einem verletzten Knöchel humpelt man sich ziemlich schwer sechs Stockwerke runter und dann wieder rauf. Und was passiert vor zwei Tagen? Das Auto geht kaputt. Einfach so. Macht keinen Sinn, es zu richten. Ergo, kein Auto mehr. Gerade wenn ich nicht gehen sollte. Und das Lustige dazu ist noch, dass es nun plötzlich seit zwei Tagen regnet, und zwar genau um die Uhrzeit, wenn ich die Kinder in die Schule bringen und abholen muss. Und es wurde nun festgestellt, dass es von Juni bis September die meisten verregneten Tage seit 1982 gibt. Wir haben uns im Juni nach 15 Jahre langem Autobesitz von unserem Auto getrennt. Jahre ohne Probleme, und auf einmal mehrfache Probleme zur gleichen Zeit.

Was fehlt denn diesem Universum schon wieder? Regelstimmungsschwankungen? Unerfüllte Bedürfnisse? Mid-Life Krise? Wer weiß. Jedenfalls ist das Universum zu manchen Zeiten ziemlich gemein. Solche Fälle, wie meinen kürzlich erlebten, kennt doch jeder, oder? Oder passieren nur mir mehrfache dumme Dinge auf einmal? Das denke ich jedoch nicht, es heißt immerhin, dass Unglück noch mehr Unglück anzieht (bad luck happens in threes). Ähnlich wohl wie mit Geld. Geld zieht auch mehr Geld an, aber das ist ein anderes Thema, und außerdem ist das bei mir nicht der Fall, also schwer zu beweisen. Aber zurück zu dieser existenziellen Frage: Warum müssen dumme unglückliche Dinge immer in Mehrzahl auftreten?

In der westlichen Psyche ist man der Ansicht, dass Unglück immer im Dreierpack auftritt. Jedoch, wenn man etwas genauer über dieses Phänomen nachliest und nachdenkt, bemerkt man, dass das gar nicht der Fall ist. Die meisten Missgeschicke treten nicht im Dreierpack auf. Wir bemerken diese Mehrzahl von Unglück nur, wenn es mehr als zwei sind und fangen dann an mitzuzählen. Und da man sich drei Vorfälle am besten merken kann, kommt es uns vor als wären es in der Tat drei. Obwohl unglückliche Vorfälle außerhalb unserer Kontrolle liegen und zufällig sind, hilft es uns, ihnen solche Muster zuzuweisen, um besser mit ihnen umgehen zu können. Der Aberglaube, dass das Unglück im Dreierpack kommt, hilft uns, die Hoffnung nicht zu verlieren und uns auf mehr negatives vorzubereiten. Der Anthropologe John W. Hoopes nennt das Apophänie, einen Wahrnehmungsfehler: Die Tendenz, zufällige Muster als sinnvoll zu interpretieren.

Ich bin mir nicht ganz sicher, welchen Schluss ich daraus ziehen soll. Der Aberglaube passt mir im Augenblick am besten, so behalte ich mir die Hoffnung bei, dass nichts weiter dummes mehr passieren kann … bis zum nächsten Zyklus!

Statussymbole

Wie schon öfters erwähnt, haben mein Mann und ich uns vor ein paar Wochen dafür entscheiden, Autobesitz an den Nagel zu hängen. Unser Auto stand monatelang in der Tiefgarage, und benötigte plötzlich eine teure Reparatur. Dies brachte uns zu der Erkenntnis, dass Autobesitz in einer Megastadt wie unserer eine reine Geldverschwendung ist. Wir haben das Auto also verkauft, und Fortbewegung mit Taxis klappt sehr gut. Eines haben wir allerdings nicht bedacht, Autobesitz ist ein fundamentales Statussymbol in unserer Gesellschaft. Und so befinde ich mich des Öfteren in einer peinlichen Situation, wie heute Morgen. Fünf Minuten bevor ich meinen älteren Sohn in die Schule bringen musste, fing es an zu regnen, stark zu regnen. Unter solchen Umständen, Wochen früher, hätte ich ihn einfach ins Auto gepackt. Aber heute lief es anders ab: Ich zu meinem Sohn: „Schnell, mach dich fertig, ich will nicht deinen Klassenkameraden im Lift treffen!". Der Grund, unsere Nachbarn sind sehr neugierig (wie anscheinend alle Nachbarn dieser

Welt), und sehen mich seit dem Fehlen unseres Autos in der Tiefgarage mit, was ich mir wohl vorstellen muss, mitleidiger Neugier an. Und das wollte ich heute vermeiden, das nachbarschaftlich-freundliche Angebot, meinen Sohn mit in ihrem Auto in die Schule mitzunehmen. Scheinbar freundlich in der Tat, allerdings hätte ich meinen Sohn damit auch einem Kreuzverhör ausgesetzt. Um das Angebot abzulehnen, hätte ich mir wieder die unmöglichsten Ausreden ausdenken müssen (Bewegung im Regen ist gesund! Wir müssen abnehmen!), und dazu hatte ich weder Lust noch Energie. Vielleicht hätte ich mir auch nicht so viele Gedanken machen müssen, denn unsere Nachbarn betrachten mich schon seit längerem als Öko-Gesundheits-Recycling-besessen. Mein Mann fragte mich bloß, ob ich solch einen Austausch mit unserem Nachbarn peinlich fände, und ich bejahte, lügen darf man immerhin nicht. Statussymbole zu verlieren oder aufzugeben, aus welchen Gründen auch immer, ist schwieriger, als sie von vorneherein nicht zu besitzen. Daher schaffte ich es auch vor ein paar Tagen nicht, einzugestehen, kein Auto mehr zu besitzen, als der Blick der Schulleiterin meines jüngeren Sohnes auf meinen noch immer leicht geschwollenen Knöchel traf, den ich mir vor zwei Monaten schlimm verstaucht hatte. „Fahren sie doch mit dem Auto, einen verletzten Knöchel muss man doch schonen!“ Nur gut, dass das an einem meiner guten Tage passierte, denn ich hatte schlagartig eine ausgezeichnete Ausrede parat: „Aber ich kann doch nicht sitzen! Ich muss mich bewegen!“ Das erwies sich als befriedigende Erklärung für meine liebe und fürsorgliche Schulleiterin. Peinlichkeit entkommen. Doch diese Vorfälle werfen Fragen für mich auf und unterstreichen die Wichtigkeit von Statussymbolen. Die meisten von uns gestehen, Herdentiere zu sein, wir fühlen uns nur wohl und sicher, wenn wir einer von uns selbst ausgewählten Gruppe angehören. Die Mitgliedschaft einer Gruppe wird in unserer Gesellschaft durch Symbole ausgedrückt, anderen visuell vermittelt, um Status klarzulegen. Jeder kann sie lesen, da wir sie von Kindheit an durch unsere soziale Umwelt gelernt haben. Vor ein paar hundert

Jahren unterschieden sie sich noch von Kultur zu Kultur. Doch in unserem Zeitalter der Globalisierung werden sie sich alle sehr ähnlich, und wir verständigen uns mit Menschen von anderen Kulturen auf dieser Ebene sehr gut, da wir alle in die gleiche, unausgesprochene Sprache der Statussymbole sprechen.

Jede Gruppe hat ihr eigenes Set an Statussymbolen, schon angefangen im Kindergarten. Mein jüngerer Sohn, er ist fünf, eifert seit kurzem um den Besitz von Smiggles Schreibwaren. Er kann noch nicht sehr viel lesen, doch den Markennamen Smiggles kann er entziffern, denn der Besitz von Smiggles Schreibwaren entscheidet den Rang seiner Klassenkameraden. Er erzählte mir letzte Woche in feinstem Detail, welcher Klassenkamerad welche Smiggles Schreibware besitzt. Obwohl es mir etwas gegen den Willen geht, werden wir wohl in Kürze einen Smigglesladen aufsuchen müssen, denn auch ich war selbst mal ein Kind. Während meiner Jugend fing die Vorherrschaft von Statussymbolen erst etwas später an, zu Anfang des Gymnasiums. Wer zu meiner Zeit seinen Hintern nicht mit Markenjeans (nur Levis waren in Ordnung) bedeckte, wurde zum Aussätzigen und wurde schamlos ausgelacht. Kinder aus einfachen Haushalten, die sich mit Hosen von Aldi zufriedengeben mussten, hatten eine harte Zeit. Ich war glücklich genug, die Levis meines älteren Bruders übernehmen zu können. Es wäre mir wohl schwergefallen, die Wichtigkeit der richtigen Jeansmarke meinen Eltern klarzumachen, denn im Grunde müsste eine Jeans nur eine Funktion erfüllen: den Unterleib vor Kälte und Nacktheit zu schützen.

Das Erwachsensein bringt ganz andere Statussymbole mit sich, wie Autobesitz (oft der richtigen Automarke), Hausbesitz (richtige Adresse ist auch wichtig), exotische Urlaubserfahrungen und Kleidung, unter anderen. Bei Erwachsenen aus den höheren Klassen gehören auch noch andere Dinge wie Mitgliedschaft im (richtigen) Golfclub, Ferienhaus und Jacht dazu. Und viele von uns verbringen ihr Leben, diese Statussymbole zu jagen und zu sammeln, denn Statussymbole haben die Keulen unserer Steinzeitvorfahren ersetzt. Statussymbole sind funktionell.

In einem gewissen Sinne funktionieren sie als Waffen, mit den man Hühnerleiterkriege und Kämpfe um Hierarchie ganz schnell und praktisch ausfechten kann. Oder man kann sie auch als eine Form von dem Kartenspiel Quartett betrachten, bei dem man seine Karten mit dem Gegenüber vergleicht, um zu sehen wer die besseren hat. Der mit den besseren Karten (Statussymbolen) gewinnt, und darf höher auf die Hühnerleiter, wo er weniger be … en wird.

Jedenfalls helfen uns Statussymbole, uns nicht täglich gegenseitig die Köpfe einschlagen zu müssen, um Hierarchien neu festzulegen. Oder ist das alles nur reine, funktionslose Angeberei? Was auch immer der Fall ist, es kostet sehr viel Kraft und Selbstbewusstsein, sich diesem System der Statussymbole nicht zu unterwerfen. Und an manchen, nicht so guten (regnerischen) Tagen, möchte man natürlich mitmachen, immerhin sind wir in der Tat alle Herdentiere und dürsten nach, wenn nicht Bewunderung, so doch vielleicht nach Akzeptanz. Und so passiert es mir ab und an, dass ich mit unerwarteter Kreativität alle möglichen Ausreden für andere (und für mich selbst) erfinde, um mitspielen zu dürfen.

Luxus

Heute Morgen auf dem Weg in die Vorschule meines jüngeren Sohnes ist ein dicker, nagelneuer Bentley SUV an uns vorbeigefahren und in die Straße der neuen Luxusvorschule, die hinter der Vorschule für Normalsterbliche wie uns liegt, eingebogen. Die Passagiere sahen so entspannt und ausgeruht aus, während mein Sohn und ich mit eingezogenen Nacken im Nieselregen in die Schule wanderten. Nieselregen mag ich gar nicht, zu wenig Regen, um einen Regenschirm zu gewährleisten, jedoch auch irgendwie zu nass, um ungeschützt ins Freie zu treten. Und da es extrem anstrengend ist, auf unserem schmalen Gehweg Kämpfe mit anderen Regenschirmträgern auszuführen, entscheiden wir uns meistens nur im Notfall für den Schutz des Regenschirms. Aber das ist ein anderes Thema. Jedenfalls dachte ich mir bei dem Anblick des Bentleys: „Ja, so ein Luxus mag schon schön sein, wenn man ihn sich leisten kann!". Wenn ich dafür meine ausgiebige Schuhsammlung aufgeben müsste, bräuchte ich den Luxus einer Luxusvorschule und eines Luxusautos nicht. Oder? Wie auch immer, es ist ja nicht so, als müsste ich solch eine Entscheidung in naher Zukunft treffen. Jedoch, bei dem Wort ‚Luxus' rümpft man gerne schnell die Nase, vor allem, wenn man sich selbst den Luxus nicht leisten kann. Bei Luxus kommen Bilder von Kaviar, Jachten, Designerkleidung, Rolls Royce und Bentley, Villen, Diamantenschmuck und Champagnergläser in den wunderschönst-gepflegten Händen wunderschönster Menschen in den Sinn.

Doch Luxus ist gar nicht so einfältig, wie man anfangs denkt. Denn Luxus lässt sich auf verschiedenen Ebenen definieren. Die einfachste Definition, wie sie heutzutage auch hauptsächlich verwendet wird, basiert auf Produkten. Produkten, die einem scheinbar das Leben angenehmer machen sollen, da sie von exquisiter Qualität sind. In diese Kategorie Luxus fallen Designerprodukte jeglicher Art wie Luxusautos, Delikatessen, Handtaschen, Designerkleidung, Uhren, Schmuck wie auch Kosmetik. Luxus dieser Art wird oft als Booster für das Selbstbewusstsein verwendet. Süd-Korea liefert dafür ein gutes Beispiel. Süd-Korea ist das Zuhause einer höchst verschuldeten Bevölkerung. Einen Großteil dieser verschuldeten Bevölkerung sind Jugendliche, die schon in jungen Alter Kreditkartenschulden in zehntausenden von Dollar haben. Diese Schulden kommen von Ausgaben für Designerhandtaschen, Schuhe, Kleidung und Restaurant- und Gourmet-Cafébesuchen. Wie ein junger Mann in einem Dokumentarfilm berichtete, den ich vor kurzem im Fernsehen sah, gäben Luxusprodukte Jugendlichen, oftmals arbeitslos, das Gefühl dazuzugehören, und viele sahen ihren Selbstwert im Wert ihres Besitzes. Sie verbergen Mängel, Unsicherheiten und Minderwertigkeitsgefühle mit Luxusprodukten. Ähnlich ist es auch in Hongkong, einem Land mit hohem Grad von Luxusgüterkonsum.

Designerkleidung und Schuhe dienen als Ausgleich zu jämmerlich kleinen und sündhaft teuren Wohnungen, und als Ersatzzeichen von sozialem Status, der von dem Nichtbesitz einer angemessenen Wohnung ablenken soll. Der Wettbewerb um Status hat sich so auf Designerprodukte umgestellt.

Eine andere Ebene von Luxus hat etwas mit Größe von Notwendigen wie Haus und Auto zu tun, aber auch von Anschaffungen, die keinen wahren Nutzen haben. Dinge müssen groß sein um auch als luxuriös ernst genommen zu werden: Große Diamanten, große Jacht, große Villa, großes Auto. Am besten noch in Mehrzahl. Eine eigene Wohnung oder Haus zu haben reicht nicht, um in die Kategorie Luxus, und dabei Ausdruck von Status zu fallen, muss die Wohnung oder das Haus richtig groß und teuer sein. Das Gleiche gilt für das Auto.

Doch Luxus ist nicht nur materiell. Denn es gibt auch den Luxus der Zeit, den so manche zwar besitzen, aber nicht schätzen, und um den sie andere beneiden. Der Luxus der Zeit ist eine Sache der Perspektive. Arbeitslose oder Pensionierte haben oft endlos Zeit an ihren Händen und langweilen sich leicht. Auch Arbeitenden geht es so, und sie suchen dann oft verzweifelt nach einem Hobby, mit dem sie die freie Zeit verschwenden können. Doch wenn man Menschen trifft, die ihre freie Zeit mit Anerkennung von Kunst wie durch Oper, Ballett und Museumsbesuche verbringen, wird diese Zeit als Luxus angesehen, Luxus, sich Zeit für etwas nehmen zu können. Eine weitere Kategorie von Luxus steckt auch in Möglichkeiten, eine Wahl, bzw. eine Auswahl zu haben. Die Möglichkeit, mit dem Privatjet mal schnell nach Paris zum Shoppen zu düsen, die Möglichkeit, den Sommer in der Karibischen Ferienvilla zu verbringen, die Auswahl zwischen verschiedenen Designertaschen, Schuhen, Kleidung; die Auswahl und Möglichkeit von Genuss von Delikatessen aus der ganzen Welt. Und die Liste geht so weiter. Doch diese verschiedenen Arten des Luxus können sich als Luxus für die Seele herausstellen. Luxus für die Seele ist individuell, etwas anderes für jeden.

Für mich zum Beispiel war das unser Auto: Der Luxus der Möglichkeit, hinzufahren, wo man wollte; der Luxus der Qualität, die weichen Ledersitze, die mir jedes Mal mit ihrer weich-warmen Umarmung meine Rückenschmerzen nahmen; Luxus der Zeit, ich kam überall pünktlich an … Luxus hat endlose Dimensionen, jedoch scheinen jegliche Formen von Luxus auf den Besitz des Geldes hinauszulaufen, denn mit Geld kann man fast alles kaufen, Außer Glück, das muss man nur erkennen. Das interessante an Luxus ist, dass man ohne ihn leben kann; es besteht nur die Frage, ob man ohne ihn leben will, denn wie Liam Gallagher so schön sang: „God told me Live a life of luxury All our lives we've both been waiting" (Chinatown, 2017)

Die dümmsten Bauern haben die größten Kartoffeln

Ich bin sehr viel zu Fuß unterwegs, teils wahlweise, da ich es als gesünder empfinde, teils wegen der Tatsache, dass ich im Augenblick einfach keine andere Wahl habe, nachdem wir unser Auto aufgegeben haben und auch keine wirklichen Pläne haben, uns ein neues anzuschaffen. Na jedenfalls fällt mir das folgende Phänomen meistens als Fußgänger auf: Die dümmsten Fahrer fahren die größten Autos. Wie ich das bemerke? Ein kürzlich erlebter Vorfall. Auf dem Heimweg von der Schule meines älteren Sohnes ist eine Kreuzung, wo man vor der großen Ampel links abbiegen kann, ohne Ampel. Mein Sohn und ich wollten gerade die Straße überkreuzen, nachdem unsere Fußgänger Ampel auf Grün umsprang, als plötzlich ein dicker Mercedes mit zwei jungen Leuten vor unserer Nase, fast über unsere Füße, von li in unseren Weg abbog. Das darf man gar nicht, vor allem nicht, wenn Fußgänger gerade bei Grün über die Ampel gehen wollen. Außerdem ist ja nur ein paar Meter vor der Ampel eine Abzweigung, vor der gar keine Ampel ist, und man nicht einmal auf Grün warten muss. Noch dazu ist die Einfahrt der Abzweigung viel breiter als die verbotene Linkswende, man verkratzt sich also die Felgen nicht so arg, wenn man mit geöffneten Augen fährt. Diese Tat dieses Mercedesfahrers ist also ein Beweis dafür, dass die dümmsten Fahrer oft die dicksten Autos fahren. Aber ich habe ja noch viel mehr Beweise, die ich täglich sammle. Meistens findet man die vor der Schule meines älteren Sohnes, da gibt es anscheinend ziemlich viele dumme Fahrer. Die kreieren nämlich täglich endlose Staus mit ihren dicksten SUV (Sport Utility Vehicles – Autofahren ist Sport?? Warum finde ich das jetzt erst raus! Und da gehe ich jeden Tag schwimmen, um Sport zu betreiben! Ich sollte lieber einen SUV fahren! Das ist nicht ganz so anstrengend!). Die SUVs laden einzelne Schulkinder ab, und holen sie dann am Nachmittag wieder ab. Sie hupen einander an und ärgern sich, dass die anderen auch so dicke Autos fahren müssen, dass für sie so wenig Platz zum Wenden bleibt. Für mich spricht das nicht gerade von höchster Intelligenz. Aber ich kann mich ja irren, es wäre nicht das erste Mal. Ich verstehe diese ganze Besessenheit mit SUV ohnehin nicht. Wir leben in einer Megastadt, die weder unbezwungenes Terrain noch Berge, noch Eis und Schnee hat. Wofür man da einen SUV braucht, geht mir nicht in den Kopf. Die brauchen doch so viel mehr Benzin, sind ganz schrecklich zu parken und noch viel schlimmer für die Umwelt. Aber beim Autokauf verlieren ja etliche Menschen temporär ihren Verstand. Autobahnen haben wir nämlich auch keine und dürfen daher nicht schneller als 100 km/h fahren; Sportwagen haben wir anscheinend mehr als Gehirn. Was mich auf die originelle Frage zurückbringt: Warum haben die dümmsten Bauern die größten Kartoffeln. Der Nobelpreis-gekrönte Ökonom James Heckman liefert gute Einblicke in dieses Thema in seinem Forschungsbericht ‚Warum sind nicht mehr höchst intelligente Menschen reich‘ (Why Aren't More Highly Intelligent People Rich?). James Heckman nach gibt es da einen Faktor, der wichtiger ist als reine Intelligenz. Intelligenz trägt nur ein bis zwei Prozent zum zukünftigen Erfolg eines Kindes bei. Erfolg hängt mit Gewissenhaftigkeit zusammen, genauer noch mit Selbstdisziplin, Ausdauer und Sorgfalt. Diese Gewissenhaftigkeit wird oftmals durch das Umfeld gefördert, wie Eltern und Partner. Mit Intelligenz haben diese Attribute nicht wirklich viel zu tun. Man braucht höchstens einen gewissen Grad an Intelligenz sein Umfeld, beziehungsweise seine Arbeit soweit zu verstehen, um sie mit Pflichthaftigkeit, Ausdauer und Sorgfalt verwalten zu können. Meiner Ansicht nach könnte Intelligenz sogar ablenkend wirken durch übermäßiges Nachdenken und Hinterfragen. Immerhin interessiert es die Kartoffel ziemlich wenig, ob der Bauer ihr Aufwachsen philosophisch hinterfragt, die will nur guten Dünger und ausreichend Wasser!

James Heckman nach sind andere wichtige Faktoren auch harte Arbeit und vor allem Glück!! Also, vergessen wir lieber diesen Intelligenztest. Der hält uns psychologisch nur zurück!

Existenz rechtfertigen

Meistens passiert es an nicht ganz so guten Tagen oder wenn ich einmal wieder ein lästiges Formular ausfüllen muss, dass nach Beruf fragt, oder wenn mich jemand fragt, was ich mache. Dann passiert es, ich hinterfrage die Basis meiner Existenz. Warum bin ich denn eigentlich da? Ich erfülle keinen wahren Zweck, weder bin ich besonders schön, um meine Umwelt mit meiner reinen Schönheit zu erfreuen, noch bin ich besonders lustig, und habe daher auch kaum Unterhaltungswert. Einen Beruf übe ich sowieso nicht aus (Hausfrau ist kein Beruf, Häklerin auch nicht). Und meinen einzigen wahren, biologischen Zweck, Kinder zu gebären, habe ich schon erfüllt. Folgend solcher Gedanken packt mich der Rappel, ich habe einen Geistesblitz! Ich sollte mich doch dann wenigstens ordentlich um den Haushalt kümmern! Sonst kann ich mir eine Existenz als glaubwürdige Hausfrau auch bald abschminken. Ich fange an, wie verrückt zu putzen, jedes Mikrofussel Staub auszurotten, den Boden, das Bad und die Küche auf Hochglanz zu polieren! Doch ich bin nicht die einzige mit Existenzängsten. Denn, wenn ich dann von drei Stunden Staubsaugen und zwei Stunden festgetretene-Legosteine-aus-dem-Holzboden-graben genug habe, fällt mir meine Studienzeit ein, und ich fühle mich etwas erleichtert. Aber nicht etwa, weil ich mir bewusst werde, dass ich ja theoretisch einen Beruf ausüben könnte, wenn das Hausfrauendasein nicht von möglichen Arbeitgebern als so negativ betrachtet würde, sondern weil ich mich an die Polizei in den USA erinnere.

Die Polizei in den USA bietet ein interessantes und sehr praktisches Beispiel unseres Dranges, unsere Existenz rechtfertigen zu müssen. Soziologischen Studien nach liegt es nicht im Interesse der Polizei, Verbrecher zu eliminieren und die Zahl von Verbrechen auf Null zu reduzieren, denn ohne Verbrechen und Verbrecher ist die Existenz der Polizei weder wichtig noch notwendig. Um ihre Existenz zu rechtfertigen, Polizistenzahlen konsistent zu halten und weiterhin ihren Arbeitsplatz zu sichern, greifen Polizisten zu Maßnahmen, sie sehen sich aktiv nach verbrecherischen Absichten um. Und so passiert es – da Polizisten auch ganz gut mit Statistiken umgehen können –, dass die Polizei in den USA absichtlich die Schwarzen und andere Minderheitsgruppen genauer überwacht, da diese meist dem ärmeren Bevölkerungsteil angehören, und oftmals durch finanzielle Umstände dazu gezwungen wird, sich in nicht ganz legalen Untergrundaktivitäten einen Lebensunterhalt zu verdienen. Daher sind die Chancen, in Minderheitsgruppen kriminelles Geschehen aufzutun, höher als in der dominanten weißen Bevölkerungsgruppe. Das heißt aber nicht, dass die weißen US-Amerikaner keine Verbrechen begehen, sie sind nur schwieriger zu identifizieren. Jedenfalls funktioniert diese Taktik der Polizei gut, und dank hoher Verbrechenszahlen und viel Polizeieinsatz rechtfertigen sie ihre Existenz und dürfen sie weiterhin ihren Job ausüben. Ähnlich wie bei mir und dem Staub. Manchmal zeige ich meinen Familienmitgliedern, wie staubig und dreckig es wird, wenn ich nicht sauber mache. Staub und Dreck noch da, Existenz gerechtfertigt.

Aber warum haben wir eigentlich den Drang, unsere Existenz rechtfertigen zu müssen? Reicht es nicht, dass uns unsere lieben Eltern in die

Welt gesetzt haben? Unsere Existenz haben wir uns immerhin nicht einmal freiwillig, oder zumindest ungefragt, ausgesucht. Nach einem halben Leben auf dieser Erde frage ich mich, muss ich eigentlich meine Existenz noch rechtfertigen? Was kann denn schon passieren? Ich löse mich in Luft auf – Existenz nicht gerechtfertigt. Eine Selbstmordlösung mancher wäre so nicht mehr notwendig, man hört einfach auf, seine Existenz zu rechtfertigen, und puff! Man ist weg. Schneller, sauberer, schmerzlos; Scheidung? – Grund: Hat ihre Hausarbeit nicht befriedigend erledigt; oder zur Adoption freigeben: Alternde Mutter sucht neues Zuhause aus Nichtbedarf, da unwillig, Hausarbeit zu erledigen. Zweck ist fragwürdig, appelliert an Mitgefühl. Bei unzeitgemäßer Adoption ist Einschläfern unvermeidlich. Ich tendiere dazu, diese Möglichkeiten als unwahrscheinlich zu betrachten, ausprobieren mag ich es trotzdem nicht. Außerdem lebe ich ungern in einer dreckigen Wohnung. Aber ich bin der Ansicht, dass unser Drang, unsere Existenz zu rechtfertigen, etwas mit Aufmerksamkeit und Wichtigkeit zu tun hat. Vielleicht sogar mit der Suche nach Bedeutung des Lebens?

Wir wollen alle einen Zweck erfüllen, wollen vermisst werden, sollten wir fehlen; wir wollen, dass uns andere brauchen, aus Liebe oder aus Nutzen. Wir wollen Bedeutung in unserem Leben, doch ist der Sinn des Lebens nicht einfach, zu leben?

Doch bis ich nichts Besseres gefunden habe, bin ich froh, dass sich Staub und Dreck nicht so schnell ausrotten lassen!

Job-Interview

Seit ein paar Jahren bewerbe ich mich zwischendurch für eine neue Arbeitsstelle, denn meine unbezahlte Arbeitsstelle daheim zahlt so schlecht und bringt mir kein so endlos nötiges soziales Ansehen. Hin und wieder werde ich dann sogar auf ein Vorstellungsgespräch eingeladen. Heute war wieder so ein Tag, ich hatte ein Vorstellungsgespräch bei einer Behörde (aus idealistischen Gründen bewerbe mich nur für Behördenstellen). Zuerst musste ich einen schriftlichen Test ablegen, und darauf folgte das Vorstellungsgespräch. Der Ablauf ist immer der gleiche: Was man im Augenblick macht, warum man sich für diese Stelle interessiert. Wenn man mit seiner kleinen Geschichte fertig ist, werden einem die Details der Arbeit erklärt. Das finde ich dann immer recht lustig, denn es scheint im Voraus abgesprochen zu sein, dass man die Arbeit als sehr herausfordernd darstellt, mit Arbeitsstunden bis tief in die Nacht, vielen Besprechungen und E-Mails. Und dann wird das Ganze mit der folgenden, künstlich mitfühlenden/verständnisvollen Aussage abgerundet: Aber sie arbeiten ja schon seit so vielen Jahren nicht mehr, ob sie eine solche Arbeit physisch überhaupt wieder schaffen könnten? Das ist doch eine sehr große Herausforderung, täglich mit so vielen verschiedenen Anfragen und Interessengruppen umzugehen! Auf diese Aussage muss ich mich jedes Mal ordentlich beherrschen. Erstens, wenn man sich eh schon entschieden hat, dass ich untauglich für diese Arbeitsstelle bin – warum muss man dann überhaupt mit einem Vorstellungsgespräch jedermanns Zeit verschwenden? Zweitens, war es die Absicht des schriftlichen Tests, festzustellen, ob ich nach zehn Jahren Hausarbeit noch lesen und schreiben kann? Die Interviewer können dann anscheinend auch nicht richtig lesen, denn zehn Jahre „arbeitslos" ist offenbar unpassend für die Arbeitsstelle, oder es macht ihnen Spaß, mich ihren Fragen zu meiner „Arbeitslosigkeit" zu erniedrigen? Drittens, anscheinend haben Männer wie Frauen nicht die geringste Ahnung, was dazugehört, sich um einen Haushalt zu kümmern. „Arbeitslos" bedeutet nämlich noch lange nicht, dass man die Arbeit los ist, man wird nur nicht bezahlt. Ich finde es ohnehin dämlich, Hausarbeit mit Arbeitslosigkeit gleichzustellen. Hausarbeit bedeutet jeden Tag, von Montag bis Sonntag, 7 Uhr morgens bis 11 Uhr nachts, mit Überstunden, sollte ein Familienmitglied krank sein, stundenlang am Stück Wünsche zu erfüllen, zu kochen, waschen, putzen, Kinder und Mann zu unterhalten, aufräumen, Lebensmittel einkaufen,

Papieraufgaben wie Steuererklärung, Versicherung und Arzttermine unter einen Hut zu bekommen. Urlaub gibt es nicht, krankgeschrieben wird man auch nicht, Lohn, Beförderung und Pension sind auch nicht vorhanden. Dann soll mir mal jemand sagen, dass ich physisch nicht in der Lage sei einen BÜROJOB zu erledigen, den ich um 18 Uhr und am Wochenende hinter mir lassen kann, von dem ich Urlaub nehmen und im Notfall krankgeschrieben werden kann. Nur weil es keine Ausbildung oder ein Studium benötigt, Hausfrau zu sein, wird dem Ausüben dieser Arbeit weder Intelligenz noch körperliche Last zugemutet.

Wie so oft frage ich mich da, warum das der Fall ist. Warum ist unsere Gesellschaft so unwillig, Hausfrauen zu respektieren. Ich will mich nicht schon wieder auf Karl Marx, Max Weber und die kapitalistischen Werte beziehen, daher versuche ich, meine eigene kleine Theorie aufzustellen. Neid. Ich bin der Überzeugung, dass es sich bei diesen herablassenden Aussagen um reinen Neid handelt. Denn erstens scheinen viele unter der Illusion zu leiden, dass die Hausfrauenexistenz ein Sahneschlecken ist. Es herrscht kein Stress, man macht alles nach dem eigenen Zeitplan, man ist unkündbar, hat endlos Zeit zum Ratschen und Kaffeetrinken mit benachbarten Hausfrauen, kann sich Nachmittagsschläfchen leisten und verbringt dann den Rest des Tages auf der Couch beim Fingernägel anmalen oder beim Shoppen. Das trifft vielleicht auf Frauen ohne Kinder und mit Haushaltshilfen zu. Bei Normalsterblichen und Menschen mit Kindern sieht die Realität ein wenig anders aus. Aber ich glaube, der zweite Grund des Neids ist wohl die Tatsache, dass ich als Hausfrau den Luxus habe, meine Kinder beim Erwachsenwerden beobachten und unterstützen zu können. Qualitätszeit mit seiner Familie verbringen zu können ist das wichtigste im Leben. Verlorene Zeit kann niemand nachholen, und Zeit wartet auch auf niemanden, ganz egal, wieviel Geld oder sozialen Status man besitzt. Und in dieser Einsicht steckt der Neid – was ich verständlich finde. Ich wünsche mir nur, dass sich dieser Neid nicht in Bitterkeit und Boshaftigkeit äußert, denn bei einem Vorstellungsgespräch vor über einem Jahr war die Interviewerin sogar so dreist, mir zu unterstellen, nach einer so langen Pause von Büroarbeit vergessen zu haben, wie man mit Computerprogrammen umgeht. Ich möchte darauf klarstellen, dass Haushaltsführung und Kindererziehung keine verblödende Tätigkeit ist. Neben gehirnloser Hausarbeit zu erledigen, weiß ich nicht nur, wie man jegliche Computerprogramme verwendet, sondern ich besitze auch, wie jede andere Hausfrau, ausgezeichnete Managementfähigkeiten, habe Ahnung von Politik und Wirtschaft (kann ja Multitasking und beim Putzen und Bügeln Nachrichten und Dokumentarfilme anschauen), und kann so neben der Zubereitung des Abendessens Mathe, Englisch, Sozialwissenschaften, Chinesisch und Deutsch unterrichten. So etwas soll uns einer von diese- Bürohengste oder -stuten mal vormachen!

Expats

Ich lebe nicht in der Stadt meiner Herkunft, nicht einmal im Land meiner Geburt. Ich lebe in meiner Wahlheimat, doch ich führe ein Doppelleben. Ich bin hier permanent zuhause, aber ich bin gleichzeitig keine Eingeborene. Ich gehöre weder zu den Einheimischen noch zu den Ausländern, obwohl ich so aussehe. Mit der Expatgemeinschaft habe ich so gut wie nichts zu tun. Schulkosten, Miete für die Wohnung und Kosten für ein Auto wird auch nicht von einer Firma für uns übernommen, wie es bei Expats üblich ist. Daher mache ich mir über das Expatleben und Expatverhalten oft Gedanken. Ich habe mein heutiges Leben als Expatkind angefangen, daher beobachte ich Expats mit einer gewissen Neugier.

Das Verhalten vieler Expats hier gleicht sich sehr. Wahrscheinlich aus einer gewissen Angst, nicht dazuzupassen und sich nicht genügend mit dem landestypischen Verhalten und der Kultur auszukennen, wirken viele Expats überhoben. Sie halten sich grundsätzlich in gleichartigen Gruppen auf, das heißt, Australier mit Australiern, Engländer mit

Engländern, usw. Sie ziehen auch meistens (wahrscheinlich aus Heimweh) ihr heimatliches Essen vor, und treffen sich so oft in Gruppen in Restaurants aus ihrem Ursprungsland. In einheimischen Hawker Centres trifft man meistens nur auf abenteuerlustige Touristen, die sich trauen, mal etwas Exotisches zu probieren! Ansonsten scheinen sie sich entweder aus Ignoranz oder aus Arroganz wenig für einheimische Kultur und Verhaltensweisen zu interessieren. Noch dazu fällt es auf, dass Expats es lieben, Regeln zu brechen und zu biegen, sie jegliche Möglichkeiten suchen, sich nicht an Vorschriften zu halten, als wären diese nur optional. Seit dem Ausbruch von Covid-19, der darauffolgenden Maskenpflicht und Vorgabe von Sicherheitsabständen, fällt mir das besonders auf.

Zu Anfangs des Lockdowns, als niemand mehr ohne guten Grund (Arztbesuch, Sport, Lebensmitteleinkauf, Arbeit) auf die Straße durfte, wurden einige Expats dabei erwischt, sich in Gruppen zu treffen und in der Öffentlichkeit ohne Masken zu trinken und zu sozialisieren. Das war streng verboten, deshalb wurden diese Täter auch hart bestraft und für immer aus dem Land verwiesen. Andere brechen und biegen die Regeln in weniger schlimmen Ausmaß, oftmals tragen sie ihre Masken nur über den Mund (bringt genauso wenig wie keine zu tragen), oder finden ständig Ausreden, sie gar nicht zu tragen, wie zum Beispiel durch Take-Away Kaffee, der auf der Stelle getrunken werden muss, und Betreiben von Sport (man darf die Maske während des Laufen abnehmen), wobei ich mir nicht ganz sicher bin, ob Kinderwagenschieben und gemächlich gehen in die Kategorie Sport fallen. Sogar meinem fünf Jahre alten Sohn fallen diese Verhaltensweisen auf, und er versteht es beim besten Willen nicht, wie man Regeln brechen kann. Für ihn, wie wahrscheinlich für die meisten Kinder, ist es extrem wichtig zu wissen, dass sich Erwachsene an Regeln halten. Es gibt ihnen die Basis und das Vertrauen dafür, sich auch an Regeln zu halten. Wie mein Sohn stelle auch ich mir die Frage, warum sich hier so viele Expats entscheiden, Regeln brechen, vor allem, da sie sich damit der Gefahr aussetzen, innerhalb von wenigen Wochen in ihr Heimatland ausgewiesen zu werden. Wollen sie frühzeitig zurückkehren? Gibt es zu viele Regeln, und können sie sich daher nicht an alle erinnern? In der Tat, hierzulande gibt es ein sehr dickes Regelbuch, und darüber macht man sich in westlichen Ländern auch gerne lustig. Als Nanny-Staat und Fine-City wird meine Wahlheimat gerne bezeichnet. Aber da es so schwierig ist, seine Menschenrechte und Freiheit mit so vielen Regeln beeinträchtigt zu haben, bekommen Expats ja auch ein gutes, monatliches Härtegeld, nicht nur in Form von oftmals höheren Gehältern als die Einheimischen (für den gleichen Job), sondern es werden auch Schulkosten, Miete und Kosten für ein Auto, sowie der Beitritt und die monatlichen Kosten von überteuerten Country Clubs bezahlt. Das Leben hierzulande ist hart. Aber fürs Zuckerschlecken gäbe es bestimmt auch weniger Entschädigung. Doch dank Regeln ist meine Wahlheimat auch eines der sichersten und saubersten Länder der Welt, mit ausgezeichneter medizinischer Versorgung, Verkehrsnetz und Schulsystem, was so mancher Expat gerne genießt oder genießen würde. Denn seinem kleinen Liebling für wenig Geld eine Weltklasse Schulausbildung in einer öffentlichen Schule zu ermöglichen, ist mittlerweile nicht mehr ganz so einfach. Da vor ein paar Jahren die öffentlichen Schulen mit Kindern von Expats (deren Firmen die Schulkosten für internationale Schulen nicht mehr übernehmen wollten) überflutet wurden, und es schwierig machte, für einheimische Kinder in ihrer Nachbarschaftsschule einen Platz zu finden, werden die Schulplätze nun für Kinder einheimisch-steuerzahlender Eltern reserviert. Aufgrund der nun sehr limitierten Schulplätze für Expatkinder wurde die einheimische Schuluniform mittlerweile zu einer Art Statussymbol in der Expatgemeinschaft. Ich werde oft mit Neid beäugt, wenn ich meinen älteren Sohn in seiner Schuluniform an der Hand habe. Stolz bringen sie ihre einheimisch-uniformierten Kinder in die Schule, und erzählen anderen, nicht so gesegneten, mit halbherzig-verzweifelter Stimme, wie schwer es doch so für ihre lieben Kinder in der Schule sei, Chinesisch zu lernen. Manche Expats gehen sogar so weit, dass sie sich um einen „Permanent Residence"-

Status bewerben, nur um ihre Kinder in den öffentlichen Schulen unterzubringen. Ich habe das von einer australischen Freundin gehört. Sie erzählte, sie hätte Skrupel, sich um diesen Status zu bewerben, weil sie nicht unaufrichtig erscheinen will. Es gibt also gute und schlechte Beispiele, doch mit dem anti-einheimischen Verhalten der Schlechten verschaffen sich Expats einen dementsprechenden Ruf, unter den ich als äußerlich-erscheinender Expat auch oft leiden muss. Kürzliche Berichte in einheimischen Zeitungen, geschrieben von offensichtlich so verärgerten Journalisten, die dadurch anscheinend ihre professionale Pflicht vergessen, objektiv zu berichten, über Expats, die durch Covid-19 verursachte Gehaltskürzungen nun nicht mehr in nur internationalen Lebensmittelgeschäften ihre importierten Nahrungsmittel einkaufen können, sondern sich in einheimischen Lebensmittelläden und Märkten unter Einheimischen um Lebensmittel bemühen müssen, tragen nicht positiv bei. Doch was kam zuerst, das Huhn oder das Ei? Warum sich Expats nicht gerne an Regeln halten, kann ich auch nicht objektiv beantworten, aber ich kann ihnen nur raten: When in Rome, do as the Romans do. Das kommt viel besser an, man lernt so die Kultur und Menschen kennen, schließt vielleicht sogar ein paar Freundschaften, und vor allem wird man auch nicht so leicht aus dem Land geschmissen!

Mit Steinen werfen

Wie man so schön sagt, soll man nicht mit Steinen werfen, wenn man selbst im Glashaus sitzt. Ich bin vor ein paar Monaten aus dem diesbezüglichen Glashaus ausgezogen, und darf nun guten Gewissens Steine werfen. Es geht um das gute alte Thema Umweltschutz. Seit etwa fünf Jahren mache ich so ziemlich alles zu Fuß. Das habe ich mir in Hongkong angewöhnt. In Hongkong geht jeder zu Fuß und nimmt öffentliche Verkehrsmittel. Ganz ehrlich. Sogar toll-gekleidete Frauen mit tausend-Euro-teuren Handtaschen. Ich habe damals unzählige Hermes-

Handtaschen in Bussen und U-Bahnen gesehen. Natürlich könnte die Vorliebe der Hongkonger, öffentlich Verkehrsmittel zu nehmen, damit zusammenhängen, dass es oft unglaublich mühselig ist, ein Taxi zu bekommen. Busse und Züge sind sauber, schnell und sehr zuverlässig. Nun gut, jedenfalls bin ich dank Hongkong auf die Füße gekommen. Ich hatte damals zwar ein Auto, und bis vor ein paar Monaten auch, fand es aber seit Jahren viel praktischer und vor allem umweltfreundlicher, einfach öffentliche Verkehrsmittel zu nehmen oder zu Fuß zu gehen. Ich parke nämlich auch nicht wirklich gerne, vor allem nicht parallel mit einem viel zu großen Auto vor den Augen von Beistehern. Ich kann parken, aber die meinerseits vermuteten Beobachtungen von anderen Autofahrern machen mich sehr nervös. Aber das ist ein anderes Thema.

Jedenfalls darf ich mich nun offiziell ‚umweltfreundlich‘ nennen. Und so bringe ich täglich weiterhin meine Kinder zu Fuß in die Schule, wo ich am Schuleingang Staus, Hupen und Stress beobachten kann. Hierzulande sind die Eltern jüngerer Kinder der Überzeugung, gehen sei ungesund oder vielleicht zu anstrengend für ihre Sprösslinge. Unser Nachbar, dessen Kind in dieselbe Schulklasse geht wie mein Sohn, fuhr seinen Hütling bis vor ein paar Monaten auch täglich in die Schule. Wir leben nur fünf Minuten zu Fuß weg von der Schule. Oft fragte er mich, ob wir nicht mitfahren wollten, worauf ich entgegnete, dass der morgendliche Spaziergang an der frischen Luft sehr gut für uns wäre, da die Bewegung den Geist anregt. Ganz betreten erklärte unser Nachbar daraufhin jedes Mal, dass er dazu keine Zeit hätte. Sein Kind ist vor ein paar Monaten als zu dick in der schulischen Gesundheitsuntersuchung identifiziert worden. Nun hat er plötzlich Zeit, seinen Sohn jeden Tag zu Fuß in die Schule zu bringen. Das habe ich mir nicht ausgedacht, das hat unser Nachbar mir ganz freiwillig und ungefragt mitgeteilt, als ob ich eine Autorität in Kindererziehung und Gesundheit wäre. Das machen er und seine Frau oft. In ihrer wilden Fantasie nehmen sie wohl an, dass ich eine solche Expertin wäre, da ich ganz ohne Haushaltshilfe und außerhäuslicher Kinderbetreuung mich problemlos um meine ZWEI Kinder kümmern kann. Sie haben eine Haushaltshilfe und schicken ihr Kind nach der Schule zur Kinderbetreuung, was nicht außergewöhnlich ist. Aber ich komme von dem ursprünglichen Thema ab: Umweltschutz.

Beim Abholen der schulpflichtigen Brut ist es die gleiche Geschichte. Staus, Hupen, Stress, unnötige Abgase. Das schlimmste dabei ist, dass die abholenden Eltern in ihren oft sehr großen Auto den Motor laufen lassen (obwohl das verboten ist), um weiterhin die Kühle der Klimaanlage zu genießen, während sie auf ihre Kinder warten. Da es kaum Stellplätze für Autos vor dem Schultor gibt, kommen viele Eltern schon 20 Minuten vor Schulende an und warten dann dort in ihren Autos. Bis Unterrichtsschluss stinkt die Luft am Schultor regelrecht nach Abgasen. Was ich nicht wirklich verstehe, warum diese Eltern nicht realisieren, dass sie mit dieser Tat ihre eigenen Kinder täglich vergasen. Ich habe dieses Problem vor vielen Monaten unseren zuständigen Behörden gemeldet. Bisher ist nichts geschehen.

Ich bin mir bewusst, dass Abgase von Autos gar nicht wirklich so viel zum Klimawandel beitragen, wie man bisher angegeben hat. Allerdings bin ich trotzdem der Ansicht, dass Abgase schlecht für die Umwelt und vor allem für unsere Gesundheit sind. Wenn ich täglich diese Massen an Autos sehe, denke ich mit Sorge an die kleinen, jungen Lungen unserer Kinder, die noch viele, viele Jahre diese Abgase von den Autos ihrer Eltern einatmen müssen. Wenn wir uns entscheiden könnten, für das wahre Wohl unserer Kinder, sie zu Fuß in die Schule zu bringen oder mit dem Schulbus fahren zu lassen, dann könnten sie vielleicht eines Tages Sauerstoff anstelle von Abgasen am Schultor einatmen.

Jedenfalls freue ich mich, dass ich mich nun mit voller Brunst über diese ignoranten, aufgeblasenen Umweltverschmutzer beschweren darf!! Bis wir ein neues Auto bekommen … Dann mache ich vielleicht wieder mit.

Hamster & Corona Virus

Corona Virus. Im Augenblick ein Thema in aller Munde dieser Welt (hoffentlich nicht in allen Mündern, sonst haben wir wohl den Kampf gegen Corona schon verloren ...). Seit Wochen ergibt sich dieses Virus als gutes Gesprächsthema für meinen Papa und mich. Wir diskutieren ganz gerne, und sind meistens (so gut wie immer) nicht derselben Meinung. Aber sonst wäre es ja auch langweilig, und etwas Aufregung am Nachmittag passt mir auch ganz gut, um diese verdammte Nachmittagsschläfrigkeit zu bekämpfen ... Aber darum geht es ja gar nicht. Schlafen ist ein ganz anderes Thema. Zurück zum Coronavirus, das heißt ja mittlerweile Covid-19 und hat unser gesamtes Leben auf den Kopf gestellt. Nachdem es China und andere Teile Asiens erwischt hatte, ist diese Krankheit auch in Dcutschland (und dem Rest der Welt) angekommen und hat schon bei fast 157 Fällen Panik ausgelöst. Während unserer wöchentlichen Videokonferenz erzählte mir mein Papa ganz aufgeregt, dass in Deutschland Hamsterkäufe ein Problem seien. Diese Nachrichten waren bei mir noch nicht angekommen, ich war daher ganz erstaunt, dass in Deutschland langsam ein Mangel an Hamstern eintrat ... dank des Coronavirus. Aber dann fragte ich nach, hörte sich doch etwas komisch an, Hamstermangel und wofür braucht man den Hamster eigentlich, vor allem während einer Gesundheitskrise. Hamster könnten ja vielleicht sogar die Viren übertragen. Nein, das hatte ich mal wieder falsch verstanden, ein herkömmliches Problem für Leute, die langsam das Verständnis ihrer Muttersprache durch zu ausgedehnten Aufenthalt im Ausland verlieren (oder bin das nur ich). Beim Hamstern geht es nicht um den vermehrten Kauf von Hamstern, sondern in diesem Fall um Klopapier!

Wie vorgemacht in Hongkong und Singapur fangen Deutsche anscheinend an, zu hamstern. Alles möglich wird gekauft, um diesen Virus lebendig und ohne weitere Unannehmlichkeiten wie Verzicht auf Klopapier überstehen zu können. Es ist schlimm. Mir ist es ja auch passiert. Als bei uns das Dorscon Level auf Orange (es gibt drei Level) angehoben wurde ging mir dummerweise plötzlich das Klopapier aus (etwa durch den Schiss-ausgelösten erhöhten Besuch der Toilette?). Jedenfalls musste ich in den fast leergeräumten Supermarket und mich mit anderen Schissern um Klopapier streiten … und das es geht noch nicht einmal um Masken oder Handseife und dergleichen.

Aber das mit dem Klopapier-Hamstern ist ja eine richtig interessante Geschichte. Es ist nämlich auf der ganzen Welt passiert: Angefangen in Hongkong, dann Singapur, Japan, Australien, USA und wahrscheinlich auch in Ländern, die es nicht so oft in die internationalen Nachrichten schaffen, weil sich so gut wie jedem egal sind (auch eine andere Geschichte). Nur Frankreich reagierte anders: dort kaufte man Kondome und Wein ein … So etwas kann man ja nicht mit Zeitungspapier oder Wasser ersetzen … Aber wie auch immer. Hinter Klopapier-Hamstern steckt nämlich etwas Psychologie. Das habe ich auch in den Nachrichten gelesen, den ich scheine nicht die einzige Person zu sein, die Klopapier-Hamstern fasziniert. Also, der Psychologe in den Nachrichten meinte, dass solche Ereignisse wie der Ausbruch einer Pandemie wie Covid-19 verständlicherweise Panik und Stress in Menschen auslöst. Menschen stehen plötzlich vor einem großen Risiko alles möglich zu verlieren. Sie fühlen sich auf einmal hilflos. Aber der Mensch gibt ja nicht so schnell auf. Also versucht er die Risiken zu eliminieren oder zumindest zu verringern. Wie geht das? Gegen die Pandemie per se kann er ja nichts machen, dieses Risiko ist nicht in seinen Händen, doch die Gefahr, plötzlich kein Klopapier mehr zu haben, kann der Mensch mit dem Kauf von extra Klopapier ganz gut managen und fühlt sich dann schon gleich etwas weniger gestresst. Aber warum Klopapier und nicht zum Beispiel Kondome wie der Franzose? Tja, auch ganz einfach. Kondome samt Verpackung sind ziemlich klein, und nehmen kaum Platz in den Regalen der Supermärkte ein. Außerdem sind da normalerweise hunderte von Packungen, und wenn da ein paar fehlen, merkt das kein Mensch. Doch bei Klopapier ist das anders. Klopapier wird in Multipacks verkauft, ist groß und nimmt daher sehr viel Platz in den Regalen ein. Daher ist auch immer nur eine relative geringe Anzahl von Klopapier ausgestellt. Werden nun plötzlich zehn Packungen anstelle von den normalen vier Packungen gekauft, dann bleibt ein großes, leeres Nichts. Und das erschreckt Leute, aber sie reagieren sofort: es wird das scheinbar letzte Klopapier so schnell wie möglich aufgekauft. Man freut sich über den Kauf, und fühlt sich auch gleich besser! Die Panik löst sich etwas. Bei uns hat sich die Panik soweit gelegt, die Regierung hat uns ja auch versprochen, dass uns das Klopapier nicht ausgehen wird (davor werden wir wahrscheinlich eher verhungern … oder an Instant Noodle-Überverzehr sterben).

Aber in Deutschland sollte sich die Panik auch bald legen, mein Papa hat mir nämlich gestern von einem tollen, neuen Produkt Werbung geschickt: Ein Anti-Idiotikum, das Panik und Hamsterkäufe bekämpft. Wie gesagt, bei uns hamstern sie auch, nur keine Hamster … Und vielleicht wird ‚Hamstern‘ ja auch bald zu ‚Klopapieren‘ umbenannt.

Liebe Hundebesitzer

Das soll man jetzt nicht falsch verstehen, ich mag Hunde, sehr sogar. Ich habe mir meine ganze Kindheit lang einen eigenen Hund gewünscht (ein Pferd auch, aber Pferde sind halt so groß …). Bekommen habe ich keinen, dafür hatte ich eine Katze, unzählige Hasen und genauso viele Reitstunden. Wochenenden verbrachte ich also entweder auf dem Reiterhof oder im Tierheim bei den Hunden. Ich mag Hunde, nur die unverantwortlichen Hundebesitzer mag ich nicht besonders. Die sind nämlich das wahre Hundeproblem.

Meinen Beobachtungen nach liegt das Problem bei Erziehung, von Hundebesitzern wie auch ihren Hunden. Ist es vielleicht der Trend der antiautoritären Hundeerziehung, der es nun auch in das Reich der Kindererziehung geschafft hat? Man beobachtet nämlich schon seit Jahrzehnten unverantwortliches Verhalten von so manchen

Hundebesitzern. Sie lassen ihre Hunde machen, was sie wollen, und vor allem überall hin. Manchmal tun sie so, als würden sie es gar nicht bemerken, um der Verantwortung zu entkommen, das Häufchen ihres Hundes wegzuräumen (Update: Mittlerweile packen die Hundebesitzer die Geschäftchen ihrer Tiere in bunte Plastiktütchen und werfen sie dann auf den Grasstreifen. Wenigstens kann man sie nun leichter erkennen und der Gefahr rechtzeitig entkommen!). Andere lassen ihre treuen Begleiter einfach mitten in der Nacht ihr Geschäft erledigen, weil sie glauben, die Häufchen würden so nicht entdeckt werden. Ich entdecke die Haufen dann täglich auf dem Weg in die Schule meines Sohnes, wo wir oft Slalom laufen müssen, um sie zu vermeiden. Das läuft auf Toilettentraining des Hundes raus, also Hundeerziehung. Viele trainieren ihre Hunde nämlich nicht einmal, auf der Wiese zu machen, wo zumindest nicht ganz so viele Leute gehen wie auf dem Gehweg (der eigentlich hauptsächlich für Menschen gedacht ist). Hundetrainieren ist wirklich sehr einfach, einfacher als Kindererziehung! Hunde gehorchen nämlich von Natur aus, Kinder nicht. Meine Cousine und ich haben den Hunden im Tierheim damals alles Mögliche beigebracht, von Todspielen bis Sitzen. Das dauert natürlich etwas, man braucht Zeit, aber wer keine Zeit für einen Hund hat, sollte sich auch keinen zulegen! Hunde sind immerhin nicht entscheidend für das Fortbestehen der Menschheit (Kinder schon, die kann man also manchen unverantwortlichen Leuten leider nicht verbieten), was mich zum nächsten Punkt bringt. Manche Hundebesitzer verwechseln nämlich ihren Hund mit einem Kind. Für sie ist ihr Hund ihr Kind. Sie nennen sich sogar oft ‚Mama' von (Name vom Hund). Ich begegne auf meinen morgendlichen Spaziergängen auch öfters Hunde in Kinderwägen, naja, eigentlich Hundewägen. Die Haustierindustrie hat nämlich extra ‚Kinderwägen für Hunde' erfunden. Wir Mütter von menschlichen Kindern hängen uns die Kinder mittlerweile lieber an eine Leine, Leinen sind günstiger und nehmen daheim weniger Platz ein. Kinderwägen können ganz schön sperrig sein! Eltern von Hundekindern verwöhnen ihre Kinder auch gerne, wie wir

Menscheneltern. Es gibt eine ganze Industrie, die nicht nur Luxusartikel und Spielzeug für Hunde vertreibt, sondern auch Gourmetfutter. Unter anderem gibt es Hundeschmuck, Hundeversicherungen, Trainingscenters und sogar Hundehorte! Außerdem kann man sich Designerhunde züchten lassen und von Hundekleidungsdesigner gleich die passende Kleidung dazu bestellen. Na, kein Wunder, dass Leute keine Kinder mehr wollen, Hunde kosten wesentlich weniger Geld und Nerven als Kinder, sie argumentieren nicht und zeigen ihren Eltern viel mehr Liebe und Treue. Außerdem hat man Hunde nicht viel länger als 14 Jahre (umso kleiner der Hund, umso länger das Leben). Man kann also nach 14 Jahren seine Meinung ändern und keine Hundemutter mehr sein. Aber darum geht es ja gar nicht. Das Problem, das ich mit Hundebesitzern und ihren Hunden habe, ist, dass sie sich die gleichen Rechte wie Eltern mit Kindern leisten! Auf dem Gehweg muss man Platz machen, weil man sonst wieder über so ein haariges Getier drüberstolpern muss. Man muss den Hund des Chefs genauso freundlich begrüßen wie seine Kinder und seine Existenz würdigen. Sonst kommt man als Kinderhasser oder noch schlimmer Hundehasser rüber. Und dann sieht es mit der Beförderung echt schlecht aus. Das ist ja noch in Ordnung, aber am schlimmsten ist es, wenn sich Hundeeltern und Menscheneltern auf engen Fußgängerwegen oder Spielwiesen treffen. Kind und Hund begegnen sich auf Augenhöhe, wer gewinnt? Wer tritt zuerst in den Hundehaufen, wer wird zuerst gebissen. Leider sehr unangenehm spannend. Es ist nämlich unglaublich schwer, diese Hundeexkremente wieder von den Kinderschuhen runterzukratzen. Vielleicht sollte man mal einen Hund mit einer dreckigen Windel bekannt machen, dann würden unverantwortliche Hundebesitzer endlich einmal selbst das Leid von Eltern erleiden, die fast tägliche Kämpfe mit hundekotverschmierten Kinderschuhen bestreiten müssen. Aber Spaß bei Seite, am meisten stört es mich, wenn meinem Kleinkind plötzlich ein riesiger Hund vor die Nase tritt. Viel größer als Golden Retriever sind so kleine Kinder ja oft noch nicht. Wie bei einem Hund, kann ich mir auch nicht ganz sicher sein, dass mein Kind dem Hund nicht plötzlich ins Gesicht patscht. Was passiert dann? Vielleicht könnten Hundebesitzern Eltern von menschlichen Kindern etwas mehr Respekt zeigen und sich auch um die Sicherheit ihrer zukünftigen Rentenzahler sorgen. Ich mein ja bloß …

The Matrix, Programmierfehler und ferne Erinnerungen

Mir kommt es manchmal so vor, als gehöre mein Leben nicht mir, als lebte ich das Leben einer anderen, und dass alles ohnehin vorbestimmt ist, egal was man macht oder welche Entscheidung man trifft. Und dann sagt man doch so gerne: Alles geschieht aus einem Grund. Naja, wer den Spruch erfunden hat, war bestimmt ein Berater. Wir erkennen nur oft den Grund nicht, heißt nicht, dass wir uns dem nicht bewusst sind. Aber wie auch immer, Grund oder nicht, es kennt doch wohl jeder dieses Gefühl, als stehe man neben oder über dem Körper, den man den eigenen nennt, hört sich selbst beim Reden zu, und wundert sich wer das ist. Mir passiert das öfters, vor allem wenn ich daran erinnert werde, wie alt ich eigentlich schon bin. Ich fühle mich grundsätzlich so um die 16 Jahre alt, wenn ich aufwache. Sobald ich allerdings aus dem Bett krieche und es im Badezimmer manchmal nicht vermeiden kann, in den Spiegel zu sehen, fühle ich mich mindestens dreifach so alt. Dann tut das Kreuz weh, man hat mehr Falten als am Abend davor (hauptsächlich Schlaffalten, die sich nicht wie so andere Falten nach ein paar Stunden wieder glätten), und Kinder (eigentlich nur eins) schreien nach Frühstück. Dann wird mir ganz schnell bewusst, dass ich vor langer Zeit mal 16 Jahre alt war und ich trotz lebhafter Erinnerungen an jugendlichen Unsinn und Unbeschwertheit das Leben einer mittelalterlichen Mutter führe. Eigentlich wäre ich gar nicht lieber wieder 16 Jahre alt, aber manchmal kommt mir mein jetziges Leben sehr fremd und fern vor, als befänden sich Verstand und Körper nicht auf der gleichen Zeitleiste. In solchen Momenten denke ich an den amerikanischen

Hollywoodfilm ‚The Matrix‘, ein dreiteiliger (bald vierteiliger) amerikanischer Hollywoodfilm, der in der Zukunft spielt, und mit seiner ungewöhnlichen Idee so manche zum Nachdenken brachte. Denn in der Welt von Matrix haben Maschinen die Macht übernommen und verwenden Menschen als ihre Energiequelle. Menschen führen kein herkömmliches Leben mehr, sie werden in großen Reagenzgläsern unter Narkose gehalten, und ihre Leben laufen nur in ihrem Kopf durch ein Computerprogramm ab. Erfahrungen und Ablauf des Lebens dieser Menschen sind vorprogrammiert.

Daran dachte ich auch heute Morgen auf meinem täglichen Spaziergang, als ich wieder einmal mit einigen mir lästig vorkommenden Menschen Bekanntschaft machen musste. An manchen Tagen nerven sie mich nicht (hängt wohl vom Wetter ab, es schaut schon wieder nach Regen aus … oder ‚The Matrix‘!), an anderen gehen sie mir nicht nur auf den Keks, sondern sie treten auch in Mehrzahl auf, fast so wie Fliegen. Heute zum Beispiel bestanden zwei verschwitzte Jogger darauf, in Zweierformation auf einem schmalen Stück Gehweg an mir vorbeizulaufen, ich konnte den feuchten Luftzug fast spüren; ein Radler klingelte mich ganz lästig schon von Weitem an, mich doch gefälligst sofort in Luft aufzulösen, obwohl der Gehweg richtig schön breit war, und so ging es weiter. Da ist mir der Gedanke gekommen, dass wir in der Tat in einer Matrix leben, und diese Menschen doch Programmierfehler sein müssen. Und abhängig von der Laune des Programmierers, der für den jeweiligen Menschen und Tag gerade zuständig ist, trifft man dementsprechend viele dumme/intelligente, unhöflich/freundliche oder lästige/keine Menschen. Dumme Leute könnten mit einfacher Programmierstruktur erklärt werden; Menschen, die nicht mit ganz so viel Sorgfalt programmiert werden, da sie ohnehin nur die Rolle des Beistehers spielen, in dem Film, den wir unser Leben nennen.

Ein anderer Beweis für die Matrix ist, wenn man gerade mal wieder auf Diät ist, trifft man an guten Tagen lauter Dicke, und freut sich, doch nur ein paar Fettröllchen zu haben, bricht dann schnell die Diät wieder ab und leistet sich ein Stückchen Schokolade (oder ist das der schlechte Tag?). Und an schlechten Tagen, wenn man sich ohnehin schon dick und hässlich vorkommt, trifft man grundsätzlich nur auf dünne Feen, die trotz Kind an der Hand/im Kinderwagen kein Gramm Fett an sich haben. Dann verliert man entweder jeglichen Appetit, oder denkt sich: „Ist doch eh schon alles egal … diese Fettröllchen bleiben mir wohl … oder sind sie etwa vorprogrammiert??!" und stopft dann eine ganze Tafel Schokolade in sich hinein. Das kann doch nur die Bosheit oder Laune des Programmierers sein. Oder an manchen Tagen läuft alles wie am Schnürchen, alles klappt so wie man es sich erhofft, und der Glaube an Glück und Selbstbestimmung kehrt langsam zurück. An anderen Tagen, jedoch läuft alles verkehrt, und es wäre am besten, man kriecht einfach wieder zurück unter die Bettdecke.

Ein weiterer Nachweis für die Existenz der Matrix sind seltene Autos der gleichen Farbe, die hintereinander/nebeneinander herfahren, und dann wieder monatelang verschwinden. Deja Vu? Vielleicht, aber wie erklärt man das? Und so geht es weiter: Tage, an denen man plötzlich zahllose rote oder gelbe Autos sieht. Zu Weihnachten fällt mir das besonders auf. Um die Weihnachtszeit scheinen viel mehr rote Auto unterwegs zu sein als um andere Jahreszeiten. Denn meistens sind die Autos hier schwarz, silbern, weiß oder grau. Wo kommen plötzlich diese roten Autos her? Verstecke Leute diese das ganze Jahr und holen sie nur zur Weihnachtszeit raus? Weihnachtsautos? Oder kaufen sie sich vor Weihnachten ein neues? Was wird aus dem roten Auto nach Weihnachten? Oder fallen mir rote Autos mehr auf, weil alles rot und golden dekoriert ist? Wo sind die goldenen Autos? Ich habe keine bessere Erklärung als „The Matrix". Alles Programmierfehler, auf die Müdigkeit oder Faulheit der Programmierer zurückzuführen.

Das Ende des ersten Filmes, und das der nächsten zwei, stellt dar, wie eine Gruppe aus der Narkose erwachten Menschen versucht, sich von der Dominanz der Maschinen zu befreien. So absurd sich die Geschichte auch anhört, wir sind heute auch schon fast so weit. Man stelle sich nur Dominanz des Smartphones und Googles vor, aber auf größerer Skala. Doch haben wir wahres Interesse, zu entkommen? Oder ist die Dominanz der Technologie nicht praktischer und bequemer? Jedenfalls lässt sich mit der Matrix so einiges erklären! Und ich lache morgen über die Programmierfehler, die mir bestimmt wieder über den Weg laufen werden.

Prinzessinnen haben's besser!

Prinzessinnen haben's besser! Sie brauchen sich nicht um den Haushalt kümmern, Kochen, Putzen und Bügeln. Sie haben wunderschöne Haare, Schuhe und Kleidung. Sie haben eine große Auswahl an schönen Traumprinzen, die sie alle verehren. Sie haben ihre eigene Kutsche, ihr superweiches Bett hat mindestens sieben Matratzen, und vor allem werden sie von jedem bewundert und respektiert. Die böse Schwiegermutter (oder war das die Stiefmutter?) verschwindet am Ende der Geschichte auch meistens. Und so ist es also kein Wunder, dass es seit Generationen der Traum von vielen kleinen Mädchen ist, eine Prinzessin zu sein. Diesen Traum hatte anscheinend auch das neueste, erwachsene Mitglied des britischen Königshauses, Meghan Markle. Sie trägt zwar nicht den Titel Prinzessin, aber einer königlichen Familie anzugehören, sollte einem doch einen gewissen Komfort bieten. Jedoch stellte sich der Stress, sich prinzessinnengemäß zu geben und sich an königliche Regeln zu halten, als zu viel für sie heraus, und sie trat freiwillig wieder aus dem Königshaus aus. Nicht alle vom Prinzessinnen-Dasein träumende Mädchen können ihren Traum erfüllen, aber die Spielzeugindustrie versucht mit zahllosen Arten von Prinzessinnenspielsachen ihren Traum zumindest während der Kindheit so weit wie möglich wahr zu machen. Dank des weiten Spielwarenangebots kann man seine liebe Tochter mit Prinzessinnenpüppchen und Schlössern ihren Traum ausleben lassen, sie in Prinzessinnenkleider stecken und mit

Prinzessinnenfilmen von Walt Disney komplett vernebeln. Aber das hält in der Regel nicht lange an, denn umso näher diese kleinen Mädchen dem Erwachsenwerden kommen, umso mehr wird ihnen klar, dass ihre Prinzessinnenträume unrealistisch sind, auch wenn sie ihre Eltern (oft hauptsächlich der Papa) weiterhin wie eine Prinzessin verwöhnen. Dank des Papas lernen diese kleinen Prinzessinnen dann oft auch, dass es mehr als nur eine Art von Prinzessin gibt. Man muss nicht unbedingt in ein königliches Haus geboren werden, oder einen Prinzen heiraten (Prinzen sind ohnehin in Realität meistens weder gutaussehend noch charmant), nein, es reicht voll und ganz, sich einfach wie eine Prinzessin zu benehmen! Wie die Eltern schon bewiesen haben, kennen die meisten Untertanen den Unterschied zwischen echten und vorgespielten Prinzessinnenverhalten ohnehin nicht. In Taiwan hat man das allerdings mittlerweile doch festgestellt und beschreibt solche jungen (sind meistens jung, das ist es noch glaubwürdiger) Frauen als ‚Fake Princess‘. Das ist also eine junge Dame, die sich unglaublich verwöhnt benimmt und alles von ihren Eltern, Partner und Umgebung erwartet, ohne echte königliche Rechte zu besitzen. Eine Ausnahme gibt es allerdings, hübsche Mädchen aus Wohlstands-Haushalten dürfen sich solch ein Verhalten erlauben, ohne in die Kategorie ‚Fake Princess‘ zu fallen. Mit Geld und Schönheit kommen Rechte.

In Taiwan ist man derart mit dem Phänomen der unechten Prinzessin fasziniert, dass man endlose Reality-TV Sendung darüber macht, bei denen sich die Zuschauer über das Verhalten dieser Gören aufregen können. Das bringt sehr gute Zuschauerzahlen. Ich weiß von diesen Fernsehsendungen dank meines Schwiegervaters. Er schaut sonst nie fern, aber bei diesen Sendungen macht er (oder machte er damals) eine Ausnahme. Der Grund wurde mir erst später klar. Und zwar stellte sich die ehemalige Freundin meines Schwagers als unechte Prinzessin heraus. Sie ließ sich von jedem von oben bis unten verwöhnen, hauptsächlich von meinem Schwager, war ständig kränklich und schwach, und alles beunruhigte sie. Eine richtige Prinzessin auf der Erbse. Aber meine

Schwiegereltern erkannten dieses Spiel dank des Fernsehens (wer sagt, dass man vom Fernsehen nichts lernen kann). Mein Schwiegervater sah sich die taiwanesische ‚Fake Princess‘ Sendung eines Tages absichtlich vor meinem Schwager an, und deutete die Ähnlichkeiten zwischen Fernsehprinzessin und seiner Freundin aus. Mein Schwager wurde natürlich sauer auf seinen Papa, war aber sehr erleichtert, als nach einem kurzen Wortaustausch zwischen meiner Schwiegermutter und seiner Freundin (ich war damals glücklicherweise dabei), diese ihr Prinzessinnenverhalten ganz schnell ablegte. Aber so ein Prinzessinnenleben, auch wenn es unecht ist, mag schon schön sein. Man kann sein verwöhntes Traumdasein ausleben, wird beschenkt und bewundert, von seinem Prinzen verwöhnt und mit weißer Kutsche bzw. Sportwagen abgeholt. Keinen Finger muss man rühren. Nein, so einer Prinzessin kann man ja zum Teil nicht einmal zumuten, ihre eigene Designerhandtasche zu tragen. Und als unechte Prinzessin muss man nicht einmal besonders hübsch oder nett sein. Den Fall kennt doch jeder: Sie ist gemein, schaut nicht wirklich nach viel aus (aber Äußeres soll auch nicht so wichtig sein) und er ist nett, liebevoll und sieht auch noch gut aus! Er kümmert sich liebevoll um jede Laune seiner Prinzessin, sie faucht ihn regelmäßig an. Viele Männer scheinen auf das Prinzessinnenverhalten reinzufallen (Schwiegermütter nicht) oder es gefällt ihnen. Anscheinend löst dieses Verhalten einen Instinkt in Männern aus, gibt ihnen Ansporn, diese schwächlichen und wertvollen Kreaturen von Prinzessinnen zu beschützen. Männer haben nämlich auch Träume, Prinz Charming zu sein, die Jungfrau in Verzweiflung zu retten, und Prinzessinnen stellen ihnen diese Herausforderung. Aber man muss weder eine echte noch eine unechte Prinzessin sein, um bevorzugte Behandlung zu bekommen, denn ein bisschen Prinzessin steckt in uns allen. Wie es sich bei mir meinen Eltern gegenüber beweist, und auch bei meiner lieben Tante, schwierige Menschen bekommen mehr Aufmerksamkeit, weil man sich anstrengen muss, es ihnen recht zu machen. Unkomplizierte Menschen stellen keine lohnende Herausforderung dar.

Wir bürgerlichen Frauen beneiden insgeheim die Vollzeitprinzessinnen um ihren Mut, ihren Traum auszuleben. Als unkomplizierte und unabhängige Frauen müssen wir nämlich alles selbst erledigen, von Kochen und Putzen bis zu häuslichen Reparaturarbeiten wie Weißeln und Toilettensitze austauschen oder überflutete Abflüsse freimachen. Geschätzt und verehrt werden wir trotzdem nicht, schöne Haare haben wir auch nicht. Wer wäre in solchen Fällen nicht lieber eine Prinzessin mit einem Prinz Charming. Und daher sollten wir alle ein bisschen Prinzessin in uns pflegen, denn unkomplizierte Menschen werden nach einer Weile langweilig. Wie für die Katze eine Maus, die aufhört sich zu bewegen. Denn es steht klar, Prinzessinnen haben's einfach besser!

Schuhe

Ich war schon immer verrückt nach Schuhen, schon als Kleinkind. Und nicht nur verrückt nach Schuhen, sondern nach Markenschuhen. Nein, mit Billigschuhen konnte man mich schon damals jagen. Erzählungen meiner Mama nach log ich sie regelrecht an, um die Salamander Schuhe zu bekommen, und nicht die 0815-Marke. Ich war ein braves Kind, aber bei Schuhen vergas ich alles, und tu das noch immer. Als ich das Teenageralter erreichte, wurde es meiner Mama beim Schuhkauf einfach zu viel (das hat sich aber wieder geändert. Wir gehen mittlerweile gerne zusammen Schuhe kaufen). Sie weigerte sich, mit mir Schuhe kaufen zu gehen. Ich wollte immer nur das Unmöglichste, nur genau das, was ich mir gerade einbildete und keine Kompromisse. Also erklärte sich mein Papa bereit, die Tortur des Schuhkaufes auf sich zu nehmen. Schuhe kaufen mit meinem Papa war toll. Mein Papa hat nämlich auch ein Ding für Schuhe! Außerdem machte ihm es nicht aus, hunderte von Kilometern von Stadt zu Stadt zu fahren, um endlose Schuhgeschäfte auf der Jagd nach den perfekten Schuhen abzuklappern. Wir fahren nämlich beide außergewöhnlich gerne Auto! Das war eine Zeit lang unser Hobby, stundenlang einfach durch die Gegend zu fahren!

Die Rolle, mich auf meinen Jagden nach den perfekten Schuhen zu begleiten, hat mittlerweile mein Mann übernommen. Er hat nicht wirklich viel übrig für Schuhe und versteht beim besten Willen nicht, dass ich keine Kompromisse eingehen kann, wenn es um Schuhe geht. Er wird oft sauer auf mich und bietet nie ermutigende Worte an, die mich schneller zum Schuhkauf bringen könnten. Für ihn sehen alle Schuhe gleich aus. Ich verlasse dann oft das Schuhgeschäft, ohne die eigentlich perfekten Schuhe gekauft zu haben, nur um tagelang über diese Schuhe nachzudenken und dieses Verlustgefühl mit mir herumzutragen. Ich kehre dann oft Tage, ja Wochen später in dieses Geschäft zurück, und die Schuhe sind verkauft! Das ist mir erst vor ein paar Tagen passiert, und ich ärgere mich, bin sogar etwas traurig. Mein Mann ist sauer, weil ich mich schon wieder nicht entscheiden konnte und er mir nun helfen muss diese Schuhe irgendwo, irgendwie aufzutreiben. Ich kann ganz schön anstrengend sein. Mal sehen, wie lange es dauert bis ich ihn und mich selbst auf die Palme getrieben habe und er sich weigert, mit mir Schuhe kaufen zugehen. Hoffentlich noch sehr lange, denn ich habe die nächste Runde an Schuhkaufopfern noch nicht ganz fertig ausgebildet, meine Söhne. Mein jüngerer Sohn geht gerne mit mir Schuhe kaufen, und bietet sogar enthusiastisch seine Meinung an. Allerdings gefallen ihm orange Schuhe am besten, und davon habe ich schon einige! Dem Älteren sind Schuhe relativ egal, allerdings sah er mich schon als kleinstes Baby in der Trage kritisch an, wenn wir zum Schuhe kaufen gingen. Er scheint nicht wirklich zu verstehen, warum ich so viele Schuhe brauche. Ich verstehe das eigentlich selber nicht wirklich. Aber ich weiß, dass mir Schuhe unglaubliche Freude bereiten. Ich sehe mir meine Schuhe oft einfach an, probiere sie, überlege, wo sie dazu passen. Ich liebe die vielen bunten Farben (ich kaufe nur bunte Schuhe). Sie geben mir ein Glücksgefühl. Ich weiß, das hört sich unglaublich oberflächlich an, ist es wahrscheinlich auch. Aber Glücksgefühle sind unwahrscheinlich wichtig für die Gesundheit und auch für das harmonische Zusammenleben der Familie. Wenn Eltern glücklich sind, sind es auch die Kinder, und das stellt Harmonie her. Außerdem soll man sich hin und wieder etwas Gutes tun! Andere gehen zum Massieren, essen Schokolade oder trinken Alkohol. Dagegen sind Schuhe harmlos. Jeder sucht nach Glück, es ist mittlerweile sogar ein sehr großes Geschäft geworden. Wir verbringen Jahrzehnte unseres Lebens auf der Suche nach Glück. Ich finde mein Glück des Öfteren im Schuhgeschäft.

Meine Kinder bereiten mir natürlich noch viel mehr Freude und Glücksgefühle zu, aber sie sind nicht immer da, ich kann sie nicht immer sehen und ihnen über den Kopf streicheln, und vor allem werden sie in ein paar Jahren ihr eigenes Leben führen wollen und ausziehen. Die Schuhe bleiben mir. Ich werde also voraussichtlich den Schuhkauf nicht so schnell an den Nagel hängen.

Zum Glück gibt es jetzt Online-Shopping! Da kann ich in Ruhe von dem Komfort meines Sofas aus stundenlang nach Schuhen shoppen, tausende von Optionen abwägen! Nur probieren kann ich sie nicht, und zum Autofahren komm ich auch nicht! Aber ohne meinen Papa macht das auch nur halb so viel Spaß!

Egoismus, halbe Gehirne und Smartphones

Ich lebe in einer asiatischen Megastadt mit sehr vielen Menschen. Das ist nicht immer leicht, wenn man aus einer europäischen Kleinstadt stammt. Nicht nur die Kultur unterscheidet sich, sondern auch die Denkweise und das Verhalten der Menschenmassen. Ich begegne daher auf meinen täglichen Spaziergängen unzähligen, meiner Ansicht nach oft sehr egoistischen Menschen. Man nehme heute Morgen als Beispiel. Auf dem Heimweg von der Schule meines älteren Sohnes kam mir auf dem Gehweg (breit genug für zwei normaldicke Menschen) eine Mutter mit Kinderwagen entgegen. Generell kein Problem, denn so dick bin ich nicht, und die Frau war auch nicht recht viel breiter als ihr Einsitz-

Kinderwagen. Doch sie bestand darauf, den Wagen von der Seite zu schieben, und machte es dabei beinahe unmöglich an diesem Gespann vorbeizukommen. Leicht genervt dachte ich mir: „So eine komische Frau", und ging weiter. Später auf dem Schulweg in die Schule meines jüngeren Sohnes kommt uns ein Paar mit Kleinkind auf dem Gehweg (auch breit genug für zwei normaldicke Menschen) entgegen, Mutter rechts, Kleinkind Mitte, Vater links, ich mit Kleinkind an der Hand. Es standen sich plötzlich ungefähr vier normal große Personen gegenüber (1+1+1+1/2+1/2=4), zu breit für den Gehweg. Ich zog meinen Sohn leicht hinter mich, die andere Familie gab keinen Zentimeter nach. Ich und mein Sohn schafften es auf Zehenspitzen vorbei. Das verärgerte mich ein wenig. Warum bin es immer ich, die nachgibt? Ist es den Gedanken überhaupt wert? Nein. Aber es stellte sich mir die folgende Frage: Warum belästigen manche Menschen ihre Umwelt mit ihrem egoistischen Verhalten? Man scheint generell der Ansicht zu sein, man komme in großen Menschansammlungen nur mit egoistischen Verhalten voran, und das mag sogar zum Teil der Fall sein. Man denke an Menschenmassen wie auf dem Oktoberfest: Würde man jedem Vorlass gewähren, käme man nie in ein Zelt/zu seinem Bier. Oder beim Schnäppchenkauf! Ließe man jeden vor, blieb einem selbst kein Schnäppchen mehr! In sozialistischen Ländern wie China und Russland, aber auch in demokratischen Länder wie Indien ist egoistisches Verhalten ganz besonders auffällig. Anstellen, Schwangeren oder Senioren Vorrang lassen und an Reihenfolgen halten, fallen besonders schwer, aus verständlichen Gründen. Die Masse der Wettbewerber um Sitzplätze, Service und Produkte ist einfach zu groß, und Klassenhierarchie besteht in einem sozialistischen Umfeld weniger auffällig, jeder ist gleich, ergo: Der Stärkere gewinnt. Wer sich in China am schnellsten in die U-Bahn quetschen kann, bekommt den besten Sitzplatz. Wer in Indien am schnellsten in den Zug springen kann, bekommt im Zug vielleicht noch einen Stehplatz. Doch nicht jedes dieser Verhalten kann auf das „Spermienprinzip" (danke Papa! Also, der erste/stärkste gewinnt) zurückgeführt werden, denn nicht alle tragen einen Nutzen davon. Man denke an überlaute Sportwagen, die mitten in der Nacht oder frühmorgens durch Wohnsiedlungen rasen; oder zu große Autos, die die Fahrer oftmals nur mit Mühe und Not, wenn überhaupt, parken können, und dabei nicht nur andere Autofahrer aufhalten, sondern oft die nebenliegenden Parkplätze nutzlos machen, da man die Türen seines Autos neben diesen Upsize-Versionen von Autos gar nicht mehr aufmachen kann. Oder Müll. Müll, der von Fußgängern entweder neben die Tonne geworfen wird oder einfach auf den Boden, wo man gerade geht oder steht. Faul? Rücksichtslos? Egoistisch? Oder vielleicht sogar dumm? Es scheint mir des Öfteren, als wären sich manche Menschen nicht (länger) der Folgen ihres Verhaltens bewusst. Auf dem Land und in kleineren Städten fällt es nur nicht so auf, da die Menschenansammlungen wesentlich geringer sind. Da mir keine plausible Erklärung für dieses Phänomen in den Sinn kommt, tendiere ich dazu, es als Dummheit zu interpretieren, denn dank eines meiner Nachbarskinder habe ich sogar eine Erklärung für Dummheit. Als wir vor kurzem mit unseren Nachbarskind, es ist elf Jahre alt, von der Schule heimgegangen sind, fragte ihn mein Sohn (sieben Jahre) ob man mit einem Bein leben könnte: „Ja“ meinte er; ob man mit einem Auge leben könnte: „Ja“ antwortete er wiederum; und nach ein paar weiteren Körperteilen fragte mein Sohn, ob man mit einem halben Gehirn leben könnte. Unser Nachbarskind überlegte daraufhin kurz und sagte mit voller Überzeugung: „Ja, aber nur für 50 Jahre. Denn nach 50 Jahren stirbt die Hälfte des Gehirns ab, und dann verwendet man die andere Hälfte“. Und so lässt sich die Dummheit vieler gut erklären: Altersdummheit, Dummheit generell (bei Fällen, die nicht bemerkt haben, dass eine Seite ihres Gehirnes abgestorben ist durch Nichtnutzung), temporäre Dummheit (eine Hälfte des Gehirnes ist eingeschlafen), dummes Leitungspersonal (meistens über 50) und so weiter. Allerdings heißt das auch, dass ich nur noch zehn Jahre habe, bis das bei mir auch eintritt. Aber das ist gar nicht so schlecht, dann habe ich endlich eine gute Ausrede dafür, nicht immer alles wissen zu müssen. Doch Kindertheorien beiseite. Meine Theorie für Dummheit ist ja eine ganz andere, ausgelöst von Nachrichten über tödliche Selfie-Unfälle (das sind Unfälle von jungen Leuten, die durch ihre Besessenheit von fotografischen Selbstaufnahmen, ihr Leben verloren haben) oder Corona-Parties in den USA, auf denen sich junge Studenten treffen, um sich erfolgreich mit dem Covid-19 zu infizieren. Solche Vorfälle erinnerten mich an ein Buch, das ich vor vielen Jahren gelesen habe: The Dumbest Generation (2008) von Mark Bauerlein. Diese Studie behandelt den Zusammenhang zwischen dem exzessiven Nutzen des Internets und der Degenerierung des Gehirnes. Seine These ist, dass das Internet zwar den Zugriff auf endlose Information liefern kann, aber auch, dass das Gehirn damit überladen werden kann, und das Gehirn dabei abstumpft. Doch das ist nicht die Hauptproblematik dieses Buches, es ist das Nutzen des Internets für exzessiven Austausch auf Sozialen Medienplattformen. Mark Bauerlein beschreibt, wie die amerikanische Jugend ihre Fähigkeit Literatur zu lesen und zu verstehen, Kunst und Kultur zu schätzen und einfaches politisches Wissen zu besitzen, gegen Aufmerksamkeit ihrer Peergruppen auf Soziale Medienplattformen wie Facebook eingetauscht hat. Seiner Ansicht nach kann dies zum Ende der US-Weltmacht führen. Er deutet treffend aus: „Die Cyberkultur macht uns zu einer Nation Nichts-Wissender" (Cyberculture is turning us into a nation of know-nothings). Man bedenke, dass dieses Buch vor der Geburt des Smartphones veröffentlicht wurde. Die Auswirkungen des Smartphones auf unsere Intelligenz sind undenkbar. Unbewusstheit von Folgen, Rücksichtslosigkeit und Dummheit als Konsequenzen der Abstumpfung des Gehirnes, mit freundlicher Genehmigung von Apple & Co. Wie man die Dummheit der Altersgruppe von 40 bis 50 erklärt, ist mir allerdings noch etwas unklar … Nachbarskind, Gedanken?

Aber vielleicht bedarf Dummheit gar keiner Erklärung, denn wie Albert Einstein schon sagte: „Zwei Dinge sind unendlich: Das

Universum und die menschliche Dummheit, aber bei dem Universum bin ich mir noch nicht ganz sicher."

Sparen, Mode und Schuhe

Ich führe eine Hassliebe mit Sparen. Sparen klappt meistens ganz gut, ja, ich bin regelrecht ein Pfennigfuchs, denn geizig bin ich von Natur aus! Unter normalen Umständen ist Sparen nicht schwierig für mich. Ich habe einfache Wünsche und bestehe nicht auf Luxus, wozu auch? Wenn ich mich nach Luxus wie Fußreflexmassagen oder Abenteuer sehne, betrete ich einfach das unaufgeräumte Kinderzimmer. Die im Fußboden festgetretenen Legosteine, vor allem die ganz kleinen, gemeinen, durchsichtigen Legos und andere kleine Spielsachen übernehmen die Fußmassage; Abenteuer erfahre ich, wenn ich mich wundere, wie ich wieder aus diesem Zimmer herauskomme, ohne mir mehrfache Brüche und Schnitte zuzuziehen, und was sich so alles an Essenresten in dem Zimmer finden lässt. Manchmal entdecke ich sogar ungewöhnliches Kleingetier! Es ist fast wie ein Dschungelurlaub! Nur ohne lange Anreise und große, wilde Tiere.

Doch ein anderes Mal sage ich mir: Ach, was zum Teufel! Ich könnte morgen von einem Bus überfahren werden. Man weiß ja nie, wie lange man noch hat! Ich sag mir das meistens (eigentlich immer dann), wenn ich tolle Schuhe sehe. Denn ich bin mir sicher, wenn ich die nicht kaufen würde, und dann von einem Bus überfahren würde, bereute ich das bestimmt in alle Ewigkeit, und wer weiß wie lange das Jenseits dauert! Ich verliere bei Schuhen also jeglichen Verstand! Der fliegt aus dem Fenster und aus der Türe. Ich habe sogar meine eigene Schuhwährung erfunden: Ich rechne alles in Schuhe um. Zum Beispiel, wie viele Tassen Kaffee in einem Café ein schönes Paar Schuhe ausmachen. Ganz ehrlich, das sind gar nicht so viele! Da verzichte ich dann gerne auf Kaffee im Café und trink ihn lieber daheim für den Bruchteil des Preises (ich bin eine außerordentlich schlechte Konsumentin. Bei mir würden alle Geschäfte außer Schuhläden schließen). Schuhwährung und Sparen gehen bei mir Hand in Hand. Mir ist allerdings auch aufgefallen, dass ich am besten spare, wenn ich es eigentlich gar nicht müsste, das heißt, wenn ich mal einen schönen Batzen an Geld auf meinem Bankkonto angespart habe und mir mal etwas leisten könnte. Dann gebe ich gar nichts aus, oder nur sehr, sehr ungern. Aber sollte mein Bankkonto dank einer unerwarteten Ausgabe wie einer Autoreparatur wesentlich dünner ausfallen, habe ich plötzlich auch riesige Lust, mir alles Mögliche zu kaufen: Kleidung, neue Handtücher, natürlich Schuhe, Kleidung für die Kinder, Handtaschen, Küchengeräte. Alles, was ich sonst (außer Schuhen) nie kaufe. Jedoch scheint es in der Tat das dünne Bankkonto auszumachen, und ich glaube, das ist nicht ungewöhnlich. Ein dünnes Bankkonto schreit regelrecht: Es ist doch eh schon alles egal!! Leere Bankkonten sind traurig, diese Traurigkeit muss mit Shoppen wieder ausgeglichen werden. Das würde auch gut erklären, warum arme Leute oft auch arm bleiben und ihr weniges Geld für alle möglichen, unnützen Dinge verprassen. Kinder aus sehr einfachen Haushalten hier sind zum Teil viel besser gekleidet als meine eigenen Kinder. Ich bin meistens einfach zu geizig, sie bei jedem Kindermodetrend mitmachen zu lassen; genauso wie bei mir. Modetrends sind meiner Ansicht nach ohnehin die größte Geldverschwendung schlechthin. Bis ich es endlich geschafft habe, mich oder die Kinder modisch zu kleiden, ist der Trend schon wieder vorbei!!

Doch bei Schuhen ist das anders. Ich mache zwar nicht die Modetrends mit, aber wenn meine Lieblingsschuhmarke eine neue Farbe herausbringt, muss ich einen ganz großen Bogen um das Geschäft machen, sonst ist das Urlaubsgeld gleich wieder weg. Doch ich bin bestimmt kein Einzelfall mit meiner Schuhbesessenheit.

Man nehme die ehemalige First Lady der Philippinen, Imelda Marcos. Sie verwendete Milliarden von philippinischen Bürgern gestohlene Gelder, um – unter anderem – eine Schuhsammlung von über 3000 Paar

Schuhen anzulegen. Ein Teil dieser Schuhsammlung kann nun im National Museum of the Philippines bewundert werden. Eine weitere, allerdings fiktive Person mit Schuhkomplex ist Carrie Bradshaw, dargestellt bei Sarah Jessica Parker, in der US-amerikanischen Fernsehsendung ‚Sex and the City'. Schuhe, vor allem einer bestimmten Marke, bilden beinahe den Mittelpunkt ihres Lebens: sie treibt sich fast in finanziellen Ruin durch Schuhkauf, findet allerdings auch ihr Happy Ending dank eines Paares Schuhe. Nicht einmal Männer sind von Schuhwahn verschont. Sie sammeln zwar (meistens) keine Pumps und Stöckelschuhe, doch es gibt Sammler in China und USA, die ganze Räume vollgestopft mit Limited Edition und Vintage Turnschuhen haben, die jeweils einige hundert Dollar wert sein können. Getragen werden diese Turnschuhe nicht. Ich habe allerdings vor einiger Zeit von einem männlichen Tory Burch Schuhsammler gelesen. Angeblich besitzt er jegliche Farbausgabe von Tory Burch Schuhen, das sind übrigens Frauenschuhe. Er tut sich daher sehr schwer, diese Schuhe in seiner Größe zu erwerben, er trägt sie nämlich auch mit Stolz! Seine angefreundeten Tory Burch Verkäuferinnen helfen ihm jede Saison, ein Paar Schuhe in der neusten Farbe und in seiner Größe sicherzustellen. Das ist wahre Hingabe beiderseits!

Es gibt anscheinend eine wirklich große Anzahl von Schuhbesessenen, denn in 2016 wurde ein weltweiter Umsatz von US$ 17 Milliarden an Sportschuhen erreicht, das sind nur Sportschuhe. In England besitzen Frauen im Durchschnitt 24 Paar Schuhe und ziehen das Schuhshoppen dem Shoppen von Kleidung vor. Doch was macht den Schuh so wichtig? Warum sind so viele Frauen (wie auch oft Männer) besessen von Schuhen? Dr. Susan Scheftel von Psychology Today führt die Schuh-Besessenheit auf unsere Kindheit zurück. Bevor wir überhaupt gehen können, sehen wir unsere Eltern Schuhe tragen und das Haus verlassen, und Schuhe werden so zu Symbolen von Mobilität wie auch Status. Die Art und Qualität des Schuhs vermittelten dem Gegenüber ein gutes Bild des sozialen Standes. Außerdem zeigen Studien, dass Schuhkauf dem Gehirn hilft, Dopamin, eine natürliche Vergnügungs-Droge, freizusetzen.

Drogen machen ja bekanntlich abhängig, wir haben also gar keine andere Wahl als Schuhe zu kaufen. Und Schuhe bereiten uns nicht nur drogenähnliches Vergnügen, sondern Schuhe beeinflussen neben unserer Kleidung, wie Psychologin Dr. Karen Pine darlegt, unsere Stimmung!

Und da haben wir die Antwort, wir sind nicht Schuhbesessen, sondern einfach gutgelaunte Schuhabhängige! Wer denkt da ans Sparen …

Ist größer immer besser?

Es passierte mal wieder auf einem meiner morgendlichen Spaziergänge. Ich gehe täglich an einem Fluss spazieren, wo sich auch gerne Jogger und Hundebesitzer ansammeln. Die Umgebung ist schön, ruhig und wenn man Glück hat, kann man manchmal sogar Otter beobachten. Doch die halten sich meistens fern, da sie sich mit ihrem Nachwuchs etwas vor den großen Hunden fürchten, und großen Hunden entgegne ich vielen am Fluss. Und so ergab es sich vor ein paar Tagen, dass ich eine junge Frau beobachtete, die mit aller Mühe und Not versuchte, ihren Golden Retriever, einen relativ großen Hund, unter Kontrolle zu halten. Der Hund hatte anscheinend einen anderen Hund entdeckt und wollte diesen begrüßen. Er sprang und zog an der Leine, und die Frau konnte nur noch schreien und zerren. Offensichtlich hatte sie weder sehr viel Erfahrung mit Hunden, noch war ihr Hund an andere Hunde gewöhnt. Da dachte ich mir, es wäre wohl besser für diese Hundebesitzerin gewesen, sich erst einmal einen kleinen Hund zum Üben zuzulegen, da ist es nicht ganz so schlimm, wenn er sich in der Öffentlichkeit nicht benehmen kann, und an der Leine lassen sich kleine Hunde auch besser kontrollieren, die sind nicht so stark. Und das brachte mich zu meinem nächsten Gedanken: Ist größer immer besser?

Wir tendieren dazu, Größe zu erwarten und zu schätzen: Große Hunde, große Auto, große Häuser, großes Ego, große Toilettenpapierrollen im Lebensmittelgeschäft. Bekommt man mehr für sein Geld, wenn es größer ist? Das ist in der Tat oft der Fall. Man nehme Getränke bei Starbucks, obwohl ich mir die Größendefinition bei Starbucks nie merken kann und mir deshalb immer nur die mittlere Größe bestelle (grande/mittelgroß? Hört sich so groß an!), habe ich festgestellt, dass der Preisunterschied zwischen klein und richtig groß – also das doppelte, weniger als einen US-Dollar ausmacht. Größer rentiert sich daher in der Tat. Mir wird aber jedes Mal nach einer riesigen Tasse Kaffee/Matcha Latte schlecht. Bei mir rechnet sich größer nicht. Genauso ist es bei Designerhandtaschen, da spielt die Größe oftmals fast gar keine Rolle, die größere Ausgabe ist nur um einen geringen Prozentsatz teurer. Und bei Wohnungen ist es das Gleiche, die Kosten pro Quadratmeter sind bei größeren Wohnungen niedriger als bei kleineren. Sonst kann sich die wohl niemand mehr kaufen (die großen Wohnungen können sich trotzdem nur die Reichen leisten). Oder man denke an McDonald's. McDonald's hat die Option zum Upsize. Das heißt, man kann seine Portion Pommes und sein Cola für einen geringen Aufpreis wesentlich vergrößern. Doch von einer Möglichkeit, seine Bestellung zum Downsize, für Leute, die vielleicht lieber etwas Kleineres hätten, wie meine liebe Tante, habe ich noch nie gehört. Wenn man aufgrund eines kleinen Hungers sich eine Kinderportion bestellen will, doch sein Kind daheim vergessen hat, wird die Bestellung entweder abgelehnt (wo ist denn ihr Kind? Hier – zeigt auf den Ehemann oder erwachsenen Sohn) oder man wird komisch beäugt. Größe wird gerne als Zeichen von Erfolg und Wichtigkeit (miss)interpretiert. Etwas Großes nimmt mehr Platz ein, ist imposanter und wirkt daher wichtiger. Mit Größe beweist man auch gerne, dass einem der Platz zusteht, weil man sich ihn verdient hat, oder erzwungen mit zum Beispiel einem viel zu großen Auto, wie ich vor kurzem bei einem Rolls Royce in der Parkgarage für Autos Normalsterblicher bemerkte. Der Rolls Royce war so groß und lang, dass er in keinen Parkplatz reinpasste. Ein Drittel des Wagens stand aus dem Parkplatz hervor, aber das ist in Ordnung. Erstens war der

Chauffeur im Auto, und zweitens gehören Rolls Royce und Co. Reichen, die dürfen alles. Wer sich Groß leisten kann, bekommt den Platz dazu auch.

Aber der Rolls Royce war unmöglich zu übersehen, und das bringt mich zu meinem nächsten Punkt in Sachen Größe: Groß kann man schlecht übersehen. Dieses Prinzip haben wir erfolgreich aus der Tierwelt übernommen. Manche Tiere blasen sich zur Partnerwahl oder bei Gefahr auf, der Pfau etwa zeigt seinen berühmten Fächerschwanz, um Eindruck zu schinden, und verschiedene Echsenarten stellen ein Hautsegel auf, um Räubern Größe vorzumogeln und somit nicht gefressen zu werden. Studien haben sogar bewiesen, dass größere Menschen erfolgreicher sind (mit weniger Arbeit) als kleine. Größe beeindruckt und erweckt mehr Vertrauen als zu kleinen Menschen, da kleine Menschen körperlich an Kinder erinnern, denen man nur wenig zutrauen kann.

Doch was ist aus ‚klein, aber fein‘ geworden? Denn Größe kann auch etwas über Klasse, Geschmack und Qualität aussagen. Man denke an Cognac, genossen aus einem handgemachten Glas versus Sangria aus Eimern gesoffen. Man bekommt zwar bei Sangria mehr für sein Geld, dafür aber auch geringere Qualität. Cognac muss jahrelang, jahrzehntelang in Fässern reifen, und der Zweck, Cognac zu trinken liegt im Genuss und nicht im Betrunken werden. Oder Americano versus Espresso. Ein Kaffee Americano ist in Nordamerika erfunden worden (wie der Name schon verrät) und ist ein Espresso, der mit heißem Wasser gestreckt wird. Mehr für sein Geld? Mehr Wasser ja, aber effektiver als Espresso ist er bestimmt nicht. Aber in Amerika mag man's groß. Und daher stammt auch unsere Besessenheit in Sachen Größe. Nordamerikanische Kultur ist die Ausgeburt von Größe. Nicht nur sind die Menschen sehr groß (hoch und breit), sondern auch ihre Häuser, Autos, Egos, wie auch ihre Stimme. Mir ist aufgefallen, dass Amerikaner eine ganz besondere, andere Stimmlage haben als zum Beispiel Engländer und Australier. Die Stimmen sind tief und sehr laut, sie nehmen akustisch sehr viel Platz ein, das kann jeder bestätigen, der einmal versucht hat, neben einem amerikanischen Pärchen ein ruhiges Abendessen zu verbringen.

Historisch kann man die nordamerikanische Besessenheit in Sachen Größe auf die Entwicklung der Großstädte zurückführen. Als um 1950 die Nähte der Großstädte am Platzen waren und Hygienestandards drastisch fielen, wurden in den Vorstädten riesige Wohnsiedlungen gebaut, und die städtische Bevölkerung mit Versprechung von Größe des Eigenheims überzeugt, sich dem täglichen Pendeln an den Arbeitsplatz in der Stadt zu unterziehen. Großes Haus und ein großes Auto wurden zu Symbolen des Erfolgs der Mittelklasse. Um diese Mittelklasseerwartungen von großem Haus, großem Auto und großem Leben zu erfüllen, verschuldet sich die Mittelklasse hoffnungslos. Dank globaler Propaganda nordamerikanischer Kultur durch Medien hat uns dieses Wertesystem auch erreicht. Nicht jedoch, Japan. In Japan schätzt man klein noch. Im Land des Bonsais (Miniaturbäume) müssen sich Mittelklassefamilien keinen unrealistischen Erwartungen unterziehen als Kleinfamilie ein Haus von 500 m^2 besitzen zu müssen oder riesige Autos in viel zu kleine Stellplätze zu parken. Man kann da nicht kleine Essensportionen bekommen, ohne ein Kind zu sein oder zu haben, sondern man kann sich auch sein Heim der Familien- und Budgetgröße angemessen auswählen, ohne beurteilt zu werden. Denn in Japan weiß man, dass ein großes Haus mehr Arbeit bedeutet, ein großes Auto schwierig zu parken ist und ein großer Baum nicht ins Arbeitszimmer passt. Klein, aber fein.

Tja, dann sagen wir einfach es läuft auf Geschmacksache raus. Manche mögen's groß, andere klein.

Kinder haben

Vor einer Weile wurde in unsere Wohnanlage ein Schreiben ausgehängt, dass es von nun verboten sei, Kinder im Vorhof Fußball und andere Ballarten zu spielen lassen, da andere Bewohner durch den

Geräuschpegel gestört würden, die Kinder die Gartenanlage zerstörten und es außerdem zu gefährlich wäre, da sich der Vorhof neben dem Eingangstor befindet. Dem Schreiben hing ein Bild spielender Kinder an – als Beweis. Dieses Rundschreiben verärgerte mich ziemlich, denn erstens ist die arbeitende Bevölkerung um 5 Uhr nachmittags noch nicht zuhause, und zweitens schläft um diese Uhrzeit kein Mensch, nicht einmal Babys und Kleinkinder, deren Nachmittagsschlaf ist um 4 Uhr vorüber. Lautstarkes Feiern mitten in der Nacht, wenn Kinder wie arbeitende Erwachsene schlafen, ist nicht verboten. Betrunkene machen auch Dinge kaputt, verschmutzen die Anlage mit Partyabfall und Zigarettenstummeln, obwohl Rauchen verboten ist. Ich habe sogar einmal während meines morgendlichen Schwimmens leere Becher im Pool entdeckt. Wer so betrunken ist, den Pool mit einer Mülltonne zu verwechseln, kann sich auch der Gefahr aussetzen, betrunken in den Pool zu fallen und zu ertrinken, aber bei Erwachsenen ist das anscheinend in Ordnung. Jedenfalls ein sinnloses und ungerechtes Verbot in einer Wohnanlage mit einigen Familien. Doch es hat mich zum Nachdenken angeregt. Wie so viele andere entwickelte Länder hat man auch hierzulande Probleme die Bevölkerung zu überreden, sich fortzupflanzen. Man versucht es mit Steuererlassung und Auszahlungen, wie auch mit extra Elternzeit (sechs Tage pro Jahr, bis das Kind sieben Jahre alt ist, dann bekommt man nur noch drei Tage; macht ja Sinn, ab sieben Jahren sind sie ja komplett selbständig!). Man kann sich vorstellen, dass diese Initiativen nur lauwarmen Effekt haben. Mit lächerlichster Steuererlassung und einer einmaligen Auszahlung von etwa 3500 US-Dollar schafft man es vielleicht gerade mal durch die ersten zwei Lebensjahre. Aber wer sich für Kinder entscheidet, tut das ohnehin nicht aus Aussichten auf Steuervorzüge oder Auszahlungen. Doch was man nicht erwartet, ist, von seinem Umfeld für die Entscheidung, Kinder in die Welt zu setzen, bestraft zu werden.

Jung verheiratete Frauen werden ungern eingestellt, da sie vielleicht in näherer Zukunft Mutterschaftsurlaub nehmen könnten; bei Müttern ist es genauso, da man befürchtet, sie könnten zu sehr mit ihren Kindern abgelenkt seien, um gute Arbeit zu leisten; haben sie die Arbeitswelt für eine Weile verlassen, werden sie als verblödet betrachtet und als arbeitsunfähig eingestuft. Viele hierzulande müssen sich daher auf ganztägige Haushaltshilfen verlassen, um jemanden zu haben, der sich die restlichen 233 Tage des Jahres um die Kinder kümmern kann. Die Beziehungen zwischen Eltern und ihren Abend- und Wochenendkindern leidet. Aber der Arbeitgeber ist zufrieden.

Als nächstes wird man vom Immobilienmarkt bestraft. Ausreichend große Wohnungen für mehr als ein Kind sind so teuer, dass es oft gar keine andere Möglichkeit gibt, als dass beide Elternteile Vollzeit berufstätig sind. Doch man wird auch im täglichen Ablauf monetär bestraft. Kindergerichte sind für ihren Preis nicht nur jämmerlich, sondern auch fast so teuer wie die für Erwachsene, genau wie Eintrittskarten, das haben wir kürzlich bei einem unserer Ausflüge festgestellt. Ein Familienticket für zwei Erwachsene und zwei Kinder hätte uns knapp US $ 95 gekostet, ein Gruppenticket für drei Erwachsene und ein Kind nur US $ 40. Warum werden wir bestraft, nur weil wir erstens zwei Kinder haben, und zweitens uns selbst um unsere Kinder kümmern (drei Erwachsene: zwei Elternteile, eine Haushaltshilfe)?

Oder Fliegen. Seit einiger Zeit herrscht eine Diskussion, Kinder in der Business Class zu verbieten, weil sie zu laut sind und die Businessmen bei ihrem Business stören könnten. Chancen, dass sich eine Familie mit mehr als einem Kind Business Class überhaupt leisten kann, sind ohnehin gering. Economy-Class-Flüge sind schon mehr als teuer genug, denn die Sitze kosten das gleiche wie die der Erwachsenen, es werden nur weniger Steuern aufgeschlagen. Warum man dann aber Fettleibige keinen höheren Ticketpreis zahlen müssen, verstehe ich nicht. Immerhin nehmen sie oft mehr als nur ihren Sitz ein, während Kinder weniger als einen Sitz belegen. Von Angeboten für Familientickets habe ich noch nie gehört, nur von Angeboten für zwei zusammenreisende Erwachsene. Nicht einmal in Economy-Class sind Kinder gerne gesehen. Die Eltern eines weinenden Kindes werden mit bösen Blicken attackiert, manchmal sogar mit Worten. Mir ist das schon öfters passiert. Mein jüngerer Sohn war ein lautstarkes Baby, ich wollte der Familie trotzdem die Möglichkeit geben, zu reisen, denn sobald die Schulzeit beginnt, ist man wesentlich eingeschränkter. Wir flogen also mit Kleinkind und Baby, ich flog zum Teil alleine mit den beiden. Das Abheben und Landen war der größte Horror, da der Druck in den Ohren meinen jüngeren Sohn jedes Mal zu lautstarkem Weinen brachte. Ich zog mir endlose bösartige Blicke zu. Ich erklärte einer Dame einmal, dass ihre bösartigen Blicke an der Situation nichts Positives bewirken könnten, denn meine Laune beeinflusse auch die meines Babys.

Natürlich stellt sich die Frage, ob Familien mit Kleinkindern überhaupt reisen sollten, aber warum nicht. Denn sie tragen zum Tourismus und der gesunden Existenz der Fluglinien genauso bei. Oder ein anderer Urlaubsvorfall. Vor ein paar Jahren planten wir einen Familienurlaub in Italien, und um aus Rücksicht auf meine Nerven auch bestimmt eine Unterkunft zu bekommen, buchten wir vor. Meine Eltern übernahmen das. Wir waren drei Erwachsene und zwei Kleinkinder. Doch um uns für eine bessere Hotelzimmerrate zu qualifizieren, benötigten wir vier Erwachsene. Das Reisebüro erlaubte uns nicht, ein Erwachsenenbett (für Erwachsenenpreis) für meinen älteren Sohn zu buchen, und Einzelzimmer gab es nicht. Aus Frust feierten wir seinen 18. Geburtstag einfach zwölf Jahre vor, Problem gelöst. Ich wundere mich noch heute, wie ein allein Reisender dieses Problem gelöst hätte. Aber dieser Vorfall beweist, dass die Welt auf Erwachsene eingestellt ist. Es scheint, als hätte jeder, der über 20 Jahre alt ist vergessen, selbst einmal ein Kind gewesen zu sein. Mir kommt es sogar des Öfteren so vor, als wäre das sogar der Fall bei der Spielzeugindustrie. Viele Lego-Sets sind heutzutage so teuer und kompliziert, dass man da kein Kind ranlassen würde. Hat Lego seinen Erfolg nicht Kindern zu verdanken?

Ich bin jedenfalls der Überzeugung, sollte sich das Umfeld Kindern gegenüber nicht ändern, wird es weiterhin schwierig sein, ‚Erste Welt‘-

Bevölkerung von Kinderbesitz zu überzeugen! Denn die positiven Seiten von Kindern lernt man erst richtig kennen, wenn man selbst welche hat!

Abnehmen, Lippenstift & Masken und Unterwäsche

Gestern rief mich meine beste Freundin an und meinte, sie müsse auf Diät gehen. Ihre Anrufe sind immer fantastisch, nur mit der besten Freundin kann man sich über unglaublichen Blödsinn ernsthaft unterhalten, ohne sich dabei doof vorzukommen. Wir urteilen nicht, wir urteilen höchstens über andere. Das ist auch ganz lustig. So etwas geht nicht einmal beim Ehemann. Weshalb man daher nicht einfach seine beste Freundin heiratet, ist mir manchmal unverständlich. Aber das könnte sich ja auch noch irgendwann mal ändern. Aber, Traditionen. Jedenfalls fragte ich sie, warum sie abnehmen müsse, denn ich war der Ansicht, sie hätte in den letzten Monaten abgenommen. „Ich habe zugenommen, jetzt muss das Fett wieder weg!" Vielleicht war es doch länger her, seitdem ich sie das letzte Mal gesehen hatte. Und so unterhielten wir uns noch eine Weile über verschiedene Diäten, Sport und andere erfinderische Abnehm-Strategien. Nachdem wir eingehängt hatten und ich mir gerade ein Stückchen Schokolade holen wollte, dachte ich an meine eigenen Fettröllchen und überlegte, für wen wir verheirateten, mittelalterlichen Frauen eigentlich abnehmen. Ehemänner haben wir schon, Kinder auch, außerdem sind unsere Männer auch mit Fettröllchen dekoriert. Für den Ehemann müssten wir also nicht abnehmen, der läuft uns mit seinem Bäuchlein wahrscheinlich nicht so schnell davon. Man muss dazu klarstellen, dass wir beide nicht dick sind, wir haben nur ein paar kleine Fettröllchen mehr als Durchschnittsmodels. Gesundheitsgründe sind daher auch nicht die Motivation, auf Diät zu gehen. Nehmen wir also für andere ab? Doch für unsere Ehemänner, oder für andere Frauen, damit sie uns bewundern können? Unsere kleinen Fettröllchen könnten wir mit passender Kleidung auch einfach verstecken. Weil wir uns schlanker einfach wohler fühlen? Für uns selbst? Die eigene Eitelkeit? Ähnliche Fragen treffen auf Unterwäsche zu. Im Betracht der Auswahl verschiedenster Arten von Unterwäschen dient Unterwäsche auch nicht nur dem Sauberhalten der Oberbekleidung, sonst würden ein paar Farben aus einem angenehmen Material ausreichen; auch nicht nur, um den Busen in Kontrolle zu halten. Nein, es gibt endlose Optionen für oben und unten: Aus Seide, aus Baumwolle, aus Lycra, aus Mischstoffen, mit Spitze, ohne Spitze, für ein schöneres Dekolleté, für eine kleinere Oberweite, für extra Halt, und so weiter. Aber für wen werfen wir uns in Unterwäscheschale? Meistens bekommt niemand als man selbst die Wäsche zu Gesicht. Ich habe zwar einmal von einer meiner sehr guten Freundinnen gehört, dass man immer eine schöne Unterhose anhaben soll, da man nie weiß, ob man plötzlich im Krankenhaus landet. Daran habe ich vor ihrer Aussage nie gedacht, denke nun aber stets daran, wenn ich meine Unterwäscheschublade aussortiere. Abgetragene Wäsche muss weg. Abgesehen von dem medizinischen Notfallargument, warum tragen wir schöne Wäsche? Ähnlich ist es doch mit der Lippenstiftindustrie. Ich trage selbst ja keinen Lippenstift (Unterhosen schon). Ich habe weder nie genügend Geduld dazu aufgebracht, die richtige Farbe zu finden, noch zu lernen, wie man Lippenstift ordentlich aufträgt, ohne wie ein betrunkener Clown auszusehen. Aber ich finde Lippenstift an anderen schön. Deshalb interessiert es mich im Augenblick sehr, ob andere Frauen trotz Maskenzwang Lippenstift tragen. Ich habe also meine Mama befragt, und sie meinte, sie trage trotz Maske Lippenstift, obwohl das sehr unpraktisch sein kann, denn der Lippenstift hinterlässt Flecken auf der Innenseite der Maske, und nach Abnehmen muss man den Lippenstift neu auftragen. Die Lippenstiftindustrie muss sich daher trotz Covid-19 Krise wohl kaum Sorgen machen, meiner Rechnung nach brauchen Lippenstiftträger mehr Lippenstift als je zuvor! Meine Mama scheint also Lippenstift für sich selbst zu tragen, und nicht etwa für andere, oder aus Gruppenzwang, mein Papa trägt ja auch keinen

Lippenstift (soweit ich weiß). Wir nehmen nicht aus Gesundheitsgründen ab, wir tragen Lippenstift unter unserer Covid-19-Maske, und haben ordentliche Unterhosen an. Hat es etwas mit Selbstwertgefühl zu tun? Ich bin der Meinung, dass schlank sein, Lippenstift unter Masken tragen und schöne Wäsche etwas mit den uns durch Werbung vorgeschriebenen Sicherheitsvorschriften der Gesellschaft zu tun haben. Auch wenn es kaum jemand bemerkt, halten wir uns unterbewusst an diese Vorschriften, fühlen uns somit attraktiver und haben damit mehr Selbstbewusstsein. Und so unterwerfen wir uns freiwillig den gesellschaftlich vorgeschrieben Schönheitsidealen: Keine auffälligen Fettröllchen, schöne Lippen und tolle Wäsche, die gegebenenfalls nur für den Notarzt oder die Krankenschwester ist.

Ob das alles stimmt, weiß ich auch nicht. Ich hole mir jetzt jedenfalls dieses Stückchen Schokolade und geh dann aufs Laufband!

Verrückt, das neue Normal?

Ich bin vor ein paar Wochen hingefallen, und habe mir so ein Loch in meiner Lieblingsjogginghose zugezogen. Nach wochenlangem Ladenschluss dank Covid-19-Vorsichten eröffneten endlich wieder die Geschäfte, und ich sah die langersehnte Chance, loszuwandern, um mir eine neue Jogginghose zu kaufen. Onlineshopping bei Hosen klappt bei mir nicht so recht, außerdem hatte ich ausnahmsweise mal Lust auf Shoppen! Hungernd nach Einkaufszentren machte sich die ganze Familie auf den Weg. Doch der Einkaufsbummel lief nicht so glatt ab wie erwartet. Denn wir waren nicht die einzigen, die Einkaufszentren vermissten, neue Jogginghosen brauchten oder Lust auf Shoppen hatten. Das Einkaufszentrum war voll, und vor vielen Geschäften formten sich Schlangen, insbesondere vor Designer- und Luxusboutiquen. Zum Glück wollte ich keine Louis Vuitton oder Chanel Jogginghose, sonst hätte ich mich erst einmal eine Stunde anstellen müssen, bevor ich überhaupt das Sortiment betrachten konnte. Das wäre meiner Familie zu viel geworden. Doch ich marschierte mit fast offenem Mund an den Menschenschlangen vor den vielen Luxusboutiquen vorbei, und stellte fest, dass diese Schlangen aus hauptsächlich sehr jungen Konsumenten bestanden. Das eröffnete natürlich sofort mehrfache Fragen in meinem Kopf. Ob die wohl alle etwas kaufen/sich leisten können? Wo haben diese jungen Leute denn das Geld für solchen Luxus her (manche hielten schon Einkaufstaschen von anderen Luxusmarken in ihren Händen)? Wollen sie sich das Geld nicht lieber sparen? Man weiß ja nie, was Covid-19 noch so in den nächsten Monaten bringen kann. Sind diese Schlangen verrückt oder normal? Was ist normal? Ist ‚verrückt‘ das neue ‚normal‘?

Seit Covid-19 wird sehr oft über ‚normal‘ gesprochen. Was wir bisher als normal sahen, hat sich in den letzten sechs Monaten drastisch verändert. Wie wir essen, wie wir arbeiten, wie wir reisen (nicht vorhanden), wie wir feiern, wie wir shoppen. Und so eröffnete sich mir eine weitere Frage: Reagieren wir auf negative Aussichten mit Geldausgeben? Wo kommt das Geld her? In der Tat beweisen psychologische und soziologische Studien, dass Menschen die Tendenz zeigen, auf Stress, wie wir ihn im Augenblick der Covid-19 Pandemie erleben, mit Shoppen reagieren. Shopping als Mechanismus, mit dem Stress umzugehen, der durch finanzielle Unsicherheit, die Unfähigkeit Familienmitglieder zu besuchen und Veränderung im täglichen Ablauf verursacht wurde. Studien demonstrieren auch, dass ein höheres Maß an Stress mit höheren Kaufabsichten verbunden werden kann. Die Pandemie hat also unseren Willen zum Geldausgeben verstärkt, da der Drang, etwas zu kaufen ein Bemühen ist, negative Gefühle zu reduzieren. Materialistischer Ausgleich für Stressgefühle. Und Bemühungen von Banken und der Regierung, die Wirtschaft durch Konsum wieder in Lauf zu bringen, trägt positiv zu dem Shoppingwahn bei, den ich bei meinem Versuch erlebte, eine Jogginghose zu kaufen. Aber nicht nur in Einkaufszentren ist der Drang zum Kauf zu beobachten. Seit Ende des Lockdowns sind die Zahlen in Immobilienkäufen wieder gestiegen, und man kann zahllose neue Autos auf der Straße sehen, von denen viele nicht nur Luxusautos wie Bentleys, Porsches und Maseratis sind, sondern auch von ziemlich jungen Leuten gefahren werden. Schlangen vor Geschäften, neue Autos auf den Straßen und ausverkaufte Luxusartikel (ich wollte mir zu meinem Geburtstag ein tolles Paar Schuhe leisten, aber ich war wohl zu spät dran, meine Farbe und Größe hoffnungslos ausverkauft, weltweit), bessere Verhältnisse könnte sich die leidende Wirtschaft gar nicht wünschen. Und da fiel mir auch gleich ein Bericht über Süd-Korea ein, den ich vor kurzem sah. Süd-Korea hat eine hochverschuldete Bevölkerung, und dies hat seinen Ursprung in 1997. Der Auslöser: Asian Financial Crisis. Um die koreanische Wirtschaft am Blühen zu halten, entschied man sich, der Bevölkerung den Zugang zu Geld zu erleichtern. Kredite und Kreditkarten wurden ausgestellt, ohne den finanziellen Hintergrund des Beantragenden viel zu hinterfragen. Der leichte Zugang zu Geld ermutigte die Koreaner, Geld auszugeben, das sie nicht hatten. Kredit wurde ein fundamentaler Bestandteil ihres Lebens, und heutzutage findet man kaum einen koreanischen Haushalt ohne Schulden. Geld auszugeben und Schulden anzusammeln kann viele Hintergründe haben, doch eine Krise ist der effektivste Auslöser. Ein neues Kleidungsstück, eine tolle Designertasche, eine gute Mahlzeit oder ein neues Auto, je nach Kreditgröße, lässt uns unsere Sorgen kurz vergessen und uns besser fühlen. Und obwohl uns Covid-19 in eine unangenehme, unsichere Position gestürzt hat, und es vernünftiger wäre, Geld zu sparen und Kosten zu reduzieren, versuchen wir den Pessimismus der augenblicklichen Situation mit Shopping zu überspielen. Dank ihrer Erfahrung mit mehreren Krisen, scheinen die älteren Generationen kosteffektivere Wege gefunden haben, mit Stress umzugehen. Oder sie bekommen kleinere Kredite. Jedenfalls, shoppen tut der Seele gut, und der Wirtschaft ebenso!

Ich habe mir übrigens keine neue Jogginghose gekauft. Im Sportwarengeschäft war eine lange Schlange vor den Umkleidekabinen, und eine noch längere an der Kasse. Ich entschied mich, meine Zeit mit besserem zu verbringen, ging nach Hause und flickte daheim meine Lieblingsjogginghose in Ruhe bei einer schönen Tasse Kaffee.

Geschmackssache

Es heißt ja „Schönheit liegt in den Augen des Betrachters" (Beauty lies in the eyes of the beholder), also ist mit anderen Worten eine Geschmackssache. Seit heute Morgen bin ich davon nicht mehr ganz so überzeugt. Denn auf meinem morgendlichen Spaziergang lief ein männlicher Jogger in Legginghosen, die bis leicht über das Knie reichten, an mir vorbei. Für mich war das ein schrecklicher Anblick, und ich war mir bis vor ein paar Stunden gar nicht einmal bewusst, dass diese Art von Leggings für Männer überhaupt (noch, wieder?) existierten. Ich habe noch sehr vage Erinnerungen an Aerobic Videos aus den 1980er Jahren, in denen auch Männer Spandex-Kleidung trugen. Doch ich war der optimistischen Überzeugung, dass man die gesetzlich in den 1990er Jahren verboten hatte. Ich war also von diesem morgendlichen Anblick überrascht und gleichzeitig traurig schockiert, denn der joggende Mann war ungefähr so alt wie ich, und konnte diese Hosen nicht in den 1980er Jahren gekauft haben. Geerbt unwahrscheinlich, das heißt also, es gibt sie wieder! Diese Erkenntnis und der Anblick des Joggers brachten mich jedoch zum Nachdenken. Warum tragen wir hässliche Kleidung? Wer entscheidet, was hässlich ist? Warum sagt uns niemand, dass wir in dieser Kleidung furchtbar aussehen? Der Ehemann/die Ehefrau können das nicht, da es sonst Ärger gibt (du findest mich nicht mehr attraktiv, du hast ja gar keinen Geschmack); im Interesse der besten Freundin ist es auch nicht, denn man darf nicht besser aussehen als sie selbst, und daher wünscht sich jede Frau einen schwulen Freund, der ungefragt seine ehrliche Meinung liefert (oder zumindest ist das so in den amerikanischen Fernsehsendungen). Oder ist es in der Tat eine Geschmackssache?

Geschmack ist von sozialer Klasse, Kultur und dem Umfeld beeinflusst und abhängig. Geschmack verändert sich mit der Umgebung und dem Alter, und Geschmack kann auch angelernt werden. An die Ästhetik mancher Dinge muss man sich erst gewöhnen, um sich schätzen zu lernen. Doch das kann ich mir bei Spandexleggings für Männer schlecht vorstellen. Und so wie man sich bei manchen Sachen einig sein kann, dass sie ästhetisch erfreulich sind, so bin ich mir sicher, man kann sich auch einig sein, dass manche ästhetisch anstößig sind. Mir persönlich kommen da ein paar Dinge in den Sinn:

Muskel-Tanktops für Männer als Kleidung außerhalb des Fitnessstudios: Man denke an Bodybuilder in ihrer Fitnesskleidung, lose, tief ausgeschnittene Tanktops, oder fast Spaghettiträger-Tops für Männer. Im Fitnessstudio verstehe ich den Sinn nur halbwegs, denn sie decken so wenig Muskel ab und saugen so wenig Schweiß auf, dass man sich dieses Stückchen Stoff auch noch sparen könnte. Weniger Wäsche, weniger Wasserverschwendung, besser für die Umwelt. Aber in Ordnung, man will sich kleiden. Muskel-Tanktops für Männer außerhalb des Fitnessstudios, vor allem an Männern ohne Muskeln, verstehe ich erstens nicht, und zweitens sehen sie schrecklich aus. Wer will denn schon von behaarten Männerbrustwarzen beim Mittagessen oder bei einer netten Tasse Kaffee beobachtet werden? Meiner Meinung nach: Ästhetisch anstößig.

Männersportsandalen (auch die Version für Frauen, aber…): Mein ästhetischer Erzfeind. Schaumstoffsandalen, die mit Klettverschlussriemen an den Füssen befestigt werden. Wie man damit Sport macht, ist mir unklar, aber als normales Schuhwerk können sie auch nicht vermarktet werden. Sport hört sich immer gut an, vor allem bequem! Und das sind sie bestimmt auch, allerdings sind sie noch viel hässlicher als bequem. An Frauen sind sie auch hässlich, doch, da viele Männer ungepflegte Füße und Zehennägel haben, und diese dann in diese anstößigen Sandalen stecken, ist das doppelt so schlimm. Bitte verbieten.

Männerleggings: Das sind Spandexhosen für Männer, etwas anders als Radlerhosen, denn sie haben keine Sitzverstärkung, es bleibt also so gut wie nichts der Fantasie überlassen. Ich verstehe, dass diese Hosen wohl weniger Luftwiderstand leisten, und man damit weniger Energie braucht und schneller vorankommt. Aber die meisten Jogger sehen nicht so aus, als wären sie professionelle Sportler. Außerdem, soweit ich mich richtig erinnern kann, laufen die Sportler bei den Olympischen Spielen auch in kurzen Flatterhosen. Ohne kurze Hose als Abdeckung von Privatteilen finde ich Leggings für Männer unheimlich. Ähnliches gilt übrigens auch für Skinny Jeans. Das sind ganz enge Jeans für Männer, manchmal fast so eng, dass ihre Träger kaum gehen können. Ist das überhaupt gesund?

Schlechtsitzende Flatterhosen (für Frauen) mit (dicken) Flachhintern: Diese Hosen habe ich erst so richtig vor ein paar Tagen bemerkt, als ich gezwungen war, dank schmalem Gehweg ein paar Minuten hinter einem Pärchen mit Kinderwagen herzugehen. Unglücklicherweise fiel mein Blick auf ihren Hintern, und ich entdeckte die Auswirkungen von schlechtsitzenden Flatterhosen. Die Hosen waren mir schon öfters aufgefallen, und ganz ehrlich, sie sehen so bequem aus, dass ich mir auch schon manchmal überlegt habe, mir eine zu kaufen. Aber das hat sich geändert. Flatterhosen, vor allem die bis zum Nabel gehen und dann mit einem kurzen Oberteil kombiniert werden, stellen etwas ganz Schlimmes mit dem Körper an: Er wird unglaublich unförmig, vor allem, wenn man einen etwas größeren, flachen Hintern besitzt. Bei einem großen, runden Hintern kann ich mir das allerdings auch nicht recht viel besser vorstellen. Am besten keinen Hintern. Die arme Frau vor mir war sich ihrem Schicksal anscheinend nicht bewusst, denn sie schlenderte ganz selbstbewusst vor sich hin. Der Ehemann war entweder von Liebe geblendet, oder hatte sich nicht getraut, ihr von ihrem Allerwertesten zu erzählen. Doch zum Schutz der Träger und unfreiwilligen Zuschauer sollten solche Hosen abgeschafft werden.

Schlauchkleider (aus Jersey oder ähnlichem) für Frauen mit Oberweite: Schlauchkleider sehen toll aus! Doch leider wurden sie nur in zwei Dimensionen entworfen, und daher ungeeignet für Frauen, die keine verhungerten Supermodels sind, und einen brauchbaren Busen haben. Ich habe selbst schon einmal ein Schlauchkleid anprobiert, allerdings bin ich auch kein Model. Das Kleid samt Büstenhalter beim Gehen an die Schwerkraft zu verlieren, stellte sich für mich als fast unmöglich heraus. Und das Risiko, plötzlich halb nackt dazustehen, wollte ich nicht eingehen. Ich habe mir das Kleid deshalb nicht gekauft und mich für eines mit Trägern entschieden. Das andere Problem ist, sollte man das Schwerkraftproblem mit Klebeband gelöst haben, dass diese Kleider den Ansatz des Busens ganz komisch abschneiden: Landefläche plötzlich gefolgt von Bergen. Ästhetisch fragwürdig.

Sportsandalen mit Kleidern: Und da wir nun bei Kleidern sind, was haben Sportsandalen mit Kleidern zu tun? Turnschuhe, nicht zu verwechseln mit Sportschuhen, kombiniert mit einem freizeitlichen Kleid kann man als jugendlich interpretieren, aber wird niemand damit in die Annahme getrieben, dass die Trägerin damit Sport betreiben will? Warum also Schaumstoffsandalen mit Klettverschluss an die Füße binden, wenn es endlose Auswahl an bequemen, hübschen und vor allem passenderen Optionen gibt? Rache dem Sportsandalentragenden Ehemann gegenüber? Der fühlt sich damit in seiner Schuhwahl nur bestätigt!

Crocs: Das sind schwitzige, bunte Gartenschuhe, als täglich akzeptables Schuhwerk vermarktet. Als mich mein älterer Bruder vor vielen Jahren auf die Existenz von Crocs hinwies, und meinte, sie würden bald die Schuhwelt dominieren, starrte ich ihn nur wortlos an. Ich war mich nicht ganz sicher, ob er nur scherzte, doch er hätte in Crocs investieren sollen, denn er war sich schon damals des (schlechten) Geschmacks der Menschheit bewusst. Mittlerweile, mehr als zehn Jahre später, sieht man Crocs überall. Anfangs hätte man noch vermuten können, dass die Welt plötzlich von Hobbygärtner überrannt wäre, doch die Realität sieht wesentlich schlechter aus, denn es gibt auch Crocs für

Gartenzwerge. Heute Morgen erst sah ich ein kleines Mädchen, dem man seine Füße in mittelhohen pinken Socken und gelbe Crocs gesteckt hatte. Das arme Kind. Diese bunte Plastikgärtnerschuhe werden überall, von Jung und Alt getragen. Es gibt kein Entkommen, und ich möchte mir nicht vorstellen, wie die Füße von Crocs-Trägern am Abend riechen. Crocs sind bestimmt leicht und bequem, doch nicht nur unförmig und schlecht für die Stellung des Fußes und Beines, aber auch potthässlich. Ich wähle die Verbannung in den Garten!

Und das beendet vorerst meine Liste an ästhetisch anstößigen Kleidungsstücken. Aber das ist ja nur mein Geschmack, und ich bin kein Karl Lagerfeld!

Die gutmütige Hausfrau

Heute hätte es beinahe gekracht. Wir sahen uns mit den Kindern einen Dokumentarfilm an, als ein Busfahrer vorgestellt wurde, und ich meinen älteren Sohn aufklärte, dass Busfahrer gar nicht so schlecht verdienten. Denn er konnte nicht verstehen, dass dieser junge Mann eine Karriere als Busfahrer angestrebt hatte. Daraufhin meinte mein Mann, dass so ein Beruf doch auch etwas für mich wär, da ich doch so gerne wieder arbeiten würde. Mir platzte fast der Hals, denn in den letzten Monaten bereicherte er mein Selbstbewusstsein mit ähnlichen Vorschlägen: Lieferbote, Taxifahrerin, Imbissstandverkäuferin. Ein meiner Ausbildung angemessener Vorschlag war nicht dabei, obwohl ich ihm erklärt hatte, dass ich mich aus idealistischen Gründen nur für eine Stelle bei einer Behörde bewerbe. Doch dieser Ehrgeiz, nach zehn Jahren Haushaltsdienst wieder der Arbeitswelt meiner Ausbildung entsprechend beizutreten, wird allerseits höchstens mitleidig belächelt. Ich bin allerdings kein Einzelfall. Vor ein paar Monaten las ich von drei Frauen, die nach jahrelanger, erfolgloser Jobsuche entweder komplett aufgaben und ihr eigenes Geschäft starteten, oder mit ganz viel Glück einen einfachen Job ergatterten. Die gesamte arbeitende Welt scheint der Überzeugung zu sein, dass Hausarbeit und Kinder aufziehen verblöden. Diesen Vorurteilen werden Hausfrauen schon seit Jahrzehnten ausgesetzt. Wir sind gutmütig-naive, kuchenbackende, in Schürzen verkleidete Dummchen, die sich vielleicht ein paar Rezepte, Kinderlieder und die neuesten Wurstangebote merken können, da sich unser Leben ohnehin nur um den Herd und Kinder dreht. Sogar meine Kinder sind der Überzeugung, dass mein Zimmer in der Wohnung die Küche ist. Das Arbeitszimmer gehört dem Papa, das Kinderzimmer den Kindern, das Wohnzimmer allen, wie auch die Bäder und das Esszimmer. Im Schlafzimmer ist nur ein Bett zum Schlafen, da bleibt nur noch die Küche (mit Abstellraum – yippee! Ich habe zwei Zimmer), denn Mama hält sich dort ohnehin die meiste Zeit auf, ob freiwillig oder nicht, ist ganz egal. Alles sauber und ordentlich halten darf allerdings die Mama.

Hausfrauen sind nicht nur verblödete Frauen, die sich den ganzen Tag mit belanglosen Dingen abgeben, nein, ihre Zeit ist auch dementsprechend wertlos! Wer nichts verdient, verdient auch nichts. Hausfrauenzeit ist umsonst, Respekt und Dank nicht obligatorisch. Kombiniert mit Gutmütigkeit bedeutet dies das Ende einer respektablen Existenz. Gutmütigkeit ist eine Einladung zum Ausnutzen, sie grenzt oft an Dummheit. Ich denke da an meine Schwiegermutter, sie hat in mir das perfekte Opfer für ihre eigene Faulheit gefunden. So gerne ich sie mag, aber sie treibt es oft zu weit. Sie preist mich als ihre gute, treue Schwiegertochter und trägt mir im selben Atemzug eine mundane Aufgabe auf. Flugtickets buchen, etwas online bestellen. Sie meint sie könne das nicht. Das ist auch das Einzige, was sie ihrem Sohn beigebracht hat: Sich als inkompetent ausgeben, dann wird die Aufgabe von einer gutmütigen Person mit Helfersyndrom übernommen. Was braucht man mehr. Aber man bedenke, dass meine Schwiegermutter auch noch zwei Söhne, drei Töchter, eine weitere Schwiegertochter und einen Schwiegersohn hat. Mein Mann hat nur eine Ehefrau. Ich bin allerdings die Einzige die ‚nicht arbeitet‘. Nein, ich sitz’ daheim aus Prinzip einfach gemütlich auf der Couch und schaff meinen Angestellten – also

Kindern– die Hausarbeiten an. Weil Hausfrauen das halt so machen. Ich habe also endlos Zeit, immer und jederzeit, denn ein eigenes Leben habe ich sowieso nicht, und meine Kinder sind auch praktisch: Selbstfütternd und selbstreinigend, sonst brauchen Kinder ja nichts. Aus Liebe zum Familienfrieden erledige ich es dann eben, sie kann nämlich sehr bissig werden, da sie nicht verstehen kann, dass man ohne Haushaltshilfe alles selbst machen muss und eigentlich nicht wirklich richtig viel freie Zeit hat (sie hatte eine Haushaltshilfe und ein Kindermädchen für ihren Haushalt). Außerdem schätze ich Alter. Von meiner Anwaltsschwägerin mit Haushaltshilfe und nur einem Kind wird nichts gefordert, denn, so wie mir meine Schwiegermutter vor ein paar Jahren mal erklärte, sei meine Schwägerin nicht so stark wie ich! Ich glaube, sie meinte blöd, denn so fühle ich mich oft. Gutmütigkeit und Selbstaufopferung muss einem in der Seele guttun, denn Lohn oder etwa Dank darf man dafür nicht erwarten, im Gegenteil. Gutmütigkeit wird als Tugend gepriesen, um anderen zum Nutzen zu sein, ganz ohne extra Kosten.

Über dies und mehr denke ich nach, wenn ich einmal wieder mit meinem schweren Lebensmittelsack nach Hause flip-floppe, vorbei an schön gekleideten Prinzessinnen in Porsche, Bentley & Co, und mich dann wundere, ob man einer hochausgebildeten VERDIENDENDEN oder wunderschönen Ehefrau (schöne Menschen haben's leichter, wie Prinzessinnen) so etwas auch zumuten würde, oder ob ich mir das selbst angetan habe, indem ich mich oft ungefragt jederzeit zur Verfügung stelle, all anderer ungewollter Arbeit zu erledigen. Mein älterer Sohn ist schlauer, er lässt sich von seinem Papa für Hilfe bezahlen. Er wird bestimmt eines Tages keine gutmütige Hausfrau, und wenn, dann zu einer gut bezahlten!

Der Unterschied zwischen praktisch und faul

Mein Mann sieht sich als Hobby ganz gerne einfach Immobilien an. Immobilienmakler kreisen hier ohnehin wie Geier, da kann man sich gerne hin und wieder etwas zeigen lassen. Seit Covid-19 geht das allerdings alles digital. Die Makler nehmen Videos von der Immobilie auf und preisen sie dann über YouTube an. Und so komme ich nun auch dazu, mir tolle Immobilien anzusehen, denn die Treffen mit Immobilienmaklern vor Ort waren mir immer sehr unangenehm. Sie versuchten stets, MICH von der Immobilie zu überzeugen. Die haben anscheinend bemerkt, wer bei uns die Entscheidungen trifft! Jedenfalls gefallen mir Videos. Mit welcher Mühe und Inbrunst die Verkäufer versuchen, die Wohnungen und Häuser an den Mann zu bringen! Sie haben nur Gutes zu sagen, jede Region hierzulande bietet eine tolle Investitionsmöglichkeit, die Preise werden bald ins Unendliche steigen und so weiter. Aber was mir auch oft auffällt ist, dass die Lage vieler Wohnungen als praktisch angeboten wird! Für meine Ohren hört sich das dann etwa so an: „Nur fünf Minuten bis zur nächsten Bushaltestelle/U-Bahn Station/Lebensmittelgeschäft, sehr praktisch!" Oder wenn sie das Parken bei Häusern anbieten, so: „Der Parkplatz ist praktisch in der Küche! Sehr praktisch, wenn man gerade vom Lebensmitteleinkauf zurückkommt!". Bei Autohändlern ist es ähnlich. Die Autos sind immer praktisch. „Das Auto hat die neueste Technologie! Es kann sich selbst parken! Sehr praktisch!" Davon träume ich seitdem ich die amerikanische Fernsehserie Knight Rider mit David Hasselhoff und KITT das erste Mal in Fernsehen bewundern durfte! KITT (das Auto des Helden) kann sich ja sogar selbst fahren! Ein Traum! Ein anderes Beispiel findet man bei Besuchen im Kaufhaus, wenn man sich um Haushaltselektronik wie Staubsauger oder Toaster umsieht. Dort werden viele Produkte von Verkäufern als „praktisch" angepriesen. „Dieser Toaster ist sehr praktisch! Er holt sich selbst den Toast aus dem Brotkasten, toastet ihn und reinigt sich dann bis zur nächsten Nutzung selbst!" In der Tat sehr praktisch, würde ich sagen, aber wir essen keinen Toast. Als wir in

Vorbereitung unseres Umzugs in unsere neue Wohnung uns um Öfen umsahen, stellte uns ein Boschvertreter einen selbst-reinigenden Ofen vor. Mein Mann fand das sofort toll, denn umso weniger Arbeit, umso besser! Wer will das nicht. Er fragte dann, wie dieses Selbstreinigen denn funktionieren sollte. Daraufhin meinte der Verkäufer etwas beschämt, dass es nur leichter wäre den Ofen zu reinigen, reinigen müsse man ihn schon noch selbst (oder die Haushaltshilfe). Wir haben den Ofen trotzdem gekauft, leichter zu reinigen ist er auch nicht. Jedenfalls hat mich das etwas zum Nachdenken gebracht, nicht nur, wie weit man Konsumenten belügen darf, um seine Produkte loszuwerden, sondern auch, was denn eigentlich der Unterschied zwischen praktisch und faul ist. Denn praktisch scheint die Fähigkeit zu haben, Faulheit zu unterstützen, zu motivieren und sozial akzeptabel zu machen.

Dank Duden habe ich gelernt, dass ‚praktisch‘ auf drei Ebenen definiert werden kann, doch nur zwei machen in diesem Kontext Sinn: 1) sich besonders gut für einen bestimmten Zweck eignend; sehr nützlich; zweckmäßig; 2) geschickt in die Bewältigung täglicher Probleme oder durch diese Fähigkeit gekennzeichnet. ‚Faul‘ kann ebenfalls auf drei Ebenen definiert werden, jedoch macht nur eine in diesem Zusammenhang Sinn, obwohl mir die erste sehr gut gefällt (durch Einwirkung zersetzender Bakterien über Gärung, in Verwesung geraten). Die Definition als ‚Abgeneigt zu arbeiten, sich zu bewegen, sich anzustrengen; nicht gerne tätig; bequem, träge‘ wiederum ist in diesem Vergleich sehr passend.

Praktisch trägt einen positiven Unterton, bei ‚faul‘ ist es das Gegenteil! Doch praktische Dinge bieten sich als Lösung, trotz Faulheit Ergebnisse zu erreichen, also zum Beispiel ohne viel Anstrengung zum Bus zu kommen oder die Lebensmittel in die Küche zu schaffen. Und mit ‚praktisch‘ werden wir auch den negativen Unterton von Faulheit los, doch im Endeffekt laufen sie auf das gleiche raus! Auf Abneigung zu körperlicher oder mentaler Anstrengung.

Wie würden sich die Angebote der Verkäufer also anhören, wenn man ‚praktisch‘ mit ‚faul‘ ersetzte? Der Immobilienmakler: „Nur fünf Minuten bis zur nächsten Bushaltestelle/U-Bahn Station/Lebensmittelgeschäft, sehr geeignet für Käufer, die eine Abneigung gegen Bewegung haben!“; „Der Parkplatz ist so gut wie in der Küche! Sehr passend, wenn der träge Käufer gerade vom Lebensmitteleinkauf zurückkommt!“. Der Autohändler fügt dazu: „Und dieses Auto hat die neueste Technologie! Es kann sich dann selbst in der Küche parken! Perfekt für Käufer, die sich zu bequem waren, richtig parken zu lernen und zu träge Lebensmittel die 10 Meter in die Küche zu tragen!“

Es ist also eine Frage der Definition. ‚Praktisch‘ hört sich einfach viel besser als ‚faul‘, ‚bequem‘ und ‚träge‘ an und lässt sich daher besser verkaufen. Mit Faulheit will sich niemand identifizieren lassen! Das ist der Unterschied.

Das Haus mit dem Parkplatz in der Küche haben wir uns übrigens nicht gekauft, denn wir haben gar kein Auto, und extra ein selbstparkendes Auto dazuzukaufen wäre irgendwie blöd. Außerdem kann man ja nun so gut wie alles online bestellen, ich lasse mir die Lebensmittel einfach in die Wohnung liefern, das ist auch praktisch!

Kaufsucht

„Mama, ich hab’ ein ganz tolles Lego-Set gesehen, darf ich es kaufen?“ „Mama, können wir zum Lego-Shoppen gehen?“ „Mama, bekomme ich eine Belohnung für meinen guten Chinesisch Test? Ich möchte ein Lego-Set kaufen.“ Dies und ähnliches höre ich fast täglich, beim Zähne putzen, auf dem Weg in die Schule, beim Abendessen kochen. Das hört sich unschuldig an, doch wenn man das fast täglich zu hören bekommt, wird es anstrengend. Ich wundere mich dann, erstens wo und wann er ständig so viele neue Lego-Sets entdeckt, und zweitens, dass es überhaupt noch Lego-Sets gibt, die wir noch nicht haben! Ähnlich ist es bei meinem Mann, er findet auch endlose viele Dinge zum Kaufen und ist sehr leicht von Werbung beeinflussbar. Kaum sehen wir etwas im Fernsehen, haben wir es auch schon fast daheim, oder auch nicht, denn ich lege sehr oft eine Bremse ein. „Brauchen wir das überhaupt? Welchen Zweck dient es?" oder bei neuen Lebensmitteln: „Mag das überhaupt jemand bei uns daheim?" Denn oft kommt es vor, dass mein Mann ein neues Lebensmittelprodukt heimbringt, ein wenig probiert, und mir dann den Rest überlässt – zum Wegwerfen. Mir fällt es allerdings extrem schwer, Lebensmittel zu verschwenden, und ich zwinge mich daher meistens, dieses Ding dann so weit wie möglich aufzuessen. Und daher stammt auch meine Abneigung, neue Produkte zu probieren, vor allem, da mein Mann und ich einen komplett unterschiedlichen Geschmack haben. Er mag Süßes und ich stehe auf Deftiges. Mit Süßem kann man mich fast jagen! Aber zurück zum Kaufen. Ich komme mir bei solchen Auseinandersetzungen oft vor wie die ewige Spielverderberin. Doch wäre ich das nicht, könnte man das Kinderzimmer und vielleicht sogar unsere Wohnung wohl bald nicht mehr betreten. Ich beobachte diesen Drang, konstant Neues zu kaufen, in meiner gesamten Umgebung, wir wohnen immerhin nicht weit weg von der Haupteinkaufsstraße dieser Stadt. Man sieht täglich Menschen, schwer beladen mit Einkaufstüten, und das sind nicht immer Lebensmittel. Meistens kann man Markennamen auf den Papiertüten lesen, von Kleidungsgeschäften bis hin zu Küchenwaren. Dass es Leute gibt, die in der Tat noch Kleidungsstücke oder Haushaltswaren in diesen Massen benötigen, kann ich mir schlecht vorstellen. Und so stelle ich mir die Frage, was uns eigentlich dazu treibt ständig nach neuen Eroberungen zu suchen. Spontan fallen mir da drei Erklärungen ein:

Biologie, unser Jagd- und Sammlertrieb aus der Steinzeit. Unsere Ur-Vorfahren bestritten ihr Leben mit Sammeln von Beeren, Pilzen und Körnern (Frauen) und der Jagd nach Tieren (Männer). Umso mehr gesammelt und erlegt wurde, umso gesünder blieb man und schaffte es auch leichter durch den Winter. Erfolgreiche Sammler und Jäger

konnten sich mehr Nachwuchs leisten und pflanzten sich so erfolgreich
fort. Der Drang, uns Dinge anzusammeln und nach Neuem zu jagen, ist
genetisch vorprogrammiert!! Wir Frauen sammeln Lebensmittelvorräte
und Kleidungsstücke (für den kalten Winter) an, Männer kümmern sich
um den Komfort, den neuste Technologie liefern kann! Und das Wort
‚Schnäppchenjagd‘ kommt auch nicht von nirgendwo!

Ausschüttung von Drogen. Ich habe einmal in einer Psychologie-
studie gelesen, dass unser Gehirn Dopamin, eine natürliche Vergnü-
gungs-Droge, ausschüttet, wenn wir nach Neuem jagen und uns über
neue Errungenschaften freuen. Dopamin verhilft uns zu guter Laune,
wir fühlen uns toll, ähnlich wie Drogenabhängige, doch nicht für lange.
Die Suche nach einem neuen Drogenstoß beginnt von vorne, und wir
ziehen mit unseren Geldbeuteln griffbereit los zum Shoppen. Dopamin
macht abhängig, und wer ist nicht gerne gut gelaunt! Ein gutes Beispiel
bin ich selbst! Bei der Jagd nach neuen Schuhen kribbeln mir fast meine
Hände, ich kann nicht schnell genug ins Schuhgeschäft kommen oder
eine Entdeckung im Internet machen. Mein Herz schlägt schneller und
ich fühle mich glücklich, bis ich die Schuhe dann habe. Manchmal mache ich den Schuhkarton ein paar Tage lang gar nicht auf. Die Schuhe
gekauft und nun in meinem Besitz zu haben reicht voll und ganz. Doch
wenn ich den Karton dann öffne, erlebe ich ein weiteres Glücksgefühl.
Ein neues, ungetragenes Paar Schuhe strahlt mich an, und es sind jetzt
meine Schuhe, bis sie mir zu langweilig werden, und ich ein Paar
Schuhe in Orange zu meinem Glück benötige.

Nachahmung der Umwelt. Kinder sind wie Schwämme, sie saugen
alles in sich auf, auch unser Einkaufsverhalten. Ich kaufe gerne Schuhe,
mein Mann kauft gerne so gut wie alles, und unsere Kinder haben sich
das abgesehen. Für sie ist es normal, in ein Geschäft zu gehen und etwas
zu kaufen, es gehört zum Tagesablauf. Online Shopping hat das noch
gesteigert. Nun setzt man sich einfach an den Computer oder holt sich
sein Smartphone hervor und tippt ein, wonach man gerade sucht. Klick
– gekauft, und kurz darauf wird es einem ganz praktisch in die

Wohnung geliefert. Wenn wir manchmal nicht das richtige Lego im Spielwarengeschäft finden, schlagen meine Söhne vor, es doch online zu bestellen. Es gibt kein Entkommen mehr! Vor ihrer Entdeckung des Online-Shoppings konnte ich sie zumindest noch davon überzeugen, dass dieses Lego ausverkauft sei. Aber Kinder sind schnelle Lerner! Und daher muss man vorsichtig sein, was man ihnen vormacht!

Manche versuchen mit materiellen Dingen Löcher in ihrer Seele zu stopfen, und anders als bei Drogen, wird öffentlich um Waren geworben, und Shoppen ist nicht nur legal, sondern hoch erwünscht! Als Produkte ihrer Umwelt kann ich meinen Söhnen keinen Vorwurf für dieses Verhalten machen. Ich kann jedoch versuchen, die Umstände zu verstehen und ihnen ein vernünftiges Vorbild zu sein. Das mache ich allerdings ein andermal, denn wir müssen jetzt los ins Einkaufszentrum!

Pragmatismus

Jeden Morgen nach meiner ersten Tasse Kaffee und meinem Schulkinderablieferungsweg/Spaziergang bin ich voller Energie. Ich könnte Bäume ausreißen, Gärten umgraben und einen Marathon laufen, vielleicht nicht alles auf einmal, aber zumindest eines dieser Dinge. Mit diesem Gefühl der Energie möchte ich dann alles auf meiner seitenlangen To-Do-Liste erledigen und bin sogar oftmals optimistisch davon überzeugt, es auch zu schaffen. Geschafft habe ich es bisher nie. Denn nach einer Weile To-Do-Liste-abarbeiten überlege ich mir, ich sollte meine Energie doch lieber für meine Hobbys verwenden, wie Häkeln und Schlafen. Ich will doch schon seit zwei Jahren Schlaf nachholen und seit Monaten einen Pulli fertighäkeln. Allerdings wird meine To-Do-Liste auch immer länger, das Haus staubiger und die Fenster dreckiger. Der Ofen ruft nach Putzen, die Decke im Bad würde gerne mal wieder geweißelt werden, und alte Kinderkleidung müsste auch aussortiert werden. Bei solchen Ausblicken denke ich mir manchmal bei meiner morgendlichen Tasse Kaffee und des Wartens auf das Einsetzen des Energiestoßes, dass es doch praktisch wäre, wenn mein wahres Hobby Hausarbeit wäre. Da würde ich mit Freude aus dem Bett springen und mich auf stundenlange Hausarbeit freuen. Man stelle sich vor, wie ich mich jeden Tag über Dreck und Unordnung der Kinder freuen würde, meinen Mann für dreckige Wäsche am Boden und unordentliche Hinterlassung des Badezimmers aus Dank umarmen würde! Wir hätten eine ganz andere Beziehung! Wie ich mich mit Begeisterung über ungespültes Geschirr und staubige Böden stürzen würde! Die Bettwäsche wäre täglich gewaschen, Unterhosen gebügelt und alles wäre immer perfekt sauber und ordentlich! Ich müsste die Kinder nicht mehr wegen ihrer Unordnung anschreien und mich nicht ärgern, ständig putzen und aufräumen zu müssen! Ich wäre wohl die glücklichste Person der Welt (mit der saubersten Wohnung), da ich den ganzen lieben langen Tag mein Hobby ausüben könnte. Diese Theorie einem Praxistest zu unterziehen könnte man pragmatisch nennen. Doch passen Pragmatismus und Hobbyausübung überhaupt zusammen? Pragmatisch zu sein bedeutet praktisch, im Gegensatz zu rein idealistisch zu sein. Pragmatismus hat seine Ursprünge in USA circa 1870 und wird als praktische Herangehensweise an Probleme und Angelegenheiten definiert. Den Gründern dieser Philosophie, Charles S. Pierce und William James zufolge, unter anderen Aspekten, soll die Funktion des Denkens darin bestehen, das Handeln zu leiten. Hausarbeit als Hobby ist ohnehin praktischer als Häkeln oder Schlafen. Beim Häkeln sammle ich mir so viele nutzlose warme Dinge an, und beim Schlafen erreiche ich gar nichts, außer permanent Schlaffalten. Es sollte also möglich sein, mich selbst zu überzeugen, dass Hausarbeit ein tolles Hobby sei. Doch wie lange? Wann hört ein Hobby auf ein Hobby zu sein? Müsste ich mir nicht nach einer Weile ein neues Hobby als Ausgleich suchen, da es keinen Unterschied mehr zwischen Aufgabe und Hobby gäbe? Denn es heißt, wenn man das, was man liebt, machen muss, dann hört der Spaß auf. Wie bei Schriftstellern und ihrer Schriftstellerblockade, wie bei manchen Künstlern, wenn sie plötzlich berühmt werden, und unter Druck stehen neue Meisterstücke zu kreieren. Wäre das bei meiner Hausarbeit ähnlich? Wenn die Erwartung meiner Familie ins Unendliche stiegen und sie ständig glänzende Böden, gebügelte Bettwäsche und frisch-duftende Bäder forderten? Ein Hobby kann nur ein Hobby sein, wenn man sich Zeit dafür erzwingen muss, eine Tätigkeit ersparte oder übriggebliebene Zeit zu verbringen. Denn wie Erich Fromm meint: „Wir sind eine Gesellschaft notorisch unglücklicher Menschen: einsam, ängstlich, depressiv, destruktiv, abhängig – Menschen, die froh sind, wenn wir die Zeit getötet haben, an der wir so hart arbeiten einzusparen." (We are a society of notoriously unhappy people: -lonely, anxious, depressed, destructive, dependent – people who are glad when we have killed the time we are trying so hard to save.)

Befriedigung und Bedeutung in Hausarbeit zu finden, und somit die Tage bedeutungsvoll zu verbringen, hört sich in Theorie gut an. Aber in Praxis würde ich mich wohl ganz schnell wieder nach einem bedeutungslosen, freiwilligen Hobby sehnen! Denn wenn man sich die Zeit dafür nicht erkämpfen muss, macht das Hobby auch keinen Spaß!

Dein oder mein Problem?

Viele Paare haben dieses Problem, einen schnarchenden Partner. Wir haben dieses Problem auch, und wer es nicht selbst erlebt hat, weiß nicht, welche Herausforderungen ein schnarchender Partner stellen kann. Meistens läuft das mit einem schnarchenden Partner so ab, jung und schlank schnarcht er nicht, sobald verheiratet, etwas schwergewichtiger und älter, tritt das Problem auf. Der andere Partner ahnt von seinem zukünftigen Glück nichts, und schon ist es zu spät! Nun muss also mit dem Problem umgegangen werden, obwohl es natürlich keinesfalls in jeder Beziehung zu einem Problem werden muss, denn manche Menschen sind mit tiefem Schlaf gesegnet. Ich leider nicht. Ich höre alles, und das hat sich nach der

Geburt meiner Söhne noch verschlimmert, anscheinend ein Naturgeschenk an Mütter, um ihre nach Milch schreienden Babys nicht zu überhören! Kinder schärfen unsere Sinne, obwohl ich eigentlich eher das Gefühl habe, dank meines überlauten jüngeren Sohnes langsam mein Gehör zu verlieren. Jedenfalls höre ich leider weiterhin das Schnarchen meines Mannes allzu gut! Doch sein Schnarch-Problem wurde zu meinem Schlaf-Problem. Lautes Schnarchen und leichter Schlaf, bei wem liegt der Fehler? Bevor wir in unsere jetzige Wohnung umgezogen sind, führten wir darüber oft eine unfreundliche Diskussion: „Du schnarchst schon wieder so laut! Ich kann nicht schlafen!" „Da kann ich doch nichts dafür, du hast zu leichten Schlaf!" Und am Morgen darauf, wenn ich schlecht gelaunt aufstand, damals manchmal von der Wohnzimmercouch, als wir nur ein Schlafzimmer hatten: „Warum bist du so schlecht gelaunt? Warum hast du denn das Schlafzimmer schon wieder verlassen?" „Weil du so laut schnarchst! Lass mich in Ruhe! Ich brauch jetzt erst einmal einen Liter Kaffee!" Daraufhin war mein Mann beleidigt, und ich trotzdem noch schlecht gelaunt und müde. Wir hatten ein Problem. Diesen Gedanken kann man auch weiterführen. Kann und darf man von anderen erwarten, ihr Verhalten dem seinen anzupassen? Also, wer darf von wem eine Veränderung seines Verhaltens erwarten, wenn Kompromisse unmöglich sind.

Liebe bedeutet, den anderen so zu akzeptieren, wie er ist. Doch wenn dieses charakteristische Verhalten unangenehme Auswirkungen auf den Partner haben kann, muss man es dann trotzdem aus Rücksicht und Liebe tolerieren? Diese Gedanken kommen mir auch oft bei meinen morgendlichen Runden im Swimmingpool und am Abend auf dem Fitnessrad. Ich war vor kurzen bei meiner jährlichen Gesundheitsuntersuchung, und dort wurde festgestellt, dass ich mir über die Zeit des Covid-19 Lockdowns überflüssige 5 kg Fett angesammelt (eher angefressen) hatte. Schockiert habe ich gleich am nächsten Tag angefangen, wieder Sport zu machen und von Schokolade und anderen süßen Verlockungen so weit wie möglich fernzubleiben. Ich gehe, schwimme und radle täglich, nicht nur um

die 5 kg Fett wieder abzubauen, sondern auch um generell fit und gesund
zu bleiben, aus Pflichtbewusstsein meiner Familie gegenüber. Ich muss
zugeben, dass es mir nicht immer Spaß macht, meinen frühen Morgen
mit raschem Gehen zu füllen, anstelle gemütlich bei einer Tasse Kaffee
Nachrichten auf meinem Handy zu lesen. Es macht auch nicht immer
Spaß, vor Anfang der täglichen Hausarbeit in den kalten Pool zu steigen,
und die Hälfte meines Abends mit Radeln anstelle von Häkeln zu verbringen, ist auch nicht immer meine Traumvorstellung. Aber ich halte es
für notwendig und wichtig, und versuche diszipliniert zu sein. Und so
denke ich mir manchmal, ob es dem Partner gegenüber gerecht ist, sich
nicht um seine Gesundheit zu kümmern, denn mein Problem kann ganz
schnell auch sein Problem werden. Man verspricht sich bei der Ehebin-
dung zwar sich in guten wie in schlechten Zeiten, sich in Gesundheit und
während Krankheit beizustehen, doch wie ist es, wenn die schlechten
Zeiten oder Krankheit aus Faulheit oder Fahrlässigkeit hervorgegangen
sind? Man nehme folgendes Szenario als Beispiel: Eine australische
Freundin. Bis vor etwa einem Jahr war sie gut genährt, große Größe.
Doch dann schien ihr das Gewicht zu viel geworden zu sein und sie fing
an, jeden Morgen vor der Arbeit zu laufen. Man erkennt sie kaum wieder!
Ihr Ehemann jedoch, ist nicht gerade sportlich, isst gerne Süßes und fing
als Resultat an, über die Jahre einer rollenden Tonne zu gleichen. Abgesehen von der Tatsache, dass Tonnen nicht gerade ästhetisch und bezau-
bernd sind, stelle ich mir mit Horror die gesundheitlichen Folgen und
Mobilitätsprobleme vor, die Übergewicht bringen können. Urlaube im
Wohnzimmer anstelle von Fernreisen? Krankenpflegerin anstelle pensi-
oniert von Pflegeaufgaben? Was passiert, wenn der andere Partner auch
egoistisch lebt und sich täglich mit leckeren Schokokuchen und Käsebro-
ten vollstopft? Wenn sich der Partner aus Bequemlichkeit weigert, Dinge
zu Fuß anstelle mit einem Auto zu erledigen? Wenn er am Morgen lieber
noch eine zweite Tasse Kaffee mit Zucker und Sahne langsam auf der
Couch genießt? Das Laufen vor der Arbeit zu anstrengend und lästig
wird? Ist seine Gesundheit nicht seine eigene Verantwortung und auch

Pflicht? Darf man von seinem Partner erwarten wegen des eigenen Egoismus verständnisvoll sein Verhalten zu verändern, um dem eigenen Verhalten entgegenkommen zu können?

Um das Schnarch-Problem nicht in ein Eheproblem zu steigern, haben wir im Arbeitszimmer ein extra Bett, und mein Mann hat mir eine Lastwagenladung von Ohrenstöpseln besorgt, damit ich mich hoffentlich in den nächsten paar Monaten nicht mehr mit dieser philosophischen Frage beschäftigen muss, oder vielleicht, damit ich aufhöre, mich über sein Schnarchen zu beschweren. Heute Morgen meinte mein Mann allerdings, dass ich recht laut schnaufte, daraufhin beruhigte ich ihn und erinnerte ich ihn daran, dass wir ja nun 35 Paar Ohrenstöpsel daheim hätten, die ich gerne mit ihm teilte!

Trends

Meine Schwägerin hat während des Covid-19 Lockdowns angefangen, Sauerteigbrot zu backen und hat aus diesem Hobby sogar ein kleines Geschäft entwickelt. Ganz stolz hat sie gestern meinem Mann ihre Backwaren gezeigt. Doch sie ist nicht die Einzige, die in Brotbacken ein neues Hobby gefunden hat. Ich bin zwar keine leidenschaftliche Brotbäckerin, doch ich backe seit ein paar Jahren Dinkel- und Reismehlbrot für meinen älteren Sohn, da er eine Weizenallergie hat. Als die halbe Welt anfing, Brot zu backen, ging in unseren Lebensmittelgeschäften das Mehl aus. Sogar in Hongkong waren die Mehlregale leergeräumt. Meine Freundin in Hongkong, eine seit Jahren leidenschaftliche Brotbäckerin, hat mir das eines Tages ganz aufgeregt erzählt. Hierzulande ging nicht nur das Mehl aus, sondern der plötzliche Anstieg in Hobbybäckerzahlen löste auch Angst um die Existenz kommerzieller Bäckereien aus. Doch wo kommen diese neuen Trends her? Wer erfindet sie? Und wie verbreiten sie sich so schnell, so weit?

Sauerteigbrot zu backen (meine Tante macht das seit 60 Jahren) ist nicht der einzige Trend, der dank Covid-19 die Welt ansteckte. Kaffee Dalgona ist ein weiteres Beispiel. Das ist mit Zucker steifgeschlagenes Kaffeepulver über Eiswürfel und Milch geschüttet. Als Kaffee-Fan musste ich das natürlich auch ausprobieren, und das war auch kein Problem, denn man kann hunderte von Rezepten und YouTube Videos über die Zubereitung dieses Kaffees in Internet finden. Mir hat Kaffee Dalgona allerdings nicht geschmeckt. Ich dachte, es wäre auf Grunde meines Zubereitungsversagens gewesen, doch als wir diesen Kaffee vor ein paar Wochen in einem tollen Café bestellten, schmeckte er mir trotzdem nicht. Ob Dalgona noch lange ein Trend bleiben wird, ist fragwürdig.

Die plötzliche Erscheinung von neuen Trends ist nichts neues. Manche bleiben, die meisten verschwinden ganz schnell wieder. In Marketingjargon nennt man das auf Englisch ‚Fad‘, und soweit ich weiß ‚Marotte‘ auf Deutsch. Viele dieser Marotten werden von Firmen durch Werbekampagnen erzeugt, um neue Produkte auf den Markt zu bringen und guten Absatz zu erzielen. Marotten verschwinden meistens schnell wieder. Andere scheinen ganz natürlich zu entstehen, oft in kleinen Sub-Kulturen, das sind Minderheiten, die sich mit der Mainstreamkultur nicht identifizieren können oder wollen. Und so entstehen zum Beispiel Trends, wie man sie in meiner Wahlheimat beobachten kann, diese Trends allerdings, haben sich über die Zeit zu Uniformen entwickelt, wie etwa die Uniform der einheimischen Männer.

Wie ich schon einmal in einem anderen Diskurs beschrieben habe, scheinen einheimische Männer, die etwas auf sich geben, eine Vorliebe für unförmige Bermudas, Sportsandalen mit Klettverschluss und Fußballtrikots zu haben. Dazu tragen sie übergroße Panerai Uhren (werden im Augenblick langsam mit Smartwatches hauptsächlich von Apple) ersetzt und fahren Mercedes-Crossover-Autos (GLA, GLC), meistens in Silber, denn das ist die sicherste Farbe, man will ja nicht auffallen, nur als Gruppenmitglied anerkannt werden. Männer, die keinen so großen Wert auf ihr Auftreten legen oder denen das notwendige Budget fehlt, tragen ausgeleierte Shorts mit etwas verbleichten T-Shirts und Crocs – als Freizeitkleidung. Sollte das Budget ein Auto erlauben, fahren sie japanische Groß-familienautos, trotz Einzelkind, denn die Oma und die Haushaltshilfe sollen auch ins Auto reinpassen. Außerdem ist Größe von Bedeutung. Sie verhalten und kleiden sich, als gäbe es ein Handbuch dafür.

Eine Sub-Kultur habe ich bei unseren Gastarbeitern aus Indien und Bangladesch entdeckt, und diese budgetfreundliche Uniform würde ich als Mustafa-Retro-Cool Look bezeichnen, denn die Kleidung, bestehend entweder aus Jeans- oder Polyester-Anzughosen, kombiniert mit hochgerollten Businessshirts und Plastikflip-flops, scheint hauptsächlich aus einem Kaufhaus zu stammen, dem Mustafa. Ich warte sehnlichst darauf, dass es diese Sub-Kultur in Mainstreamkultur schafft, denn das würde endlich einmal frischen Wind in die Kleiderschränke der einheimischen Männer blasen. Und so abwegig ist das gar nicht, denn oftmals schicken Kommerzgiganten Scouts in die Gefilde der Sub-Kulturen los, um neue Trends zu entdecken und sie für kommerzielle Zwecke auszunutzen. Man erinnere sich zum Beispiel an den plötzlichen Trend bei jungen Männern ihre Hosen so niedrig im Schritt zu tragen, dass sie weder gehen noch ihre Unterwäsche erfolgreich verbergen konnten. Dieser Trend wurde in amerikanischen Ghettos von schwarzen Rappern aufgefasst und erfolgreich an Jugendlicher aller Welt weiterverkauft.

Und das ist gar nicht so schwer, denn wir Menschen langweilen uns leicht, und da wir Herdentiere sind, und, aus häufigem Mangel an eigener Kreativität und Selbstbewusstsein, anders zu sein, schließen wir uns gerne neuen Massentrends an. Nur nicht auffallen, nur nicht zum Außenseiter werden. Außerdem sind Trends trendy, und wer ist nicht gerne trendy, den trendy Leute werden bewundert und haben mehr Freunde. Das war doch in der Schule schon so und wird auch immer so bleiben.

Also, Trends werden von kreativen Minderheiten der Gesellschaft erfunden, die sich entweder mit der Mainstreamkultur langweilen oder nicht identifizieren können. Diese Trends werden entweder von neugierigen Individuen aufgegriffen oder von Kommerzgiganten entdeckt und verbreiten sich dann dank Internets, Sozialer Medien und Werbekampagnen ganz schnell durch die gesamte Population. Einer niest, 50 stecken sich an, ganz einfach. Wie Wassermoleküle schließen wir uns sich bildenden Wassertropfen an, ohne zu wissen, wohin der Tropfen fließen wird. Manche Trends bleiben, andere sterben kurz darauf einen natürlichen Tod, bis ein neuer Trend unsere Aufmerksamkeit auf sich zieht.

Dank dieses Sauerteigbrot-Trends bin ich unfreiwillige Besitzerin eines neuen Babys geworden. Mein Mann war von der Idee, eigenes Brot zu backen, fasziniert und besorgte mir schnell ein Sauerteig Starterset. Und vor ein paar Tagen habe ich die Sauerteigkultur zum Leben erweckt. Nun fordert dieser Teig fast so viel Aufmerksamkeit wie ein Baby, alle vier bis acht Stunden Fütterungszeit, gut mischen, warm lagern. Meine Familie muss täglich amerikanische Pfannkuchen essen, da ich so ungern Lebensmittel verschwende. Bei den täglichen Fütterungen muss der Ansatz reduziert werden. Diesen Teigabfall kann man gut für Pfannkuchen verwenden. Und obwohl ich keine leidenschaftliche Brotbäckerin bin und auch kaum Brot esse (ich backe lieber Kuchen, obwohl ich davon kaum etwas esse), muss ich mich nun trotzdem fürsorglich um den Ansatz kümmern, wie um ein Baby. Aber wenn Sauerteig gesund und trendy ist, warum nicht?

Ordnung und Minimalismus

Im Laufe der letzten paar Wochen habe ich den Besitz meiner Schuhe um einiges erweitert, hauptsächlich aus Frust (Warum muss Schokolade so gut schmecken? Ich muss doch meine 5kg Fett loswerden!), Freude (Schulferien! Ich muss mich nicht täglich um 6.15 Uhr aus dem Bett rollen) und Fernweh (Reisen ist noch immer eingeschränkt)!

Jedenfalls habe ich nun mehr Schuhkartons als Platz daheim. Und diese Ansammlung von Dingen ist für mich ein Auslöser zum geistlosen, endlosen Aussortieren. Zu viel Besitz macht mich unruhig und gibt mir dieses erdrückende Gefühl der Machtlosigkeit, machtlos gegen Unordnung. Denn was ich von meinen Kindern gelernt habe ist, dass, umso mehr man hat, man umso schlechter Ordnung herbeibringen kann und das Aufräumen länger dauert! Wenn sich meine Buben an manchen Tagen entscheiden, mit ihrer gesamten Spielzeugsammlung auf einmal zu spielen, kann man ihr Zimmer nicht mehr betreten und es dauert zwei Stunden, alles wieder aufzuräumen! So viel Zeit habe ich nicht. Und daher meine Lösung: weniger Besitz. Allerdings ist das nicht immer so leicht umsetzbar, wenn man eine Schuhfimmel hat und in einer Welt lebt, die von Konsum angetrieben wird! Doch ich bin kein privilegierter Einzelfall. Für ein Mitglied einer Mittelklassefamilie in einen ‚Erste-Welt-Land‘ in 2020 ist das die Norm. Ich habe einmal gelesen, dass sich die Anzahl unserer Besitzstücke seit dem Ende des Zweiten Weltkrieges von hunderten in tausende angestiegen ist. Insbesondere, da Massenkonsum von Regierungen forciert wurde, um die Nachkriegswirtschaft wieder anzukurbeln. Das ist heutzutage noch immer der Fall, Massenkonsum soll helfen, Finanzkrisen wie Subprime in 2008 und das jetzige Covid-19 zu überwinden. Und so besteht Druck von der wirtschaftlichen Umwelt und durch Werbung von Kommerzgiganten, die sich um ihre finanzielle Gesundheit bangen, mehr und mehr zu kaufen. Das Resultat, wir haben mehr als je zuvor, jedoch keinesfalls mehr Platz! Denn vor allen in Großstädten mit limitierter Fläche für Wohnanlagen und einer stets steigenden Einwohnerzahl werden erschwingliche Wohnungen in menschlich-angemessener Größe zur Rarität. Doch auch in der größten Wohnung oder im größten Haus kann der Platz ausgehen! Und das beweisen uns unsere freundlichen USA. Das Leben vieler in den USA basiert auf Konsum. Man muss alles haben, was der Nachbar auch hat, und noch mehr. Außerdem gibt es ständig so tolle Angebote, die man nicht verpassen darf. Bei unserem amerikanischen

Gegenstück ist alles ‚Super-sized', inklusive Sonderangebote in Bulk. Und so ist es kein Wunder, dass auch Amerikaner Probleme mit häuslicher Unordnung haben, und sich oft nicht mehr zu helfen wissen. Ich weiß das, da ich mir gerne Fernsehsendungen über sogenannte ‚Hoarder' ansehe. Das sind Leute, die sich alles Mögliche ansammeln, bis sie ihr Haus nicht mehr betreten können. Doch es besteht Hoffnung für überhäufte, amerikanische Häuser! Und die stammt aus Japan. Das weiß ich auch dank des Fernsehens! Es gibt nun nämlich eine neue Fernsehsendung (die ich zwar noch nie gesehen habe, aber davon gelesen), in der die japanische Ordnungsheldin Marie Kondo ihre Wunder wirkt und hoffnungslosen Amerikanern hilft, ihre Unordnung durch sorgfältiges Aussortieren unter Kontrolle zu bringen. Marie Kondo ist das Produkt einer Gegenbewegung zu Massenkonsum. Minimalismus, der schon vor vielen Jahren in Japan Fuß fasste, hat Ähnlichkeit mit dem Zen-Buddhismus. Die grundliegende Idee ist, nur so viel zu besitzen, wie man benötigt, um spirituelle Ruhe und Zufriedenheit zu erreichen. In Japan funktioniert diese Lebensphilosophie gut, vor allem, da oft keine andere Wahl besteht. Wohnungen in japanischen Metropolen sind extrem klein und außerordentlich teuer, und der Trend wie in Hongkong, sich Stellräume für seinen Besitz zu mieten, hat in Japan nicht Fuß gefasst. Doch Marie Kondo hat Fuß gefasst, denn auch nicht jeder Japaner ist ordentlich. Marie Kondo wurde vor einigen Jahren zur Berühmtheit dank ihres zwanghaften Ordnungsdrangs. Schon als Kleinkind verbrachte sie Stunden damit, ihre Spielsachen zu organisieren und machte sich als Erwachsene einen Namen, als sie ein System für Ordnung in die Welt setzte. Frankreich allerdings benötigte keine Marie-Kondo-Ordnungsheldin zur Rettung. Frankreich ist die Erfinderin der Französischen Garderobe (French Ward-robe), das ist eine limitierte Anzahl an Kleidungsstücken höchster Qualität. Denn, das wussten unsere französischen Nachbarn schon immer: Genuss steckt in Qualität, nicht Quantität, man denke nur an französisches Essen! Wir haben also noch einiges zu lernen, vor allem unserer Umwelt zuliebe, denn die Tüten, vollgestopft mit aussortiertem Gut, müssen ja auch irgendwo hin. Und wenn dann woanders auch der Platz für ungewollte Massenprodukte und Müll ausgeht, dann kann uns Marie Kondo auch nicht mehr helfen!

Porscheschlussverkauf: Haushaltshilfe im 2-Sitzer Porsche

Ich gehe täglich an unserem Nachbarschafts-Lebensmittelgeschäft vorbei. Man trifft dort viele interessante Menschen, jede Art, die man sich nur so vorstellen kann: japanische Hausfrauen, indische Frauen mit philippinischen Haushaltshilfen im Anhang, die ihnen die ausgewählten Lebensmittel in den Einkaufswagen legen, bis hin zu Frauen mit US$ 8000 Handtaschen. Doch vor kurzem wurde ich überrascht. Als ich das Lebensmittelgeschäft schwer bepackt verließ, um mich und meine Lebensmittel nach Hause zu schleppen, lief mir eine philippinische Haushaltshilfe fast über die Füße, und eilte in den Beifahrersitz eines Porsche Boxters. Das war für mich ein ungewohnter Ablauf. Dass Haushaltshilfen von Autos abgeholt werden ist gang und gäbe, aber normalerweise handelt es sich dabei um große Familienwagen, oft sogar mit Chauffeur. Der Fahrer des Porsches war eine junge Frau. Das passte auch nicht wirklich ins Bild, denn Frauen mit Haushaltshilfen sind in der Regel etwas älter, im Alter, in dem man kleine Kinder hat oder schon so richtig alt. Da dachte ich mir, ,aber hallo, was ist denn da los?', und kurbelte mein soziologisches Gehirn an. Angefangen mit fundamentalen Fragen: Warum kann die Frau nicht selbst einkaufen? Vielleicht hat sie sich den linken Knöchel verstaucht (den rechten braucht man bei uns zum Fahren)? Lebt sie alleine mit der Haushaltshilfe? Immerhin fährt sie einen Zwei-Sitzer, da passen Mann, man selbst und Haushaltshilfe nicht alle auf einmal rein; oder darf die Haushaltshilfe sonst nicht im Auto mitkommen? Wofür braucht die Frau eine Haushaltshilfe, wenn sie keine anderen Familienmitglieder hat? Ist das andere Auto gerade in der Werkstatt? Aber auf diese Fragen fand ich keine Antworten und setzte meine Heimreise fort. Ein paar Tage später fiel mir eine weitere Porschefahrerin auf. Sie parkte ihren Porsche 911 Cabriolet schön brav und illegal am Straßenrand vor dem Lebensmittelgeschäft und holte gelassen, doch mit Mühsal eine rollende Einkaufstasche heraus, die bei uns hier normalerweise nur ältere Frauen und Haushaltshilfen hinter sich herziehen. Und schon kam ihre Haushaltshilfe von irgendwo angelaufen, um ihr das Wagerl abzunehmen. Endlich etwas Normalität, und obwohl mich Fragen wie ‚ob ein größeres Auto nicht praktischer wäre‘ und ‚wie man das volle Wagerl wieder in den Rücksitz bekommt‘ auch interessiert hätten, litt ich leider unter Zeitmangel, um diesen Ablauf weiter zu beobachten. Zum Nachdenken regte es mich trotzdem an. Und zwar über die groteske Spalte zwischen reich und arm, die ich vor allem hier in unserer Nachbarschaft täglich beobachten kann. Wir wohnen in einer Gegend, nicht zu weit entfernt von der Enklave der Reichen mit ihren tollen, Multi-Millionen Bungalows. Da Reiche auch bestimmte Bedürfnisse haben wie Lebensmitteleinkaufen, Kinder in die öffentliche Schule schicken (Privatschulen für Kinder älter als Kindergärtler, sind nur für Nicht-Einheimische erlaubt) und Restaurantbesuche, kommen sie uns des Öfteren in unserer Nachbarschaft besuchen, mit Luxuswagen, Chauffeur und Haushaltshilfe.

Die Spalte zwischen den Reichen und den Armen wächst täglich, die Mittelschicht kämpft gegen das Abrutschen, und das ist nicht einzigartig. Man nehme die USA als ein Beispiel, die Einkommenslücke und Spalte zwischen arm und reich ist auch dort ein sehr relevantes Thema. In USA konzentriert sich der Wohlstand weiterhin auf die Spitze. Die reichsten zehn Prozent der amerikanischen Haushalte kontrollieren fast 75 Prozent des Haushaltsvermögens, und die Mittelschicht schrumpft. Man findet dort Milliardäre in ihren Millionen-Villen, ausgestattet mit mexikanischen Haushaltshilfen, die nicht einmal den Mindestlohn bekommen. Doch nicht nur meine Wahlheimat und USA schaffen es nicht, die Spalte ein wenig zu schließen, die meisten wirtschaftlich produktiven Länder der Welt sind nicht in der Lage, einen Weg zu finden, um die wachsende Ungleichheit zu stoppen oder zumindest zu verlangsamen. Hierzulande hat man allerdings einen Weg gefunden, damit umzugehen und Armut für die Massen etwas schmackhafter zu machen. Vor etwa zwei Jahren fing man an, eine Fernsehreihe über die Ärmsten dieses Landes zu machen. Ich bin mir nur der Absicht dieses Unternehmens nicht ganz sicher, soll sie als Unterhaltung der Mittelschicht dienen, oder Mitleid erregen? Zufriedenheit der Mittelschicht mit dem Status Quo sicherzustellen (es könnte ja schlimmer sein!)? Oder etwa ein Verständnis dafür zu entwickeln mehr Steuergelder Sozialeinrichtungen und Diensten zukommen zu lassen? Wer weiß. Wir haben uns die Fernsehreihe trotzdem angesehen.

Doch es ist positiv zu vermerken, Porsche scheint gerade einen Schlussverkauf zu haben. Ich zähle täglich auf meinen kurzen Gehwegen in die Schulen mindestens 20 Porsche verschiedener Art und Modelle. Na dann besteht für die Mittelschicht vielleicht auch noch eine Möglichkeit, ihre philippinische Haushaltshilfe im Porsche in das Lebensmittelgeschäft zu fahren.

Buffets: Covid-19, Dicke und andere Rätsel

Vor ein paar Wochen haben endlich unsere Restaurants nach dem Covid-19 Lockdown wieder eröffnet. Man konnte zwar Gerichte zur Lieferung bestellen, aber in Restaurants durften wir lange nicht essen. Und so freuten wir uns auf einen Besuch in einem japanischen Restaurant, ein À-la-carte-Buffet-Restaurant, denn aus Hygienegründen sind alle anderen Arten von Buffet im Augenblick noch verboten. Dieses Verbot erweckte allerdings meine intellektuelle Neugier. Warum fällt es uns erst jetzt auf, dank Covid-19, wie unhygienisch offene Buffets eigentlich sind? In Massen stellen wir uns an dem offen daliegendem Essensangebot an, kichern, reden, beugen uns über die Gerichte, um sie näher zu beäugen und husten oder niesen vielleicht sogar. An die Fremdkörperansammlung auf den Gerichten mag ich gar nicht denken, doch vor Covid-19 störte mich das wenig, da ich mir nie Gedanken darüber gemacht hatte. Dem Motto meiner Oma nach: Was ich nicht weiß, macht mich nicht heiß! Aber meine Gedanken über Buffetangebote hörten damit nicht auf. Bei jedem Buffetbesuch wunderte ich mich, was aus den übriggebliebenen Gerichten denn wohl werden sollte. Weiterverkauft werden können sie nicht. Werden sie in andere Gerichte umgewandelt? An Obdachlosenheime geliefert? Weggeworfen? Wie machen Restaurants denn überhaupt Profit bei Buffet? Wird an der Qualität gespart? Oder isst der Durchschnittsmensch trotz Buffetangebot weniger als wir erwarten? Doch was passiert, wenn zu viele Überdurchschnittsmenschen die Buffetbar besuchen? Denn als wir in der Schlange vor dem japanischen Buffetrestaurant standen, entdeckte ich einige, richtig dicke Pärchen, die sich auch schon auf das Buffetangebot freuten. Da wunderte ich mich, ob Besitzer von Buffetrestaurants Angst vor Dicken haben, da man ja generell der Überzeugung ist, dass Dicke mehr essen können. Oder sollten sie lieber Angst vor dünnen Leuten mit Essstörungen wie Bulimie haben? Denn ich erinnere mich lebhaft an einen dünnen Fall. Als wir noch kinderlos und jung waren, leisteten uns mein Mann und ich öfters mal ein Buffetmittagessen in einem schönen Hotel. Dort gab es ein tolles Angebot an internationaler Küche, inklusive einer Austernbar mit einem Sortiment von Austern aus verschiedenen Regionen. Und als wir uns eines Tages einmal wieder so ein Buffetmittagessen gönnten, traf ich an der Austernbar eine dünne, kleine Japanerin, die sich ordentlich Austern auf ihren Teller lud. Ich beobachtete sie, als sie schwer beladen an ihren Tisch zurückkehrte, denn sie saß direkt in meiner Blicklinie. Und so fiel mir auf, dass sie einige Besuche ausschließlich an die Austernbar ablegte. Nach jeweils drei Besuchen, verschwand sie Richtung Toilette, und kam dann direkt an die Austernbar zurück. Sie räumte beinahe eigenhändig die Austernbar leer, man traute das ihrer dünnen, kleinen Gestalt allerdings gar nicht zu. Wer behauptet also, dass Dicke mehr Schaden an der Buffetbar ausrichten können! Ein weiterer Gedanke, den ich vor kurzem hatte, als ich im Fernsehen Bewertungen über ein Restaurant ansah, war, ob man bei Essensbewertungen eher Dicken als Dünnen traut? Man könnte denken, dass Dicke ohnehin alles essen und daher so dick sind, und, dass Dünne kaum was essen, und daher gar kein Wissen über gutes Essen besitzen können. Doch macht nicht nur die Quantität aus, ob wir dick werden oder dünn bleiben, als auch welche Nahrungsmittel wir zu uns nehmen? Dicke könnten Süßigkeitsexperten sein, und Dünne Experten hinsichtlich kalorienarmer Gerichte! Und so hat man seine Vorurteile und Stereotypen!

Jedenfalls haben mein Mann und ich uns entschieden, nicht so schnell wieder eine Buffetrestaurant zu besuchen. Denn, da das Restaurant sehr gut belegt war und zu wenige Angestellte hatte, wurden unsere Bestellungen nicht nur extrem langsam erfüllt, sondern die Teller wurden uns in Eile auf den Tisch geknallt. Wir kamen uns fast vor wie in einem Maststall. Wir essen jetzt gerne einfach wieder daheim!

Maskenpflicht

Seit dem Ausbruch von Covid-19 herrscht hierzulande aus Gesundheitsgründen Maskenpflicht, sobald man aus seiner Wohnung tritt. Kein Wenn und Aber, außer man bezahlt gerne eine straffe Strafe. Und daher treffe ich auf meinen täglichen Spaziergängen hauptsächlich Menschen mit Masken (beim Sport darf man sie abnehmen, obwohl ich das eigentlich noch viel gefährlicher finde). Anfangs ein ungewöhnlicher, fast unangenehmer Anblick: Menschen, deren Mund und Nase verdeckt sind, Menschen, deren Gesichtsausdruck kaum lesbar ist. Man gewöhnt sich schnell daran und denkt nicht viel darüber nach. Doch vor ein paar Tagen begegnete ich einer Frau, die eine hautfarbene Maske trug. Von der Ferne sah sie aus, als fehlte die untere Hälfte ihres

Gesichtes, und sie sah schrecklich aus, wie aus einem dieser Horrorfilme, die mich mein Mann immer zwingt, mit ihm anzuschauen, weil er es sich alleine nicht traut (und vor allem bei den schrecklichsten Momenten die Augen schließt, und mich zum Berichten des Ablaufes braucht). Dieser Anblick jedoch brachte mich zum Nachdenken über die Konsequenzen des Maskentragens und die Wichtigkeit des Gesichtsausdrucks.

Die Covid-19-Pandemie hat unser Leben verändert, und heutzutage sind Menschen mit halben Gesichtern ein gewöhnlicher Anblick, obwohl wir sie ja eigentlich aus dem Krankenhaus kennen. Chirurgenmasken sind furchteinflößend, wer geht schon gerne zum Doktor, und wir haben eine Tendenz, Masken mit Verkleidung, Versteckens der wahren Identität und Fasching, Theater und Horrorfilmen zu assoziieren. Masken sind mystisch und furchteinflößend, da man die wahren Absichten des Trägers nicht so leicht erkennen kann. Masken beeinträchtigen unser Verhalten und unsere Kommunikationsfähigkeit. Taube Menschen zum Beispiel, die sich auf den Gesichtsausdruck und Mundbewegungen des hörenden Gesprächspartners verlassen müssen, haben es in dieser Hinsicht extrem schwer, und man hat daher mittlerweile Masken mit Plastik-Fenstern herausgebracht, die zumindest das Lippenlesen erlauben. Doch auch diese Masken machen es schwer, Gesichtsausdrücke zu lesen, und wir können uns nur auf die Augen verlassen. Für hörende Erwachsene stellt Maskentragen keine größere Herausforderung dar, vor allem da wir nun langsam wieder lernen, mehr mit unseren Augen und Kopfbewegungen zu kommunizieren. Ich habe sogar vor kurzem ein Schild in einem Geschäft entdeckt, auf diesem hingewiesen wurde, doch mit den Augen zu lächeln, um sich dem Gegenüber freundlich zu zeigen.

Doch bei Kleinkindern ist es etwas anders. Dr. Kang Lee, Professor für Angewandte Psychologie an der Universität Toronto, beschrieb in einer Studie drei potenzielle Probleme, die Maskentragen für Kinder darstellen könnten. Erstens, Kinder unter zwölf Jahren könnten möglicherweise Schwierigkeiten haben, Personen zu erkennen, da sie sich häufig auf einzelne Merkmale konzentrieren. Das geht mir als Erwachsene übrigens ähnlich, ich erkenne angeblich bekannte Gesichter hinter Masken nur ganz schlecht! Zweitens, wir zeigen viele unserer emotionalen Informationen durch Bewegung unserer Gesichtsmuskulatur, und da Masken diese Bewegungen verdecken, können Kinder Probleme mit emotionaler Anerkennung und sozialer Interaktion haben. Drittens, Kinder haben möglicherweise Probleme mit der Spracherkennung, da viel Sprachkommunikation visuell stattfindet, vor allem Babys und Kleinkinder, die sich noch in der Sprechentwicklungsstufe befinden. Aus diesen Gründen beunruhigen Kinder Masken ganz besonders, da bei ihnen das Gesichtsausdrucklesen eine sehr wichtige Rolle spielt. Gesichtsausdrücke, Tonlagen, Launen und Bedeutung unterstreichen. Und da Masken nicht ideal für die Kommunikation mit Kindern sind, tragen hierzulande Lehrer und Vorschulpersonal während des Unterrichts Gesichtsschutz anstelle von Masken.

Doch Masken können auch ganz andere Wirkung haben als Furchteinflößung oder Kommunikationsbeeinträchtigung. Masken können emotionale Sicherheit für den Träger bieten. Wie Dr. Erving Goffman, einer der wichtigsten Soziologen unserer Zeit, in einem seiner einflussreichsten Bücher schreibt, ist unser öffentliches Auftreten eine Bühnenaufführung. In seiner soziologischen Analyse „The Presentation of Self in Everyday Life" (1959), schildert er, wie jeder Mensch sich und seine Aktivitäten im alltäglichen sozialen Verkehr anderen präsentiert und versucht, das Bild, das sie sich von ihm machen, zu leiten und zu kontrollieren. Mit anderen Worten, wir verbringen den größten Teil unserer sozialen Interaktionen mit Schauspielerei: Wir lächeln eine neugieriglästige Nachbarin freundlich an, um unser Bild der freundlichen Person aufrechtzuerhalten, wir grüßen die Mutter eines Klassenkameraden des Sohnes, obwohl wir sie zwar nicht ausstehen können, sie aber erkennen, und freundliches Grüßen die soziale Norm ist. Unsere wahren Gesichtsausdrücke zu verbergen und echte Gefühle zu überspielen kann manchmal sehr ermüdend sein. Maskentragen bietet einem teilweise die

Freiheit, man selbst zu sein. Man muss nicht immer jeden sofort erkennen, man muss andere auch nicht gegen seinen Willen freundlich anlächeln. Was ich allerdings am Maskentragen auch noch gut finde, ist, dass ich nun lautlose Selbstgespräche in der Öffentlichkeit halten kann, ohne offiziell als verrückt erkannt zu werden.

Ganz unwissenschaftliche, zufällige Gedanken

Vorsicht! Könnte bissig sein! Manchmal, wenn ich so ohne einen einzigen bösen Gedanken vor mich dahin marschiere, treffe ich Leute, bei denen ich mir nicht helfen kann, nachzudenken. Und wenn ich dann beizeiten nicht viel denken will und trotzdem denke, kommt das folgende dabei heraus. Aber Vorsicht, diese Gedanken sind nicht immer freundlich oder politisch korrekt!

Die Dünne: Das ist eine richtig dünne Frau, die so dünn ist, sollte sie noch Körperfett haben, trägt sie das wohl in einer separaten Handtasche. Ich treffe sie täglich auf meinen Spaziergängen. Ich nehme nicht an, dass sie krank ist, denn sie macht täglich Sport und sieht trotz ihrer extrem dünnen Gliedmaßen relativ gesund aus. Aber bei Personen wie sie wundere ich mich erstens, mit wie wenig Körperfett man denn eigentlich auf Dauer überleben kann, zweitens, warum sie so viel Sport macht und drittens, ob Skelettartige Figuren ästhetisch sind.

Grüne Haare: Das ist ein Mann, den ich auch auf Spaziergängen treffe. Er hat grün-verwaschene Haare, und ich stelle mir bei seinem Anblick jedes Mal vier Fragen, die ich bisher nicht beantworten konnte und dieses auch nicht versuchen werde. Erste Frage: Da die Grundfarbe seiner Haare weiß oder grau zu sein scheint, sind seine Haare verwaschen grün, weil er jeden Tag im chlorierten Schwimmbad tauchen geht? Zweite Frage: Hat er sich für verwaschen-grün entschieden, weil er sich für kräftig-grün zu feige war? Dritte Frage: Was hat ihn dazu motiviert, sich die Haare grün zu färben (angenommen es ist nicht wegen des Chlors)? Vierte Frage: Isst er zu viel grünes Gemüse, daher die Haarfarbe?

Führungslose Jogger: Das sind Läufer, die laufen, als gäbe es keine Regeln auf dem Gehweg. Die halten sich nicht an Verkehrsrichtungen, man muss ihnen ausweichen, sie laufen bei Rot über die Ampel, weil sie sonst den Marathon verlieren. Bei solchen Joggern hoffe ich dann, dass sie keinen Führerschein für Fahrzeuge besitzen und auch keine Fahrzeuge ohne Führerschein betätigen, denn sie sind eine wahre Gefahr für andere Verkehrsmitglieder. Übrigens, Radfahrer dieser Kategorie gibt es auch genügend.

Die Sportliche: Das ist eine Frau, die sich so richtig sportlich in sportliche Mode geschmissen hat, mit Kniegelenkschutz, Kappe, Schweißband und so weiter, nur sportlich herumsteht und so tut, als würde sie jeden Augenblick anfangen, sportlich Sport zu betreiben. Leider hat sie mir es schwer gemacht, an ihrer sportlichen Figur mit nur wenigen Fettröllchen vorbeizukommen, um meinen Sohn in die Vorschule zu bringen.

Unförmig Sportliche: Ähnlich wie die Sportliche sind das meistens Frauen, die sich in sportliche Mode geworfen haben, sie sehen also so aus, als wären die nackt in einem Sportgeschäft aufgewacht und hätten sich dann aus Panik einfach allerlei Sportkleidung geschnappt, nur um ihre Nacktheit zu verbergen. Diese Frauen sind trotz enger Sportkleidung (größere Größen waren wohl gerade ausverkauft) eher unförmig. Und da stelle ich mir drei Fragen. Frage eins: Machen sie Sport, um in die zu enge Sportkleidung reinzupassen? Zu eng als Motivation? Frage zwei (ok, eigentlich drei): Haben sie gerade erst angefangen Sport zu betreiben, deshalb sieht man das Resultat noch nicht? Frage drei, bzw. vier: Wirkt Sport beim Abnehmen gar nicht?

Kalte Hose: Ich sah sie auf dem Rückweg von der Vorschule meines Sohnes die kältesten Hot Pants, die ich je gesehen habe. Diese Hot Pants waren sogar kürzer als meine Unterhosen! Aber vielleicht trage ich ja auch eine Omaausgabe. Dieses Höschen bedeckte die Ansätze

zwei baumstammartiger Beine und wurde bei jedem Schritt noch kürzer. In der Hand der Hot-Pants-Trägerin befand sich eine Schale Spinat,
als wolle sie damit sagen: „Ja, ich weiß, im Augenblick sind meine Hot
Pants nicht gerade hot (heiß) und ein wenig zu gering, aber … aber nach
vier Monaten nur rohen Spinat essen wird sich das bestimmt ändern!"
Ich wünsche ihr viel Erfolg! Mein Geschmack wäre es nicht.

Menschenspazierführer: Das sind Hunde, die eine Leine um ihren
Menschen gebunden haben und sie damit hinleiten, wo es ihnen gerade
gefällt. Den Menschen macht das gar nichts, denn die sind ohnehin zu
sehr mit ihren Smartphones beschäftigt, um ihre Umgebung überhaupt
wahrzunehmen. Diese Hunde ähneln Blindenhunden, benötigen jedoch
keine langwierige Ausbildung, eigentlich brauchen sie gar keine, nur
selbständig gehen müssen sie können. Wagerlhunde (Hunde in Kinderwagerl) eignen sich daher nicht für diese Aufgabe. Außer die Menschen
erklären sich bereit dazu, sich an ihrer Stelle ins Wagerl zu setzen, dann
kann der Hund sie ziehen.

Laute Unterhalter: Das sind meistens Menschen aus den USA stam-
mend. Man hört sie schon von fern und weit. Beim Laufen und Gehen
unterhalten sie sich lautstark entweder mit dem Laufpartner oder am
Smartphone. Ich kann mir dann manchmal nicht helfen einfach zuzuhören, denn Ohrenstöpsel habe ich eher selten dabei. Und nicht nur auf
Grunde der Lautstärke ist es dann klar, dass es sich hier um einen amerikanischen Freund handelt, sondern auch wegen des Akzents und einem kleinen Wort, dass man in jedem Satz mehrfach hört: ‚like'. Also
übersetzt nicht ‚mögen', sondern ‚wie'. „I am like really like tired today,
because I said ‚like' like 50.000 times yesterday. Imagine like how like
tiring that is!" Das kann man nicht übersetzen.

Radlfahrer auf dem Jogginghighway: Der Flussweg, den ich für
meine morgendlichen Spaziergänge nutze, ist auch bei Radlfahrern sehr
beliebt. Und so kommt es des Öfteren vor, dass der Weg für die Jogger,
die Radler und mich etwas zu eng wird. Aber auch hier am Fluss
herrscht die herkömmliche Verkehrsregel: Der Stärkere gewinnt. Es

wird von Fußgängern und Joggern erwartet, geschwind auf die Seite zu springen, sollte ein Radler den Weg benötigen. Schade eigentlich, denn der Weg ist so schön und weit weg vom echten Straßenverkehr, dass man beinahe den naiven Glauben entwickeln könnte, er wäre sicher genug, sein Kind dort frei laufen zu lassen. Doch die Radler fahren so schnell an rad-losen Mitbürgern jeglicher Größe vorbei, dass der Windzug die kleineren fast umreißt!

Vor dem Schultor: Da liegt des Öfteren ein unbeaufsichtigtes Hundehäufchen, manchmal ist es schon zertreten und verschleift, der Geruch jedoch intakt. Bei diesem Anblick wundere ich mich jedes Mal, wie und warum es dieses Hundehäufchen geschafft hat, vor dem Schultor liegen zu bleiben. Ist es reine Dummheit und Ignoranz, nicht zu realisieren, dass verschlafene Kinder unbewusst in diese Dinger treten und dann auch in der Schule verteilen? Passiert das aus Faulheit, oder aus Absicht und sogar vielleicht Hass? Hundeliebhaber stellen sich als Kinderhasser heraus? Oder haben sie nur etwas gegen die Schule, immerhin gehen Lehrer dort auch hin. Den wahren Grund werde ich wohl nie erfahren.

Und angesichts dieser Beobachtungen sehe ich meine Zukunft als Zen-Buddhistische Nonne in einem Klostergarten Steine im Zen-Garten umordnen, um nicht dem Großstadtirrtum Opfer zu fallen.

Nassschuhjogger

Die Nassschuhjogger sind wieder da. Oder vielleicht war ich während unseres Circuit Breakers in den letzten neun Wochen einfach nicht genug unterwegs, um sie festzustellen. Für alle, die sich fragen wer denn diese Nassschuhjogger sind, das sind eigentlich einfach nur Jogger, die in nassen Schuhen joggen. Die gibt es wahrscheinlich nur in tropischen Ländern wie hier in Singapur. Denn der Grund für ihre nassen Schuhe ist einfach: Die fangen den Tag nicht mit nassen Schuhen an, nein, das kommt erst später, wenn sie schon eine Weile gejoggt sind. Ich frage mich dann jedoch jedes Mal, wie lange dauert es, bis die Schuhe nass sind? Wie viel kann man möglicherweise schwitzen, dass sogar die Schuhe komplett durchnässt sind. Vor allem, weil viele dieser Nassschuhjogger ja fast nackt joggen. Wie lange und schnell muss man da laufen? Und warum fallen diese Jogger nicht einfach ausgetrocknet um, bevor ihre Schuhe so tropfnass werden? Ich habe so viele Fragen und kaum Antworten. Ich kann nur spekulieren.

Die Nassschuhjogger sind schon ein etwas merkwürdiges Volk. Es laufen am Morgen sehr viele Leute bei uns am Fluss. Jede Art von Joggern gibt es. Ich lasse die vielen Frauen allerdings aus, weil die wirklich kaum schwitzen, nur ganz schrecklich laut atmen, so laut, dass man manchmal meint, sie könnten jeden Augenblick vor Erschöpfung umfallen. Aber das ist eine andere Geschichte. Heute sind die männlichen Nassschuhjogger dran, weil ich bisher noch keine weiblichen Nassschuhjogger getroffen habe. Also, da sind die indischen Männer, die komischerweise kaum schwitzen (sind das Klima wohl gewohnt); dann gibt es die chinesischen Männer, die dickeren schwitzen etwas mehr, werden aber meinen Beobachtungen nach keine Nassschuhjogger; darauf folgen die koreanischen und japanischen Männer, die zwar schwitzen, denen aber der Schweiß nicht in Strömen in die Schuhe runterfließt. Und dann die westlichen Männer. Die sind es hauptsächlich. Die laufen an einem vorbei, stehen unter Wasser und hinterlassen Schweißspuren in Tropfenform am Boden, wie auch nasse Schuhabdrucke. Daran kann ich auch erkennen, wie viele Nassschuhjogger schon unterwegs sind. Ich erkenne die Nassschuhjogger ja schon, wenn sie hinter mir sind: ein sehr rhythmisches Squisch, Squisch, Squisch. Und dann bereite ich mich schon innerlich auf den halbnackten, nassen Menschen vor, der gleich an mir vorbeilaufen wird (ich gehe, das Laufen mag ich nicht).

Wenn dann dieser Nassschuhjogger endlich an mir vorbeigelaufen ist, und ich mich wieder von meinem momentanen Schock erholt habe, frage ich mich, wie es sich wohl anfühlen muss, in nassen Schuhen zu laufen. Ich bin schon öfters in nassen Schuhen gegangen, wenn mich ganz unerwartet der tropische Regen erwischt hat, und ich meine Schuhe nicht ausziehen konnte, bevor ein Schwall Wasser diese überflutete. Ich finde dieses Gefühl immer absolut widerlich. Dieses Squisch, Squisch, Squisch. Dieses Rumgerutsche in den Schuhen; ich habe gar keinen richtigen Halt. Ich würde in nassen Schuhen ständig hinfallen! Die nassen Socken!!! So weit will ich gar nicht denken. Als nächstes frage ich mich, wie dieser Jogger wohl seine Schuhe wieder trocken kriegt bis zum nächsten Tag. Meine Kinder machen auch gerne und oft ihre Schuhe nass (alle Kinder scheinen das zu lieben … wo ist die nächste, tiefste Pfütze??). Es ist jedes Mal eine Tortur, diese Schuhe wieder trockenzubekommen, und vor allem fangen die dann schnell zum Riechen an. Halbnasse Turnschuhe stinken regelrecht! Wie lösen die Nassschuhjogger das wohl … Haben die zwei Paar Laufschuhe? Werfen sie die nach dem Joggen in die Waschmaschine? Wer weiß …

Jedenfalls sind sie nun wieder Teil meines Alltagslebens. Und wenn es sich auch komisch anhört, ich bin froh, dass sie es sind! Nach wochenlangen, monatelangem daheimsitzen freue ich mich, dass ich nun wieder an die frische Luft darf. Außerdem bedeuten die Nassschuhjogger auch, dass Singapur trotz Covid-19 noch eine gesunde Expatpopulation hat. Sie sind uns noch nicht davongejoggt, und sie dürfen auch gerne bleiben…solange sie ihre Schuhe täglich ordentlich waschen und trocknen …

Jogger

Laufen beziehungsweise Joggen ist ein Volkssport geworden. Es ist einer der beliebtesten und am weitesten ausgeübten Sportarten der Welt. In den USA zählte man in 2017 60 Millionen Menschen leidenschaftliche Hobbyläufer. Und ich kann das bestätigen, zwar nicht die Zahlen in den USA, aber den Fakt, dass Laufen populär geworden ist. In unserem von einem der wenig übriggebliebenen Bücherläden (wer hat schon Zeit zum Lesen beim Laufen) findet man ein großes Angebot an Bücher über die richtige Lauftechnik, Haltung und so weiter. Außerdem treffe ich Jogger in Horden auf meinen morgendlichen Spaziergängen, denn der benachbarte Fluss, an dem ich gehe, ist auch beliebt bei Läufern. Man hört die vielen Läufer oft schon von weitem. In Gruppen ähneln sie sich Pferdeherden. Aber genauso wie Pferde unterscheiden sich die verschiedenen Jogger, und da ich im Augenblick nichts besseres zu tun habe (Alternativen sind Kloputzen und Saugen), habe ich mir den Spaß gemacht, sie zu kategorisieren. Die Kategorie des Nassschuhjoggers habe ich schon ausgiebig beschrieben, die mittlerweile einen weiblichen Anschluss bekommen hat, die aber auch einer anderen Kategorie angehört, der Kategorie der merkwürdigen Läufer.

Merkwürdige Jogger: Die Frau, die sich kürzlich den Nass-schuh-joggern angeschlossen hat, fällt in diese Kategorie auf Grund ihrer merkwürdigen Fußhaltung. Sie läuft auf der Außenseite ihres Schuhs. Ein weiteres Mitglied dieser Kategorie ist ebenfalls eine Frau, und sie winkt bei jedem Laufschritt mit dem rechten Arm so, dass sie mich an eine Geigerkrabbe während der Partnerwerbung erinnert. Nur ihr rechter Arm ist nicht so groß wie bei der Geigerkrabbe. Eine weitere Gruppe von Läufern, die sich ebenfalls als merkwürdig qualifizieren, erinnern mich dank ihrer Beinhaltung auch an Tiere, und zwar an Enten. Mit dieser Entenbeinhaltung zu laufen, scheint mir außerordentlich anstrengend, doch wenn einem die Beine so gewachsen sind, ist es vielleicht gar nicht so schlimm. Ich weiß das von unseren Laufenten, die wir als Haustiere hielten, als ich noch ein Teenager war.

Flachfußjogger: Läufer dieser Kategorie kommen beim Landen mit gesamter Sohle auf, und ähnlich wie die Nassschuhjogger hört man sie von weitem: „Thump, thump, thump", wie Elefanten. Mir tun jedes Mal selbst die Kniee weh, wenn ich sie beobachte. Das muss doch weh tun!

Leichtfußjogger: Der Leichtfußjogger ist das Gegenteil zum Flachfußjogger. Er kommt ganz leicht und locker auf den Fußballen auf, und springt auch genauso leicht und locker wieder in den nächsten Laufschritt ab, wie eine elegante Gazelle! Ein wahrlich schöner Anblick!

Und man hört ihn auch nicht! Die Leichtfußjogger schweben lautlos an einem vorbei!

Schleifschuhjogger: Diese Jogger zeichnen sich durch das Hinterherschleifen ihrer Füße aus. Ich bin mir aber nicht ganz sicher, ob sie nicht etwa ihren Lauf als Mitglied einer anderen Kategorie angefangen haben und sich nur durch Müdigkeit in Schleifschuhjogger verwandelt haben. Jedenfalls frage ich mich, wie viele Paar Schuhe so ein Schleifschuhjogger jährlich im Laufe des Laufens verschleift?

Japanische Jogger: Wie der Name der Kategorie nahe legt sind das ausschließlich Japaner. Die Mitglieder dieser Kategorie sind wie Marathonläufer ausgestattet und laufen so ruhig und ebenmäßig, dass man den Eindruck gewinnt, sie könnten ewig so weiterlaufen. Sie sehen aus und laufen wie Professionelle. Vielleicht sind sie es ja auch.

Halbnackt-Jogger: Bis vor kurzem gab es davon nur einen in meiner Nachbarschaft. Gekennzeichnet durch nackten Oberkörper, war das anfangs ein junger Mann westlicher Herkunft. Mittlerweile habe sich ihm drei weitere Halbnackt-Jogger angeschlossen, ein weiterer westlicher Mann und zwei asiatischer Abstammung. Glücklicherweise sind alle vier halb-nackten Oberkörper ästhetisch angenehm. Ob sich der Trend wohl auch bald in die weibliche Gruppe ausbreitet? Es könnte sich immerhin als Ausweg aus der Nassschuhjoggerkategorie erweisen!

Montagsjogger: Mitglieder dieser Gruppe zeichnen sich dadurch aus, dass sie montags nicht laufen. Davon gibt es sehr viele, und Montag ist daher meine Lieblingsspaziergangstag. Denn am Montag ist auf dem Jogginghighway am wenigsten los! Da gehört der Weg nur mir und ein paar Hundespazierführerinnen.

Risikoläufer: Jogger dieser Kategorie sind hierzulande fast ausschließlich westlicher Herkunft, und sie haben sich diese Kategorie damit verdient, indem sie eine Vorliebe bewiesen haben, bei Rot über die Ampel zu joggen. Immerhin gelten Regeln ohnehin nur für Einheimische, und außerdem müssen sie den morgendlichen Marathon unbedingt gewinnen! Ohne Rücksicht auf Verluste.

Viele sagen, sie laufen zur Ablenkung von Problemen und Stress, und natürlich aus gesundheitlichen Gründen. Doch Dr. Carys Egan-Wyer deckt in ihrer These „Running: not so much a liberating hobby as a cult" (Laufen: weniger ein befreiendes Hobby als ein Kult) ganz andere Gründe auf. Dieser These nach ist laufen zu einer Möglichkeit geworden, sozialen Status zu erhöhen und ein bestimmtes Image oder eine persönliche Marke zu schaffen, ein Weg von seinem sozialen Umfeld akzeptiert und bewundert zu werden.

Aber Laufen als Hobby sieht nicht nur auf Facebook und Twitter gut aus. Dieser volkssportliche Kult regte nicht nur die Athletik-industrie an, sondern auch Arbeitgeber. Und so findet sich so mancher im Zwang des Arbeitsplatzes, Laufen als Hobby zu praktizieren. Denn hierzulade zum Beispiel halten große Banken jährliche Marathons ab und erwarten von ihren Angestellten, nicht nur mitzulaufen, sondern auch gut abzuschneiden. Wer hat da also nicht gerne Laufen als Hobby im Lebenslauf!

Warum auch immer sie laufen, lauft weiter! Bewegung ist gesund!

Vor-pubertierende Jungpferde

Manchmal nerven sie mich diese jungen schlanken, fast-noch Mädchen-Frauen. Kaum ein Gramm Fett, lange Beine, flacher Bauch, straffe Haut und wehendes Haar. Die Ausgeburt des Schönheitsideals. Sie nerven mich besonders, wenn mal wieder die Zeit des Monates ansteht, sich alles etwas aufbläht und man sich mindestens dreimal so dick vorkommt, als man eigentlich ist. Ich vermeide dann etwas zu enge Kleidungsstücke und Blicke in den Spiegel. Vor allem hier in Asien ist es nicht leicht. Die Menschen hier sind von Natur aus schlanker gebaut, und solange sie sich nicht täglich mit Schokoladenkuchen vollstopfen, bleiben sie auch schlank, ohne Sport zu betreiben. Solche Einzelfälle gibt es im Westen zwar auch, aber das sind Einzelfälle und nicht die

Norm wie hier. Und was noch dazukommt, die Frauen sehen auch noch ewig jung aus! Und so fällt es manchmal schwer, Mutter und Teenage-Tochter auseinanderzuhalten, aber nur manchmal. Denn interessanterweise gehen hier ziemlich viele Teenager, und auch jüngere Schulkinder, in die Richtung dick. Dünne Kinder sind in Asien nicht sehr gefragt, und daher werden viele Kinder von ihren schlanken Eltern, beziehungsweise der Haushaltshilfe, regelrecht gemästet. Und so kommt es vor, dass mein älterer Sohn Klassenkameraden hat, die doppelt so viel wiegen wie er! Dickliche Frauen anderseits sind nicht ganz so beliebt. Nicht einmal als mehrfache Mutter bekommt man Mitgefühl. Da heißt es dann nur (wertenden Blicken nach): „Ja, die hat sich gehen lassen! Jetzt wo sie einen Mann und Kinder hat, meint sie, sie müsse sich nicht mehr um ihr Aussehen kümmern! Der arme Ehemann!" Vor allem, wenn der Ehemann bei der Schwangerschaft nicht ganz so viel zugenommen hat. Getrimmte Mütter werden beneidet und gelobt: „So eine Supermama! Hat ein Kind und schaut trotzdem so toll aus!" Wie auch immer. Jedenfalls scheinen gewisse gesellschaftliche Normen zu herrschen, wie vor allem Frauen und Mütter auszusehen haben. Diese Normen werden von Kommerzgiganten, die am Umsatz ihrer Produkte sehr viel Interesse haben, durch Werbung vermittelt. Bilder von schlanken, jung aussehenden Müttern sind im Fernsehen, auf Plakaten und in Zeitschriften zu sehen. Wir wissen genau, wie wir auszusehen haben. Doch von der Bosheit der Kommerzgiganten will ich gar nicht schreiben, das ist ein anderes Thema. Was ich mich frage, warum wir Frauen und vor allem Mütter eines etwas weiter fortgestrittenen Alters aussehen sollen wie vor-pubertierende Jungpferde: lange Beine, schmale Körper und dichtes, fließendes Haar.

Ich habe vor vielen Jahren einmal ein Buch gelesen, den Autor und Titel habe ich aus meinem Gedächtnis verdrängt, in dem behandelt wurde, warum schöne Menschen mehr Kinder haben. Ich kann mich nicht mehr daran erinnern, ob diese Behauptung statistisch bewiesen ist, und auf welchen Grundlagen dieser Autor Schönheit definierte, jedoch legte er dar, dass sich Menschen lieber mit schönen Menschen fortpflanzen, da Schönheit biologisch genetische Gesundheit verspricht. Die These hörte sich plausibel an, allerdings verlor der Autor schnell seinen Faden und unterstellte der gesamten schönen Menschheit, sich gelegentlich Seitensprünge zu leisten, denn schöne Frauen heirateten nur Männer, die ihnen erlaubten, ihren Nachwuchs in finanziellem Glück aufzuziehen, den Nachwuchs holten sie sich aber von schönen Männern, ohne das Wissen ihrer nicht so attraktiven Ehemänner. Schöne Männer heirateten nur normal-aussehende Mauerblümchen, damit sie nicht die Gefahr eingingen, sich ein Kuckucksküken an den Hals zu binden. Seine These geht weiter: lange Beine, blonde Haare (oder gesund-aussehendes Haar), und straffe Haut wie auch große Augen und rote Lippen sind ein Zeichen der Natur für Jugend, Gesundheit und Fähigkeit der erfolgreichen Reproduktion. Um finanziell potente Männer erfolgreich zur Aufzucht ihrer Brut anzuziehen und diese auch zu behalten, setzen sich Frauen diesen Normen aus. Kommerzgiganten und dem medizinischen Feld passt das gut in den Kram, da mit diesen Normen wunderbar allerlei Schönheitsprodukte und Leistungen an die Frau gebracht werden können. Man kann hunderte von verschiedenen Cremes zur Hautstraffung erwerben, sich medizinisch Falten aus dem Gesicht entfernen lassen, Brüste auf jugendliche Höhe anheben lassen, Bauch und Oberschenkelfett absaugen lassen und so fort. Mir wurde das Buch zu blöd, ich las es zwar fertig, war aber danach so verärgert, dass ich mich entschied, es für immer aus meinem Leben zu verbannen. Der Autor hatte sich wohl ein Kuckucksküken angelacht.

Ob wir uns den Schönheitsnormen der Gesellschaft unterziehen wollen, liegt bei uns. Vielleicht sollten wir Mütter uns manchmal einfach unseren wabbeligen Bauch mit Freude betrachten und uns bei unseren post-pubertierenden Körpern bedanken, dass sie uns Kinder geschenkt haben! Und ob die jetzigen dicken Teenager sich im Laufe ihres Lebens in schlanke Feen verwandeln, das ist auch noch offen!

Fußball

Seit ein paar Monaten stehen meine Männer auf Fußball. Wir haben hunderte von Sammelkarten daheim, die ständig irgendwo am Boden verstreut herumliegen, zwischen Legos und Kekskrümel. Mein Mann liest den Kindern Fußballnachrichten vor, sie sehen sich Spiele im Fernsehen an, und mein fünf Jahre alter Sohn weiß dutzende Namen von Fußballspielern und kann sie sogar lesen (andere Worte kann er noch nicht erkennen). Manchmal murmelt er sogar ‚Ronaldo‘ oder ‚Van Dijk‘ beim Einschlafen. Auf dem Rückweg von der Vorschule erzählt er mir oft das Neueste über seine Fußballhelden, oder er testet mein Fußballwissen. Ob ich denn wüsste, dass es zwei Ronaldo gäbe, und dass Salah aus Ägypten stammt. Und aus diesem Grund haben wir heute ein Fußballgeschäft besucht, ein Liverpool-Fanshop, denn das ihr Lieblingsteam.

Der Besuch war eine merkwürdige Erfahrung. Ich war zwar schon des Öfteren in Shops dieser Art, aber heute hatte ich die Zeit und Möglichkeit, mich mit dem Sortiment an Waren genauer auseinanderzusetzen. Ich machte interessante Entdeckungen. Angefangen mit einer Hello-Kitty Zusammenarbeit mit Liverpool. Sehr verwunderlich, denn für mich steht Fußball, vor allem englischer Fußball, für die Ausgeburt der Männlichkeit. Bier, Bälle, Brüllen, in abwechselnder Reihenfolge. Britische, betrunkene und bemalte Fußballfans, die lautstark ihre Lieblingsmannschaft anfeuern. Insbesondere, wenn man sich an den Vorfall in 1985 und das darauffolgende fünfjährigen Verbot aller englischer Fußball Clubs, in der Champions League und an UEFA-Cup Spielen teilzunehmen, erinnert. Liverpool wurde sogar mit einem zehnjährigen Verbot bestraft, das später auf sechs Jahre reduziert wurde. Das Verbot folgte dem Tod von 39 italienischen und belgischen Fußballfans bei einem Aufstand, der von englischen Fußballrowdys verursacht wurde. Ergo, Fußball ist hauptsächlich Männersache!

Hello Kitty anderseits bedeutet japanische Niedlichkeit, und obwohl es auch Männer geben soll, die Hello Kitty Dinge sammeln, ist

Hello Kitty eher eine Domain für Mädchen und Frauen, die noch nicht gemerkt haben, dass sie aus ihrer Niedlichkeitsphase herausgewachsen sind. Was macht Hello Kitty also in einem Liverpool Fan-shop? Andere merkwürdige Produkte, die ich während meines Besuches in dem Liverpool Fan-Shop entdeckt habe, waren figurbetonte Fußballtrikots, Liverpool Babykleidung und Sportbüstenhalter, unbestreitbar weiblich.

Die Trikots in Frauenschnitt und Babykleidung kann ich ja noch ganz gut verstehen, aber Büstenhalter? Wann bekommt das Umfeld schon den Büstenhalter zu Gesicht! Sind die für Closet-Fans, also Fans, die ihre Dazugehörigkeit nicht veröffentlichen wollen? Oder nur für den Mann/Freund gedacht? Obwohl, man sieht hier mehr und mehr Frauen nur im Sportbüstenhalter joggen gehen, aber eine Fußballfanmarke auf dem Joggingsportbüstenhalter? Joggende Fußballfans, oder joggende, weibliche Singles die auf der Suche nach einem Liverpool-Fan-Partner sind? Wer weiß. Jedenfalls brachte mich der Anblick dieses merkwürdigen Warensortiments zum Nachdenken.

Fußball ist schon lange kein einfacher Volkssport mehr, der nur zur Unterhaltung arbeitender Massen dient. Fußball ist ein Riesengeschäft! Sportclubs kosten Geld, und das muss erst einmal aufgebracht werden. Kleinere Vereine verkaufen daher ihre Jungtalente an die größeren, reichen Vereine. Die größeren Vereine, wie auch Liverpool, verdienen ihr Geld durch Zuschauer, durch ihre Fans, denn ohne Fans gäbe es sie gar nicht in diesem Maße. Umso mehr Geld Fans für ihren Club ausgeben, umso mehr Budget hat der Verein für neue, millionen-teure Spieler aus aller Welt, sollte sich der Verein nicht im Besitz eines gelangweilten Milliardärs befinden, der sich den Erfolg des Clubs zum Hobby gemacht hat. Der englische Verein Chelsea etwa war ein mittelmäßiger Verein, bis er von dem russischen Milliardär Roman Abramowitch gekauft und dank dem Kauf von Star-Fußballspielern in einen erfolgreichen Verein verwandelt wurde. Das war natürlich auch kein selbstloser Zug von Roman Abramowitch, denn Milliardäre erwarten auch von ihren Spielsachen Kapitalrendite, vor allem wenn sie etwa zwei Milliarden englische Pfund innerhalb von zehn Jahren aus ihrem Sparschweinchen holen, und die kommt aus der Marketingabteilung. Und so entsteht der Druck, keine Marktlücken offen zu lassen, die Dollar aus den Taschen der Fans ziehen könnten. Die Marketingabteilungen gehen dann zu Längen wie Kollaborationen mit Hello Kitty und Sportbüstenhalter, um ihre Produkte erfolgreich an den Mann, beziehungsweise an die Frau, Kinder und Babys zu bringen. Verliert die Masse Interesse an den Fußballvereinen, können sie sich entweder einen neuen Milliardär suchen oder ihre teuren Stadien schließen und wieder auf öffentlichen Fußballfeldern als unbezahlte Hobbyfußballer tätig sein. Das bereitet zwar genauso viel Freude, bringt aber kein Geld ein.

Mein Mann wollte den Kindern Hello-Kitty-Liverpool Fußballtrikots kaufen. Doch beide weigerten sich und verließen den Fanshop freiwillig, ohne etwas gekauft zu haben. Ich glaube sie waren froh, der Gefahr des Hello-Kitty-Liverpool-Fußballtrikots-Tragen entkommen zu sein!

Die Haushaltshilfe

Ich treffe sie täglich, überall, auf dem Weg in die Schule, im Lebensmittelgeschäft, beim Spazierengehen: die Haushaltshilfen, oder wie man sie hier früher nannte: „Maids". Das sind Frauen aus den umliegenden Ländern wie Philippinen, Indonesien oder Myanmar. Manche kommen sogar aus Bangladesch – für indische Haushalte. Hierzulande ist es gang und gäbe, sich eine Haushaltshilfe einzustellen, denn meistens arbeiten alle Erwachsenen einer Familie. Karrierefrauen sind nicht bereit, neben Arbeit den Haushalt zu erledigen, Männer sind es nicht gewohnt, sie sind ebenfalls mit Haushaltshilfe aufgewachsen, und Mütter, arbeitend oder nicht, benötigen Hilfe bei der Kindererziehung. Diese Haushaltshilfen übernehmen viele Rollen im Haushalt, abhängig von der Zusammensetzung der Familie ihrer Arbeitgeber. Manche sind Putzfrauen, Köchinnen, Kindermädchen und/oder Pflegerinnen für die Großeltern,

Spielkameraden und/oder unfreiwillige Hundebesitzer. Nur um das Familienbudget müssen sie sich nicht kümmern, alles andere fällt unter ihre Arbeitsaufgaben. Die Idee der Haushaltshilfe ist nichts neues. Seit Jahrhunderten gibt es sie, früher in den Königshäusern und für Adelige oder Reiche, bei denen Kindermädchen sogar das Stillen der Babys übernahmen. Heutzutage findet man in Europa und Nordamerika zwar Putzfrauen, Köchinnen und Kindermädchen, doch das sind grundsätzlich verschiedene Berufe. In Asien hingegen sind Haushaltsangestellte kein Luxus für nur reiche Haushalte, sondern eine Notwendigkeit für Mittelschichtsfamilien, die mit einem Gehalt nicht über die Runden kommen können, oder wollen. Doch für mehr als eine Haushaltsangestellte reicht weder der Platz noch das Budget. Haushaltshilfen hier spielen daher viele Rollen auf einmal. Doch was kann und darf man von den oft überarbeiteten und unterbezahlten Fremden erwarten? Erwarten wir, dass sie sich mit Liebe und Hingabe um unsere Lieben kümmern, während ihre eigene Familie in ärmlichen Verhältnissen ohne Mutter um die Runden kommen muss? Ist es richtig, zu erwarten, dass sie sich tiergerecht um den Familienhund kümmern, ohne Hunde vielleicht überhaupt zu mögen?

Ich beobachte die Haushaltshilfen in meiner Umgebung oft. Ihr Verhältnis zu den Kindern/Großeltern/Hunden in ihrer Obhut interessiert mich. Auf meinen Schul- und Einkaufswegen treffe ich viele Haushaltshilfen, manche, die unwilligen Grundschulkindern schwere Rucksäcke in die Schule tragen, andere, die Babys in Kinderwagen spazieren schieben, wieder andere, die Kleinkinder in der Vorschule abgeben, und anschließend mit dem jüngeren Geschwisterchen im Wagen einkaufen gehen. Ich treffe natürlich auch zahllose Helferinnen mit Hund an der Leine, deren Besitzer wohl keine Zeit für oder Lust auf Spaziergänge haben. Doch eines haben die meisten gemeinsam: Sie sind fast immer am Handy und sprechen mit Freunden oder der Familie. Das führt oftmals dazu, dass sie abgelenkt Hunde und/oder Kinder hinter sich herziehen. Andere kümmern sich zwar liebevoll um die in ihrer Obhut, ihr

Verständnis von Straßensicherheitsbedingungen lässt mich jedoch manchmal in kalten Schweiß ausbrechen, und ich wundere mich dann, ob sich die Kinder/Hundebesitzer dieser Gefahren bewusst sind. Doch man kann den Haushaltshilfen keine Vorwürfe machen, sie haben nicht nur einen anderen kulturellen Hintergrund, sondern viele stammen aus kleinsten südostasiatischen Inseln, wo kein größerer Straßenverkehr herrscht und so mancher technologische Fortschritt fehlt.

Vor ein paar Jahren habe ich in einem Einkaufszentrum zwei junge Inder bemerkt, die versuchten, die Rolltreppe hinaufzulaufen. Sie hatten keine gefunden, mit der sie hochfahren konnten. Das hört sich zwar lustig an, ist jedoch ein Beweis dafür, wie unterschiedlich Lebensverhältnisse sein können. Sie hatten offensichtlich keine Erfahrung mit Rolltreppen und hätten sich schwer verletzen können, hätte ihnen nicht ein Angestellter die richtige Benutzung der Rolltreppe gezeigt. Ein Problem, mit dem Haushaltshilfen bei der Kinderversorgung zurechtkommen müssen, ist das Fehlen jeglicher Autorität, die sie über Kinder ausüben können, da sich die Kinder sonst beschweren, was Haushaltshilfen ihr Einkommen kosten kann. Angesichts dessen frage ich mich oft, was wohl aus den Kindern wird, die mit Haushaltshilfe aufwachsen. Mein bestes Beispiel ist mein Ehemann, der älteste Sohn einer privilegierten Familie. Seine Mutter arbeitete zwar nicht, ist aber auch nicht im fernsten mütterlich oder häuslich. Kindererziehung und Hausarbeit wurden daher von Angestellten übernommen. Die Beziehung zwischen meiner Schwiegermutter und meinem Mann ist kühl, es mangelt ihm an jeglicher häuslichen Kompetenz und versteht auch nicht, warum er etwas im Haushalt tun sollte, dafür gibt es ja andere! Und da wir keine Haushaltshilfe haben, bin das ich. Doch abgesehen von Inkompetenz im häuslichen Bereich wundere ich mich, welche Auswirkungen dieses Familiensystem mit Haushaltshilfe wohl auf das Wertesystem heutiger und zukünftiger Generation haben könnte. Tragen Haushaltshilfen und unqualifizierte Kindermädchen zum Verlust der traditionellen Familie bei? Wir können von einer fremden Haushaltshilfe nicht erwarten, unsere

Familienwerte an unsere Kinder weiterzugeben. Werte werden durch sozialen Austausch mit eng Verbundenen angelernt und weitergegeben. Kinder lernen von ihren Eltern, bzw. denjenigen, die sich um sie daheim kümmern, wie das Familiendasein funktioniert. Wird die Kindererziehung von anderen außerhalb der Familie übernommen, wird Kindern die Möglichkeit genommen, dieses System selbst zu lernen und an die nächste Generation weiterzugeben. Und diese Veränderung im Familiensystem hat die gleichen Auswirkungen auf das System der Gesellschaft, da die Familie die Basiseinheit der Gesellschaft bildet. Doch auf einer naheliegenderen Ebene, die Verbundenheit von Babys und Kleinkindern mit ihrer Haushaltshilfe kann auch emotionale Auswirkungen haben. Der Verlust einer Bezugsperson, lieblose Bezugspersonen, wie auch die Entfremdung von Eltern, kann Beziehungsprobleme auslösen.

Naja, das könnte gut erklären, warum die meisten Reichen und Adeligen oft ganz komische Familienverhältnisse haben. Dieses Risiko gehe ich liebend gerne nicht ein!

Essen Chirurgen eigentlich gerne Fleisch?

Mich fasziniert japanische Literatur, schon seit vielen Jahren. Genau genommen seit mein ältere Bruder Haruki Murakami, den wohl berühmtesten japanischen Autor, entdeckt hatte. Seitdem habe ich nicht nur jedes seiner Bücher verschlungen, sondern habe japanische Literatur in der Universität belegt und bin stets auf Suche nach neuen japanischen Autoren. Und kürzlich habe ich ein tolles neues Buch entdeckt: ‚The Convenience Store Woman' bei Sayaka Murata. In diesem Buch geht es um eine Frau, die eine soziale Außenseiterin ist, bis sie einen Teilzeitarbeitsplatz in einem japanischen Gemischtwarenladen findet, und damit auch eine sozial akzeptable Identität. Doch dies ändert sich, als sie ein gewisses Alter erreicht und Ausreden für die Wahl ihrer Beschäftigung nicht länger von ihrer Umwelt akzeptiert werden. Denn in Japan arbeiten nur Studenten oder Hausfrauen Teilzeit in einem

Gemischtwarenladen. Alle anderen müssen richtige Vollzeitberufe ausüben, um von ihrer sozialen Umwelt akzeptiert zu werden. Sie versucht
mit einem männlichen sozialen Außenseiter eine Scheinbeziehung einzugehen, um diesem Dilemma zu entkommen. Ihr Scheinpartner jedoch
zwingt sie, ihren Arbeitsplatz aufzugeben und der richtigen Arbeitswelt
beizutreten. Am Ende des Buches fühlt sich die Heldin ohne ihren ge-
liebten Gemischtwarenladen derart verloren, dass sie den Versuch, dem
Druck ihrer Umwelt nachzugeben an den Nagel hängt und in den Gemischtwarenladen zurückkehrt. Denn sie ist ein Teil des Ladens, und
der Laden ein Teil von ihr.

Mir fiel diese Geschichte wieder ein, als mir meine Mama vor kurzem während eines unserer wöchentlichen Videokonferenzen erzählte,
dass einer unserer Familienmitglieder, ein bekannter Herz-und Lungenchirurg, keine Schweinshaxe essen kann, aus beruflichen Gründen. Und
das brachte mich zum Wundern, wie unsere Arbeit unser Privatleben
und Identität beeinflusst. Wären Chirurgen eigentlich lieber Vegetarier,
oder sollten sie Fleisch essen, wie schneiden sie es? Wie wir Nicht-
Chirurgen oder mit professionellen Einschnitten? Ist ihnen helles
Fleisch, wie das von Hühnchen oder Pute lieber, oder ist Rindfleisch
und Wild auch in Ordnung? Isst ein Herz- und Lungenchirurg Lungen-
gerichte oder Hühnerherzen? Denn mir fiel eine andere Geschichte aus
meiner Universitätszeit ein.

Als ich vor vielen Jahren Mandarin-Unterricht hatte, erzählte unser
Lehrer, dass er schon so lange Sprachen unterrichtete, dass er sogar im
Privatleben jeden Satz dreimal wiederholte. Denn er hatte die Erfahrung
gemacht, dass man sich etwas nach dreimal Wiederholen am besten
merken kann. Das ist wohl effektiv für Schüler, allerdings trieb das
seine Familie und Freunde regelmäßig auf die Palme. Gespräche wurden nicht nur extrem lang, sondern die Gesprächspartner fühlten sich
jedes Mal wieder in die Schulzeit zurückversetzt. Doch mein Lehrer
konnte trotz des Bewusstseins seiner Angewohnheit diese nicht ablegen. Im Englischen nennt man das -‚Occupational hazard‘, und wäre

direkt übersetzt als Berufsrisiko zu verstehen. Das ist umgangssprachlich allerdings nicht ganz richtig. Es handelt sich hier nicht um ein Sicherheits- oder Gesundheitsrisiko (in manchen Fällen vielleicht schon), sondern um sich durch die Arbeit/Beruf angewohnte Verhaltensweisen, Angewohnheiten, die man auch außerhalb des Dienstes nicht ablegen kann. Ich zum Beispiel war vor meiner Karriere als Hausfrau im Bereich Arbeitssicherheit und Arbeitsgesundheit tätig. Ich konnte nicht einfach an Baustellen und anderen Arbeitern vorbeigehen, ohne dabei mental jegliche Sicherheits- und Gesundheitsfaktoren abzuhaken. Jahre später mache ich das immer noch, sogar in der Küche, wenn meine Kinder beim Kochen helfen. Genauso wie bei Müttern, die sich um ihre 50 Jahre alten Kinder kümmern, als wären sie fünf. Verhaltensweisen, die wir jahrelang, stundenlang täglich ausgeübt haben, werden ein Teil von uns. Wir Menschen sind Gewohnheitstiere. Unser tägliches Verhalten basiert zum Großteil auf Gewohnheiten, der tägliche Ablauf verändert sich kaum, erstens, um das Gehirn zu entlasten und zweitens bieten uns gewohnte Abläufe Sicherheit. Und da wir den Großteil unseres Erwachsenenlebens in Arbeitsverhältnissen verbringen, werden diese Verhalten natürlicherweise integrale Teile unserer Existenz. Verhaltensweisen, die wir uns durch jahrelanges Ausüben angeeignet haben, werden zur Macht der Gewohnheit. Und wie es auch bei der Gemischtwarenverkäuferin der Fall ist, wird unser Arbeitsverhalten ein Teil von uns, da es uns jahrelang gute Dienste geleistet hat.

Ob man jedoch in der Freizeit an seinen Beruf erinnert werden will, ist eine andere Frage. Und daher weiß ich immer noch nicht, ob unser Herz- und Lungenchirurg überhaupt Fleischgerichte genießt oder ob er lieber ein Vegetarier wäre!

Doch die Macht der Gewohnheit überwältigt mich des Öfteren. Ich war kürzlich in einem Taxi, das am Rückteil des Passagiersitzes einen Flecken hatte. Ich hatte meinem Sohn gerade die Hände abgewischt, hielt das nasse Taschentuch also noch in meiner Hand, und musste mich ernsthaft beherrschen, den Flecken nicht einfach wegzuwischen, wie ich es in unserem eigenen Auto zahllose Male gemacht hatte. Manche Gewohnheiten wird man schwer wieder los.

Risikogeschmack

Wir haben im Augenblick ein kleines Dilemma. Vor ein paar Tagen verspätete ich mich wegen eines Termins zum Abholen meines älteren Sohnes. Wir wohnen fünf Minuten Fußweg von der Schule weg, und er ist fast acht Jahre alt. Ich hole ihn aber trotzdem täglich vom Schultor ab, damit er gut und sicher nach Hause kommt. Denn es stehen zwei große Ampeln zwischen Schule und Zuhause. In sehr seltenen Fällen kommt es vor, dass ich mich verspäte. Das ist in der Regel kein Problem, er wartet dann einfach am Schultor auf mich. Vor ein paar Tagen allerdings hatte er andere Ideen. Er ging allein heim. Ich kam am Schultor an, mein Kind war nicht da, und eine seiner Schulfreundinnen teilte mir mit, er sei schon heimgegangen. Von Panik gepackt marschierte ich so schnell ich konnte Richtung nach Hause. An der großen Kreuzung vor unserer Wohnanlage sah ich ihn dann. Er hatte die Kreuzung allein überquert, obwohl ich ihm das ausdrücklich verboten hatte. Als wir nun endlich aufeinandertrafen, war ich auf ihn sauer (natürlich auch erleichtert), und er auf mich, dass ich auf ihn sauer war. Er meinte er wäre doch schon alt und schlau genug, allein sicher über die Kreuzung zu kommen. Mit ihm an der Kreuzung warteten auch zwei unserer Nachbarskinder, beide sind sehr fürsorgliche Buben, und kümmern sich um meine Söhne. Beide waren so aufgeregt wie ich, als sie feststellten, dass mein Älterer allein heimgegangen war. Sie sind beide zehn Jahre alt und gehen ohne erwachsene Begleitung nach Hause. Und da dachte ich an meine eigene Kindheit zurück, was ich durfte, und erinnerte mich an eine Geschichte, die mir meine Mama mal erzählt hatte: Ihre Schwester radelte, als sie erst sieben oder acht Jahre alt war, mit einer gleichaltrigen Freundin zum Einkaufen. So

etwas war früher ganz normal, denn man schickte auch schon Erst-
klässler zum Einkaufen und allein auf den Schulweg. Da hatte niemand
die Zeit, Kinder in die Schule zu bringen und wieder abzuholen. Wir
sind allerdings auch in einer Kleinstadt aufgewachsen, mit weniger
Straßenverkehr, Mobiltelefonieren und Smartphones. Die wenigen
Autofahrer schienen jüngeren Verkehrsteilnehmern noch etwas mehr
Aufmerksamkeit geschenkt zu haben und weniger abgelenkt gewesen
zu sein als heutzutage. Es war auch nicht jeder ständig in Eile. Eltern
mussten sich um ihre Kinder nicht ganz so viele Sorgen machen. Oder
sind wir heutzutage zu überfürsorglich und überängstlich? Haben sich
die Kriterien von Sicherheit verändert? Und vor allem, wo zieht man
die Linie zwischen überängstlich und zu risikofreudig. Ich denke da an
einen unserer Nachbarn, dessen Kind in die gleiche Klasse geht wie
mein Sohn. Anfangs fuhr er ihn mit Auto an das Schultor, lud ihn und
die Haushaltshilfe aus, um sicherzustellen, dass er es auch ohne Schaden durch das Schultor schaffte. Nachdem mich sein Vater eines Tages
ausfragte, warum ich meinen Sohn zu Fuß in die Schule brachte, ich
ihm die Gesundheitsvorteile erklärt hatte, und sein Sohn in der Schule
als übergewichtig eingestuft wurde, bringt er ihn nun auch zu Fuß in
die Schule. Heimgebracht wird er mit dem Schulbus. Jedenfalls kam
es einmal vor, dass unser Nachbar auf dem Rückweg von der Schule
auf mich mit meinem jüngeren Sohn traf. Mein jüngerer Sohn hatte
mich an diesem Morgen mit seinem Kinderroller begleitet. An diesem
Tag ließ ich ihn wie gewöhnlich vor mir herfahren, doch meinen Nachbarn machte das extrem nervös, und er lief ihm mit ausgebreiteten Armen hinter- und nebenher, sollte mein Sohn plötzlich das Gleichgewicht verlieren. Das fand ich zwar etwas amüsant und sehr aufmerk-
sam von meinem Nachbarn, aber meines Erachtens überängstlich.
Meine Lebensphilosophie ist, dass man Kinder hinfallen lassen muss,
um sie auf die Realitäten des Lebens vorzubereiten. Doch vielleicht
schätzen wir Gefahren unterschiedlich ein, oder ich habe ein anderes
Verhältnis zum Risiko als mein Nachbar. Denn beim Geldinvestieren

ist es ähnlich. Manche gehen das Risiko ein, bei der Aussicht auf hohe Gewinne viel Geld verlieren zu können. Andere legen ihr Geld lieber unter die Matratze, jedoch ohne Gewinn. Allerdings kann man Geld wieder verdienen, bei Kindern ist das etwas schwieriger.

Auf dem heutigen Heimweg von der Schule meines älteren Sohnes sah ich eine Frau mit dem wohl ultimativen Risikogeschmack, wenn es um Kindersicherheit geht. Sie war in ihrem Auto an der Ampel einer sechsspurigen Straße, und sah ihre etwa zehn Jahre alte Tochter auf der gegenüberliegenden Straßenseite, drei Spuren entfernt. Sie öffnete das Fenster und rief ihrer Tochter zu über die Straße zu laufen und in das von der Ampel angehaltene Auto zu springen. Zeit muss für diese Frau wohl extrem kostbar sein. Wenn es um das Leben seines Kindes geht bekommt man keine zweite Chance. Alles zwischendrin hängt vom individuellen Risikogeschmack ab, ich kann mit Kratzern und Beulen leben, mein Nachbar nicht, bei einem überfahrenen Kind ziehen wir beide die Linie, andere nicht.

Wir sind mittlerweile einen Kompromiss eingegangen.: Mein älterer Sohn geht allein bis an die Kreuzung und von dort bringe ich ihn über die Kreuzung. Das passt sehr gut, er hat mehr Verantwortung, darf sich erwachsener fühlen, und ich muss nicht so weit gehen. Und ich lasse ihn vielleicht nächstes Jahr sogar allein heimgehen, oder doch lieber erst wenn er 14 ist?

Nachfrage und Angebot

Seit ein paar Wochen benötige ich das MacBook meines Mannes für eines meiner Hobbys. Denn ich bin nur die Besitzerin eines einfachen, jämmerlichen HP Laptops, da ich zu geizig war, einige Tausend US-Dollar für ein MacBook zu verprassen, wenn ich dieses Geld auch in Schuhen anlegen kann! Mit einem MacBook kann man allerdings mehr anfangen. Jedenfalls brauche ich nun des Öfteren sein kostbares

MacBook. Ihm allerdings ist es so lieb, dass es schon fast zu einem seiner Körperteile geworden ist, man sieht ihn nur ganz selten ohne MacBook! Und ist es dann für eine kurze Weile von ihm abgenabelt, lasse ich alles fallen und schnappe es mir für meine Zwecke! Und das endete nun einige Male in Streit! „Ich brauch mein MacBook! Kauf dir doch selbst eins! Warum kann das dein Computer nicht?" Und so weiter. Das MacBook war ein gefragtes Eigentum, bis vor kurzen! Denn wir haben zwei MacBooks daheim! Das andere ist der Arbeitscomputer meines Mannes. Und als wir kürzlich aus Frust in einem Appleshop landeten, und mir bei Betrachtung des Preises fast schwindlig wurde und ich es in Schuhwährung umrechnete, hatte ich einen Geistesblitz! Warum nicht einfach den Arbeitscomputer verwenden, wenn mein Mann wieder einmal eine langwierige Symbiose mit seinem MacBook eingegangen ist. Dazu benötigte ich nur einen externes Hard Drive, für dessen Preis man nicht einmal ein halbes Paar Schuhe bekommt. Problem gelöst. Doch seitdem wir unseren Konflikt gelöst haben, liegt das MacBook meines Mannes nun sehr oft einfach ungenutzt herum. Niemand hat mehr den dringenden Bedarf, es zu nutzen. Und das Gleiche ist es bei den Kindern. Alles, was wir doppelt haben, ist uninteressant; um Einzelausgaben wird endlos gestritten, sollte eines der Kinder plötzlich erneutes Interesse daran zeigen. Und das ist eines der einfachsten und wichtigsten Prinzipien der Wirtschaftslehre: Angebot und Nachfrage.

Einfach zusammengefasst funktioniert dieses Prinzip in der Wirtschaft folgenderweise: Angebot und Nachfrage bilden das Hauptmodell der Preisbestimmung in der Wirtschaftstheorie und stehen in einem Verhältnis zwischen der Menge einer Ware, die die Hersteller zu verschiedenen Preisen verkaufen möchten, und der Menge, die die Verbraucher erwerben wollen. Der Preis (in Praxis daheim: wie weit man gewillt ist, zu gehen, um Besitz des Spielzeuges oder MacBooks zu ergreifen) einer Ware wird durch das Zusammenspiel von Angebot und Nachfrage auf einem Markt (zwei Kinder, ein interessantes Spielzeug;

zwei Erwachsene, ein brauchbares MacBook) bestimmt. Der resultierende Preis wird als Gleichgewichtspreis bezeichnet und stellt eine Vereinbarung zwischen Herstellern und Verbrauchern der Ware dar. Im Gleichgewicht entspricht die Menge einer von den Erzeugern gelieferten Ware der von den Verbrauchern geforderten Menge, wir brauchten also alles interessante doppelt. Gleichgewicht ist nicht immer praktikabel. In der Wirtschaftswelt manipuliert man allerdings oft absichtlich ein Gleichgewicht, um bessere Preise zu erzielen, denn auf einem echten Markt geht es auch um echtes Geld, mit echten Interessen. Man nehme zum Beispiel den globalen Öl- und Gasmarkt. Es besteht zwar nur eine gewisse Menge an Erdöl, und die wird uns irgendwann einmal ausgehen, aber indem die USA Kontrolle über den Großteil des Angebots haben, kann auch der Preis ganz gut stabil (hoch) gehalten werden, denn würden Konkurrenten mit größeren Erdölreserven diese Ware günstiger anbieten, entstünden ernsthafte Probleme für die Finanzkassen der USA. Über Naturkatastrophen wie den Ausbruch von Covid-19 und deren Konsequenzen haben allerdings nicht einmal die USA Kontrolle. Die Nachfrage wurde bisher erfolgreich erhalten, indem die Entwicklung von Alternativtreibstoffen durch Industrielobbying so weit wie möglich verhindert oder verlangsamt wurde. Doch auf Grunde der Covid-19 Krise fiel die Nachfrage nach Erdöl plötzlich drastisch, hauptsächlich wegen Flugverboten und reduziertem Pendeln. Die Erdölpreise fielen so tief, dass das schwarze Gold auf dem Aktienmarkt so gut wie nichts wert war!

Ein weniger spannendes und nicht ganz so umstrittenes Beispiel kommt aus der Mode- und Luxusindustrie. Im Jahr 1980 saß Jean-Louis Dumas, der Geschäftsführer des Hauses Hermes, durch Zufall in einem Flugzeug neben der damals berühmten englischen Schauspielerin Jane Birkin. Nachdem Jane Birkin Schwierigkeiten hatte, ihr Hab und Gut in ihrem ungeeigneten Handgepäck unterzubringen, und sie Jean-Louis Dumas klagte, wie schwer es sei, eine passende Tasche zu finden, delegierte er seine Designabteilung, eine praktische und funktionelle Handtasche zu entwickeln. Daraufhin entstand die berühmte Birkin Tasche, die seither ein ‚must-have' für Fashionistas mit tiefen Taschen oder reichen Partnern aller Welt ist. Allerdings produziert Hermes (absichtlich) jährlich nicht genügend Exemplare, die Anfrage betuchter Interessenten zu treffen. Anstelle zu frustrieren, steigt die Anfrage noch mehr, und die Tasche gewinnen jährlich nicht nur an Popularität, sondern auch an Wert. Durch dieses Investitionspotenzial steigt wiederum die Nachfrage. Künstlicher Nachfrage-Angebot-Zyklus erfolgreich hergestellt. Diese Markt-manipulation funktioniert zwar nicht immer reibungslos, da niemand genau voraussagen kann, wie effektive Werbekampagnen sein können, doch gut genug, um viel Profit zu generieren.

Theoretisch könnte ich unseren MacBook- und Spielzeugmarkt auch (für mich) profitabel machen, mir ist allerdings unser Familienfrieden wichtiger!

Altern

Altern. Ein Millionen Jahre altes Problem und eine Goldgrube für die Kosmetikindustrie. Die meisten Menschen in bequemen, wirtschaftlich stabilen Verhältnissen erreichen einen Punkt in ihrem Leben, in dem sie sich sagen: „Ach herrje! Eine Falte! Ein graues Haar! Eine Delle im Oberschenkel! Was tun? Ich werde alt! Das darf aber niemand bemerken!". Aber sorge dich nicht, in unserer hochentwickelten Gesellschaft haben wir Lösungen für fast alles, außer Steuern und Sterben, diese Angelegenheiten liegen noch außerhalb unserer Kontrolle. Die freundlichen und verständnisvollen Kosmetikhersteller bieten mit einem reichen Angebot an Schönheitscremes ihre Hilfe an, unser Altern zu verstecken: Cremes gegen Unter-Augenfalten, Lachfalten, Mundwinkelfalten, für Diamantenglanz-Haut, Bleichmittel für Altersflecken, Cremes gegen lose Haut an Hals, Bauch, Oberschenkel, Hintern. Und wenn Cremes nichts mehr helfen, dann stehen die freundlichen Schönheitschirurgen für einen geringen Aufpreis bereit, ein wenig an einem herumzuschnipseln, anzuheben, aufzupumpen oder abzusaugen. Alles kein Problem. Wegen grauer Haare braucht man sich auch keine grauen Haare wachsen lassen, denn erstens sind graue Haare im Augenblick gerade in, junge Frauen und Männer lassen sich die Haare absichtlich grau machen (aus Solidarität zu ihren alternden Eltern ohne tiefe Taschen für teure Friseure?), und zweitens gibt es ein überreiches Angebot an Haarfärbemitteln, für daheim und beim Friseur. Die Modeindustrie hilft auch gerne mit, das Angebot jugendlicher Kleidung breitet sich in der Abteilung von Kleidungsstücken aus, die eher für reifere Frauen gedacht ist. Doch wenn's passt, warum nicht? Doch warum sind wir so besessen, damit unser Alter zu überschminken? Denn bei anderen, männer-beliebten Kategorien wie Wein und Autos herrscht ein anderer Standard. Ein Wein muss reifen, um sein besonderes Aroma und Geschmack zu erreichen. Wein wird für sein Alter geschätzt und erzielt sogar einen höheren Preis als frischer, unreifer Wein. Mit Hingabe und Liebe kümmern sich manche Männer um ihre kostbare Weinsammlung, manche bauen ihren Lieblingen sogar einen speziellen Raum, einen Weinkeller. Sie stellen sicher, dass die Temperatur auch angenehm und ideal für ihren Schatz ist. Die Ehefrauen hingegen werden einfach nur alt. Wenn ihnen der Platz (für Kleidung und/oder Schuhe/Handtaschen) ausgeht, dann müssen sie eben weniger Einkaufen gehen. Wenn's ihnen zu kalt oder zu warm ist, dann sollen sie halt mehr oder weniger Kleidung tragen. Oder Autos. Alte Autos sind zwar nicht ganz so der Hit, richtig alte Autos, also Oldtimer, hingegen dürfen sich bei Männern auch so einiges erlauben. Es besteht nicht die Erwartung, mit neuester Technologie kompatibel zu sein oder jugendliche Kurven zu haben. Oldtimer müssen auch nicht immer unbedingt gleich anspringen. Von einem 40 Jahre alten Auto wird nicht erwartet, keine Dellen und Kratzer zu haben, von 40 Jahre alten Frauen schon. Allerdings erklären sich die meisten Männer dazu bereit, für die Kosten der Dellen-Entfernung aufzukommen. Aber das ist nicht die einzige Doppelmoral, die auf alternde Frauen zutrifft.

Alte Männer mit grauem Haar sind weise, etwas Jüngere macht graues Haar vornehm. Frauen mit grauen Haaren sind entweder Hexen oder einfach nur alt, positive Attribute bekommen sie keine. Doch ob Männer oder Frauen, ob graue Haare oder nicht, mit Alter kommt Ruhe, Weisheit und Lebenserfahrung, die man nicht so einfach unter den Teppich kehren sollte. Wir sollten dankbar für und stolz auf jedes unserer Lebensjahre sein! Der Anblick unseres alternden Körpers erinnert zwar an die Realität des Lebens, dass es eines Tages vorbei sein wird, und das ist ein sehr furchteinflößender Gedanke, doch wollten wir wirklich für immer jung bleiben? Für immer leben? Ich bin mittlerweile um meine Lebensjahre dankbar, die tollen Erinnerungen, das angesammelte Wissen und die Erkenntnisse gewonnen aus jugendlichem Unsinn, den ich nicht noch einmal durchleben muss. Durchs Altern gehen uns diese Erinnerungen nicht verloren, nein, im Gegenteil, das Altern erlaubt uns auch, noch mehr dieser wertvollen Erfahrungen zu sammeln und bietet uns die Möglichkeit, unseren Kindern den Freiraum zum Erwachsenwerden zu geben. Außerdem, Papa Schlumpf versuchte uns schon während unserer Kindheit klarzumachen: Wir sind so jung wie wir uns fühlen!

Kinderbrillen

Wir sind neuerdings auf dem Markt für Kinderbrillen. Die Klassenzimmer in der Schule meines älteren Sohnes wurden auf Grunde von Covid-19 Sicherheits- und Gesundheitsgründen umgestellt. Tische und Stühle sind weiter weg voneinander platziert, nicht die Stühle von den Tischen, sondern die Stühle und Tische als Set voneinander. Und dies bedeutet für meinen Sohn, dass er nun ganz hinten im Klassenzimmer sitzt, weit weg von der Tafel. Das war bis vor einer Woche kein Problem. Doch plötzlich kam er heim und beschwerte sich, nun nichts mehr an der Tafel lesen zu können. Und da ihn seine Lehrerin auf Grund seiner Körpergröße (hoch, nicht weit) nicht näher an die Tafel setzen konnte, sind wir auf dem Markt für Kinderbrillen. Ich habe meinen Sohn also schön brav zum Optiker gebracht, in der Erwartung, dass er nur eine Brille zum Lesen von Schrift in der Ferne benötigte. Doch das war leider nicht der Fall, und nun wird mein Sohn in ein paar Tagen, sobald die Brille fertig ist, im jungen Alter von acht Jahren zu einem Brillenträger. Mir bricht fast das Herz. Was habe ich falsch gemacht? Er hatte endlose Fernsehverbote, kennt kaum Kinderfilme und Serien, Videos darf er nur einmal wöchentlich ansehen, und ich habe Unmengen Erinnerungen an Zeit im Freien, spielen im und am Pool, am Spielplatz, Fußball, Spaziergänge, und so weiter. Denn, so wie mir das der Optiker nochmals dringlichst ans Herz legte, sei es extrem wichtig, Kinder ein bis zwei Stunden täglich an der frischen Luft spielen zu lassen. Noch beim Optiker versuchte ich den täglich im Freien-verbrachten-Durchschnitt an Stunden zu errechnen und kam zu dem Schluss: Gar nicht schlecht für ein Stadtkind, doch dieser Durchschnitt lässt ihn im Vergleich zu einem Landkind trotzdem blass aussehen. Zeit im Freien zu verbringen ist wichtig für Entwicklung von Kindern und ihre gesamte Gesundheit. Die Sonne verhilft ihnen zu Vitamin D, die Augen werden durch wechselnde Perspektiven gestärkt. Doch wie viel Zeit im Freien investieren Stadteltern hier in dieser asiatischen Megastadt in ihre Kinder?

Wir wohnen zwar in keiner sehr großen Wohnanlage, es leben aber dennoch mindestens 20 Kinder verschiedenen Alters hier. Doch ich sehe am Tag durchschnittlich nicht mehr als ein Kind im Freien, das nicht mir gehört. Und bei dieser Statistik frage ich mich bei wiederkehrenden Vorwürfen, wie es denn andere Eltern wohl schaffen, ihre Kinder ein bis zwei Stunden täglich im Freien spielen zu lassen. Warum sehe ich so wenige Kinder im Freien spielen? Der Spielplatz und der Pool sind fast immer verlassen, außer einem gelegentlichen Schwimmunterricht, der dem Kind erlaubt, 45 Minuten im Wasser zu verbringen. Doch wo spielen die Kinder? Wo sind sie?

Ein hoher Prozentsatz an Kindern dieser Megastadt verbringen den Großteil ihrer Zeit in der Schule und anschließend in Kinderhorten, denn in den meisten Haushalten arbeiten beide Elternteile Vollzeit. Grundschulkinder werden nach der Schule mit dem Schulbus in den Hort gebracht, Kleinkinder werden schon früh morgens in den ganztägigen Vorschulen abgegeben, und so kommen die meisten Kinder erst um 7 bis 8 Uhr abends wieder nach Hause, nach Sonnenuntergang. Sollten sie das Glück haben, gleich nach der Schule nach Hause gehen zu dürfen, erwarten sie dort Hausaufgaben, Nachhilfe- und Anreicherungsunterricht in Mathematik, Fremdsprachen oder Musikunterricht. Zeit zum Spielen bleibt kaum.

Bei meiner Nichte, also der Tochter meines Schwagers, ist es ähnlich. Beide Elternteile sind ganztags berufstätig (aus Wahl), ihrer Haushaltshilfe vertrauen sie nicht genügend, ihr unbeaufsichtigt das Kind hüten zu lassen, und die Schwiegereltern haben keine Lust und Zeit für eine Enkelkind-Erziehung. Da blieb ihnen bei ihrer Tochter im zarten Alter von vier Monaten nur die eine Wahl, ganztägiger Kinderhort. Sie ist nun von 7 Uhr morgens bis 7 Uhr abends nicht nur in fremder Massenaufsicht, sondern auch drinnen, wo keine Gefahr der bösen Sonne und angriffslustiger Mücken herrscht, denn ultimative Sicherheit für den Nachwuchs ist wichtig. Wann aber bekommt meine Nichte nun die Sonne und frische Luft zu Gesicht? Muss sie auch mal eine Brille tragen, da sie es nie schaffte, mehr als 30 Minuten am Tag außerhalb vier überdachter Mauern zu verbringen? Tragen hier deshalb so viele Kinder Brillen? Das ist anscheinend auch in der Tat der Fall, wie es vor einigen Jahren in der Zeitung zu lesen war. Meine Wahlheimat weist eine der weltweit höchsten Myopie-(Kurzsichtigkeits-)Raten auf und gibt jedes Jahr unglaubliche 250 Millionen US-Dollar (311,5 Millionen Singapur-Dollar) für Korrekturbrillen aus. Professor Tin Aung, stellvertretender Direktor des Singapore Eye Research Institute, vertritt, dass der Mangel an Outdoor-Aktivitäten bei Kindern ein Grund für die hohe Myopie ist, und dass dies ein zunehmendes Problem für ostasiatische Länder sei. In einer 2008 veröffentlichten Studie wurden die Myopie-Raten zwischen chinesischen Studenten hier und denen in Sydney mit der Zeit verglichen, die sie im Freien verbrachten. Die Studie zeigte, dass 29,1 Prozent der Studenten in Singapur Myopie hatten, aber die Zahl in Sydney betrug nur 3,3 Prozent. Dies geschah, obwohl die Kinder in Sydney im Vergleich zu den Kindern in Singapur mehr Zeit mit Nah-Aktivitäten verbrachten, beispielsweise beim Lesen. Der Grund für die Ungleichheit kann laut Professor Tin Aung auf den Mangel an Outdoor-Zeit zurückgeführt werden, denn Kinder in Sydney verbrachten 13,8 Stunden pro Woche im Freien und Kinder in Singapur nur 3,1 Stunden im Freien.

Das Gesundheitsministerium erinnert ab und zu halbherzig an die Wichtigkeit, Kinder im Freien, im Tageslicht spielen zu lassen, doch die Stunden des Tages sind begrenzt. Berufstätige Eltern haben keine Zeit, sich mit ihren Kleinkindern an der frischen Luft zu beschäftigen, selbständige, größere Kinder haben keine Zeit, draußen zu spielen, da der Vormittag mit Schule und der Nachmittag mit Hausaufgaben, Nachhilfe und Klavierunterricht gefüllt ist.

Doch als Eltern müssen wir uns die ernsthafte Frage stellen, was wichtiger ist, unser Lebensstandard oder die Gesundheit und vor allem gesunde Entwicklung unserer Kinder.

Wir gehen heute Nachmittag wieder an den Pool, egal ob es lästige Mücken gibt, die Hausaufgaben noch nicht fertig sind und wir mal keinen Einser in Mathe heimbringen. Und Klavier kann am Wochenende auch erlernt werden!

Unterschiede zwischen Männern und Frauen

Unsere Toilette riecht manchmal so, wie ich mir vorstelle, dass eine ungeputzte, öffentliche Herrentoilette in einem Fußballstadion riechen könnte. Damit habe ich zwar keine Erfahrung, und auch nicht den Mut, in dieser Richtung Forschung zu betreiben, aber das stelle ich mir mit meiner limitierten Vorstellungskraft so vor. Jedenfalls entsteht diese unangenehme Atmosphäre, wenn einer meiner Männer nicht richtig zielt oder trifft, und dann dieses Versagen versucht mit Ignoranz zu verbergen. Das sind gleich zwei Dinge, die ich bei Männern nicht verstehe: Warum setzen sie sich nicht hin, wenn sie schlechte Schützen sind und warum können sie ihr Versagen nicht einfach eingestehen. Das mit dem Eingestehen geht mir noch in den Kopf, Eingestehen hat nichts mit Stolz zu tun, sondern mit Arbeit. Sie sind zu faul, ihr Schlamassel selbst aufzuputzen? Doch abgesehen von der Tatsache, dass Männer darauf bestehen, im Stehen zu pinkeln, gibt es noch viele weitere, oft unverständliche Unterschiede zwischen Männern und Frauen.

1) Lange Toilettensitzungen: Das habe ich zwar von Frauen auch schon gehört, aber meistens trifft es doch auf Männer zu: ausgedehnte Toilettensitzungen. In meinem Haushalt ist das auch der Fall, daher benötigen wir als vielköpfige Familie mit drei Männern mindestens zwei Toiletten, denn eine ist bestimmt immer besetzt. Denn Männer verwenden die Toilette nicht nur, um wichtige Geschäfte zu erledigen, sondern auch als Thron, auf dem sie dicke Wälzer von Büchern lesen, Spielfilme anschauen und Nachrichten lesen. Ich habe da kein Verständnis dafür, ich kann mir nämlich bei weitem bequemere Optionen vorstellen. Das Große Loch im Sitz finde ich eher schlecht stützend. Frauen sitzen lieber auf dem weichen Wohnzimmersofa. Aber auch damals in königlichen Häusern hatte man angeblich schon Löcher im Thron. Manche Dinge ändern sich nie!

2) Unordentliche Handtücher: Eigentlich Unordentlichkeit im Allgemeinen. Männer und Frauen sehen Ordnung und Unordnung sehr unterschiedlich. Man nehme unsere Handtücher im Bad. Wenn ich mit dem Duschen und Gesichtwaschen fertig bin, falte ich mein Handtuch in die Hälfte und hänge es ordentlich wieder auf. Wenn mein Mann mit dem Duschen fertig ist, wurschtelt er das Handtuch zusammen und wirft es halbherzig auf den Handtuchhänger. Meine zwei männlichen Kinder schmeißen die Handtücher einfach auf den Boden, das stört

sogar meinen Mann, da er dann über die Handtücher drübersteigen muss, um ans Waschbecken zu kommen. Doch seine Version von Handtuchaufhängen ist für ihn akzeptabel, Hauptsache es hängt. Ich jedoch empfinde das als sehr unordentlich. Ich mag glatte und ordentliche Handtücher in meinem Bad. Außerdem trocknen sie so auch besser. Ähnlich ist es bei anderen Dingen. Nachlässig auf das Sofa geworfene Kissen findet mein Mann ordentlich, für mich grenzt es an Chaos. Bettenmachen würde meinem Mann auch niemals in den Sinn kommen, immerhin geht man am Abend ohnehin wieder ins Bett, und das Aufräumen war für die Katz (Katzen lieben nämlich frischgemachte Betten! Da sieht man die Spuren ihres verbotenen Schlafplatzes besser.).

3) Problemlösung: Männer scheinen es zu lieben, ungefragt unwichtige Probleme zu lösen. Folgendes Szenario. Ich zu meinem Mann: „Ich hatte heute so viel Hausarbeit! Die Wohnung war so dreckig/unordentlich!" Mein Mann: „Dann mach doch keine Hausarbeit, wenn es dir zu anstrengend ist!" Ungefragt macht er einen (sinnlosen) Vorschlag, mein Haushaltsproblem zu lösen. Ich wollte eigentlich einfach nur etwas Dampf ablassen, und vielleicht ein paar nette Worte hören: „Ach, du Arme! Ich helfe dir morgen! Ich massier' dir die Füße!" Aber nein. Dafür nutzlose Vorschläge zur Problemlösung. Aber sollte ich ein echtes Problem haben, wie etwa: „Mein Computer ist gerade abgestürzt und ich habe die Schuhe in meinem Online-Warenkorb verloren!" Dann bekomme ich höchstens ein genervt-gelangweiltes Grunzen als Antwort.

4) Limitierte Kommunikationskapazität: Genervt-gelangweiltes Grunzen scheint ein legitimes Element des Sprachrepertoires von Männern zu sein. Männer sagen meistens nur das Nötigste, außer es geht um Fußball, den Rest muss man von steifen Gesichtsausdrücken dazuphantasieren. Diese limitierte Kommunikationskapazität kann oftmals zu Kommunikationsproblemen und bösen Missverständnissen führen. „Ich mach heute Gemüseauflauf zum Abendessen, magst du den auch?" „GRidjbfekh!" Am Abend darauf: „Was ist denn das??? Gemüse ist

doch keine Mahlzeit! Ich hab' doch ausdrücklich gesagt, ich mag keinen Gemüseauflauf! Was gibt's sonst noch??"

5) Außerdem haben die meisten Männer auch weniger Schuhe als Frauen! Laut einer Studie, die in 2008 von Reuters veröffentlicht wurde, besitzt die amerikanische Durchschnittsfrau 19 Paar Schuhe, und 15 Prozent der Frauen haben mehr als 30 Paar Schuhe in ihrem Schuhregal! In einer anderen Studie von 2014 wird berichtet, dass es sich bei dieser Zahl um 27 Paar Schuhe handelte (Naja, in sechs Jahren kommen schon ein paar Paar Schuhe dazu!). Männer besitzen etwa ein Drittel dieser Zahl. Wie man mit unter 20 Paar Schuhen um die Runden kommen könnte, ist mir ohnehin absolut unerklärlich!

Doch wenn Männer und Frauen nicht unterschiedlich wären, würde uns der Platz im Schuhregal ganz schnell ausgehen, Gespräche wären endlos lange, und außerdem würden wir uns langweilen. Unterschiede sind interessant, bilden guten Gesprächsstoff für langwierigen Gossip mit der besten Freundin und lässt unser Blut zwischendurch etwas aufkochen, das gibt Energie!

Listen und Statistiken

Heute Morgen, als ich mich noch halb im Schlafkoma-befindend auf die Couch setzte und gerade meinen ersten Schluck Kaffee zu mir nehmen wollte, kam eine Whatsapp-Nachricht von meinem Schwiegervater aus Kanada an. Es war ein Tik-Tok Video von einem jungen Mann, Teacher Luke nennt er sich, der eine Statistik über den Ausbildungsstand von verschiedenen Ländern einordnete. Nummer 10: Luxembourg, Norwegen, Finnland, Australien, USA, Großbritannien, Korea, Israel, Japan und Nummer 1: Kanada. Von Deutschland und meiner Wahlheimat keine Spur. Da fing mein Blut ein bisschen an zu kochen, doch ich nahm einen Schluck Kaffee und schluckte meinen ansteigenden Ärger erst einmal runter. Wen kümmert es schon, was Teacher Luke verzapft. Allerdings konnte ich den Gedanken an dieses Video doch nicht ganz ablegen, und wollte meinem Schwiegervater beinahe eine halb-bösartige Antwort schicken, fing aber dann an zu überlegen, und entschied mich, das etwas schlauer anzugehen. Deutschland und meine Wahlheimat waren nicht auf dieser Liste zu finden, da Teacher Luke's Liste auf einer Liste im Internet basiert, und dort die Parameter definiert sind. Die Organisation for Economic Co-operation and Development (OECD) definiert die Erwachsenenbildung eines Landes als Prozentsatz der Menschen im Alter von 25 bis 64 Jahren, die eine tertiäre Ausbildung abgeschlossen haben. Mit etwas mehr Hintergrundwissen macht diese Liste etwas mehr Sinn, jedoch schaffen es tägliche Listen und Statistiken dieser Art, in Sozialen Medien veröffentlicht zu werden. Man kann hunderte von Listen entdecken, auf YouTube, Twitter, Tiktok und dergleichen. Listen von den reichsten Leuten der Welt, den besten Ländern zum Urlaubmachen oder Auswandern, den besten Hamburgern in Fast-Food Restaurants, der dicksten Bevölkerung der Welt usw. Es kann praktisch alles in Listen zusammengefasst werden, und diese haben alle eines gemeinsam: sie haben keine erkenntlichen wissenschaftlichen Grundlagen, wie die Liste des Teachers Luke, dem wir alles glauben sollen, nur weil er sich Lehrer nennt, ein Sakko trägt und sich die Haare hübsch gekämmt hat. Er weist auf keine wissenschaftlichen Studien hin, keine Umfragen, nichts, nicht einmal Jahreszahlen. Die Daten könnten aus 1758 stammen, nur gab es da Kanada offiziell noch nicht, das gibt es erst seit 1867. Er hat keinerlei Referenzpunkte für seine Behauptung. Wir wissen noch nicht einmal, ob und was für ein Lehrer er ist. Denn in der Welt des Internets kann man sich als fliegendes Einhorn mit grünen Streifen ausgeben ohne Beweise vorlegen zu müssen, und man findet dann trotzdem noch Leute, die es glauben und ihren Freunden weitererzählen, es gäbe grün-gestreifte, fliegende Einhörner, die sogar das Internet benutzen können. Für manche ist die Welt des Internets so real, dass es anfängt, in ihr echtes Leben überzugehen und ihre Entscheidungen und Handlungen zu beeinflussen. Und darin besteht eine der vielen Gefahren des Internets. Vor allem bei Kindern und Jugendlichen ist dies gefährlich, denn sie können den Unterschied zwischen echt und unecht, richtig und falsch sehr schlecht erkennen. Sie trauen ihren Augen und Autoritätspersonen. Unabhängige Fakten Überprüfung kann man in den meisten Fällen nicht einmal von Erwachsenen erwarten, geschweige denn von Kindern und Jugendlichen. Ich muss meinem Fünfjährigen oft erklären, dass, was er im Fernsehen sieht, nicht immer der Realität entspricht, und daher kann unbeaufsichtigtes Fernsehen und Benutzung des Internets unangenehme Folgen haben. Doch das ist eine andere Debatte. Studien, die versuchen, zu etablieren, ob gewalttätige Computerspiele und Filme auch Gewalttätigkeit in der Realität auslösen können, sind bisher unschlüssig. Gewaltausbrüche, wie das Columbine High School Massaker in 1999, wo man vermutet, den Ursprung auf die Exposition der Attentäter zu gewalttätigen Inhalten zurückführen zu können, kommen sicherlich auch nur vereinzelt vor, doch schlecht- und/oder falsch präsentierte Statistiken und Listen können ebenfalls negative Auswirkungen auf unser soziales Zusammenleben haben. Ein aktuelles Beispiel ist der Polizeibrutalität gegenüber schwarzen Minderheiten. Der Tod von George Floyd hat eine weltweite soziale Bewegung – Black Lives Matter – ausgelöst, doch Fragen, ob Statistiken, die der amerikanischen Polizei selektive Brutalität gegenüber schwarzer Minderheit vorwirft, überhaupt stimmen und worauf sie basieren, wurden nicht aufgeworfen. Stimmen die Zahlen? Oder leiden andere Minderheiten und vielleicht sogar die weiße Mehrheit auch darunter? Ist es ein systemisches Polizeiproblem? Sind Polizisten überarbeitet, unterbezahlt? Sind nicht alle Leben wichtig? Werden andere Minderheiten gerecht behandelt? Doch der wahre Grund bleibt unklar, das Vertrauen in die Polizei ist beschädigt und vielleicht sogar für lange Zeit verloren. Aber wie sollen wir wissen, welchen Quellen wir vertrauen können und dürfen. Es lügt immerhin sogar der amerikanische Präsident durch die Zähne. Und im Falle des Präsidenten wie auch des Teacher Lukes, ist das ein Missbrauch von Autorität.

Wir sind umgeben von gefälschten Identitäten, fake news und unwissenschaftliche Statistiken, alles Parameter und Information, die Konsequenzen auf unser echtes Leben haben, und wir müssen uns daher hüten dem tollen Teacher Luke mit seinen tollen Haaren und freundlich-vertrautem Lächeln alles zu glauben.

Außerdem sind Statistiken und Listen, die ohne Kontext präsentiert werden, ohnehin bedeutungslos. Na und, wenn ich weiß, dass Kanada den höchsten Ausbildungsstand (jetzt? Vor 139 Jahren? In 20 Jahren?) hat/hatte/haben wird? Wie wirkt sich denn dieser Ausbildungsstand auf die Wirtschaft und den Arbeitsmarkt aus? Was sind die Arbeitslosenzahlen? Ausbildungsstand bedeutet nicht gleichzeitig Beschäftigungsrate. Wenn 90 Prozent meiner Bevölkerung afrikanische Trommel studiert und in Schweden lebt, bringt das weder der schwedischen Wirtschaft etwas, noch werden die Absolventen eines Studiums in Afrikanischen Trommeln Beschäftigung als Professor für Afrikanische Trommeln finden, und dann vielleicht als Gärtner arbeiten. Also schlauer Teacher Luke, was für eine Liste hast du als nächstes für uns auf TikTok bereit?

Veränderungen

Mir ist vor ein paar Tagen ein Hygieneprodukt ausgegangen, das ich schon seit Jahren verwende. Ich marschierte also los in eine Drogerie, um mir Nachschub zu verschaffen. Doch zu meiner Verzweiflung konnte ich mein Produkt nicht finden, ich konnte allerdings auch nicht danach fragen, da ich mir nie den Markennamen gemerkt habe und auch nur eine ganz vage Erinnerung an das Design der Verpackung hatte. Trotz jahrelangem Kauf dieser Ware konnte ich mich gerade mal an die Farbe der Verpackung erinnern und in welchem Regal meiner Nachbarschaftsdrogerie das Produkt angeboten wird. Aus Verzweiflung entschied ich mich daraufhin, dieses Problem als moderner Mensch zu lösen und loggte mich bei meiner Online-Drogerie ein, um das Produkt zu suchen. Ich tippte ein paar verschiedene Markennamen ein, aber nichts kam mir bekannt vor. Ich zog sogar den Rat meines jüngeren Sohnes bei, der mich und alles, was ich verwende genauestens beobachtet. Nichts. Nach einer halben Ewigkeit wurde ich endlich fündig, und es wurde klar, warum ich mein Produkt in der Drogerie nicht entdecken konnte, man hatte die Verpackung komplett verändert! Andere Form, andere Farbe. Und das brachte mich zum Rätseln, warum Veränderungen dieser Art überhaupt notwendig sind, und wie wir als Gewohnheitstiere darauf reagieren. Meine Reaktion schwankte von Verzweiflung auf Ärger um, bis hin zum Unverständnis.

Vor vielen Jahren belegte ich einen Universitätskurs, der sich Soziologie der Veränderung/des Wandels nannte. Meine gesamte Klasse, inklusive mir, hasste diesen Kurs, und daher habe ich mir auch den Namen des einflussreichsten Soziologen in diesem Feld gemerkt: Harrison White. In einer seiner vielen, oft umstrittenen Theorien behauptet er, dass Veränderungen in der Gesellschaft, in Unternehmen und in Systemen notwendig sind, um Blockaden aufzulösen, neuen Fluss zu erstellen und auch neues Interesse zu erwecken. In Theorien der Soziologie des Wandels sind Veränderungen notwendig zur Entwicklung, sonst stagnieren Systeme und Beziehungen. Die mir damals abstrakt und absurd erscheinenden Theorien des lieben Professors Harrison White, der sogar eine mathematische Formel für Wandel entwickelt hatte, machen mit einer etwas erweiterten Lebenserfahrung jedoch wesentlich mehr Sinn. Genauso wie es wichtig ist, dass der Chef versetzt wird oder endlich in Pension geht, um frischen Wind in die Abteilung zu bringen und anderen auch eine Beförderung zu ermöglichen, so sind Veränderungen in Produktdesign und Verpackung auch in der Marketingabteilung wichtig, um neue Kundenkategorien zu erobern und neues Interesse zu erwecken.

Doch Veränderungen haben nicht immer nur positive Folgen, wie endlich den lästigen Vorgesetzten loszuwerden und nach 15 Jahren fast hoffnungslosem Warten befördert zu werden. Veränderungen können

Menschen verwirren und von Systemen, Beziehungen und Produkten entfremden.

Die Gefahr bei Veränderungen beispielsweise an Design für Verpackungen und Image, wofür die Marketingabteilung jahrelang hart gearbeitet hat, besteht darin, dass Stammkunden verwirrt werden und sich eine neue Marke suchen, die sie erkennen und mit der sie sich besser identifizieren können. Denn im Prozess des Wiederfindens des gewohnten Produktes könnten sich Missgriffe als erfreuliche Überraschung herausstellen.

Zu häufige und zu viele Veränderungen können sich auch als schwierig herausstellen, bei denen so manches Gewohnheitstier seinen Halt verlieren kann. Und um nicht im Wirbelwind der Entwicklung, Veränderung und des Wandels verweht zu werden, finden Menschen Dinge, an den sie sich festhalten können. Mode ist eine dieser Rettungsleinen.

Ich habe kürzlich einen Bericht über Modetrends gelesen, und wie sich diese in den letzten Jahrzehnten verändert und entwickelt haben. Wenn man die Mode des 20. Jahrhunderts (1900 – 1999) betrachtet, kann man verschiedene Trends ziemlich klar mit einzelnen Jahrzehnten identifizieren, bis etwa kurz vor der Jahrtausendwende. Seit 2000 hat sich kaum etwas verändert, wir tragen schon seit Ewigkeiten Skinny Jeans, Kleidungsschnitte haben sich kaum entwickelt, nicht einmal wirklich die Länge von Röcken und Kleidern. Man kann die Mode von 2000, 2010 und 2020 kaum auseinanderhalten. Und das hat auch eine Erklärung. Kurz vor der Jahrtausendwende sah unsere Welt unglaubliche Technologiefortschritte, vor allem im Bereich der Verbrauchertechnologie. Plötzlich hatte jeder einen Computer, Zugriff aufs Internet, Mobiltelefone! Davor war es noch cool und modern, daheim ein Fax zu haben! Ein Pager war das Höchste! Denn die hatte auch nicht jeder! Und kurz darauf wurden wir mit Smartphones von Apple und Co gesegnet, GPS und andere wichtige Überlebensapps folgten kurz darauf. Wer weiß da, was in den nächsten Jahren noch auf uns zukommt. Und um nicht trotz GPS komplett verloren zu gehen, halten sich die Generationen wie meine, die die Entwicklung von Fax zu Smartphone persönlich miterlebt haben, an Familiärem fest, wie an unserer gewohnten Kleidung. Wir haben keine mentale Energie, um neue, revolutionäre Modetrends zu begrüßen. Vielleicht setzt sich futuristische Kleidung, wie sie in 1970er und 1980er Jahren Science-Fiction Filmen dargestellt wurde, bei unseren Kindern durch. Für mich reichen Designveränderungen an Alltagsprodukten vollkommen aus.

Dieser Vorfall, dass ich den Namen meines gewohnten Produktes komplett ignoriert hatte, ist mir nämlich vor ein paar Tagen nicht zum ersten Mal passiert. Und genauso habe ich die Marke entdeckt, die ich nun auch beinahe schon wieder verloren habe. Veränderung mag zwar wichtig sein, ist aber auch genauso lästig!

Der amerikanische Präsident und Videospiele

Ich habe mir gestern die erste Präsidentendebatte, Teil der amerikanischen Wahlkampagne, angesehen. Ich war mir allerdings nicht ganz sicher, ob ich lachen oder weinen sollte, und entschied mich dann fürs Nachdenken. Wie hat es ein Mann solch limitierter intellektueller Kapazität geschafft, Präsident eines so großen Landes zu werden? Eines Landes, das sich als beste und stärkste Nation der Welt porträtiert. Und da fiel mir nicht nur wieder das Buch ‚The Dumbest Generation‘ von Mark Bauerlein (2008) ein, in dem beschrieben ist, welche Auswirkungen Informationstechnologie auf Informationsaufnahme hat, sondern ich erinnerte mich auch an Statistiken, die ich gelesen hatte, als ich mal wieder in einen Konflikt mit meinen Männern geraten war. Dieser Konflikt kommt des Öfteren vor. Sie versuchen mit mir, über Zeit am Computer und der Spielkonsole zu verhandeln. Sie betteln, weinen und versprechen. Und sollte ich hart bleiben, sind meine Kinder böse auf mich, denn ich bin die gemeine Mama, die ihnen das Computer- und

Videospielen verbietet (Fernsehen auch, denn mit mir dürfen sie sich ohnehin nur Dokumentationen ansehen). Seitdem mein Mann unsere Kinder an die mir so verhasste Playstation lässt, habe ich angefangen, mich über die möglichen intellektuellen Folgen des Computer- und Videospielens schlauzumachen, und bin zu dem Schluss gekommen, dass sich meine Paranoia den negativen Folgen von übermäßigen Computer- und Videospielen als gesunde Abneigung entpuppt hat. Ich verstehe den Sinn und Zweck von Computerspielen nicht, denn ich bin ein praktischer Mensch. Meiner Ansicht nach sind Dinge nur meiner Zeit wert, wenn sie mir in meinem echten Leben zu Nutzen sind. Wie Schlafen. Nach einem guten Nachmittagsschlaf bin ich wieder viel produktiver beim Häkeln und kann den nächsten Winterpullover viel schneller fertig häkeln. Aber Videospiele? Was kann man denn da schon lernen? Na und, wenn ich nach 50 Stunden ‚Romance of 3 Kingdoms‘ endlich der Kaiser bin? In einem Schloss lebe ich trotzdem nicht. Ich hatte zwar aus unerklärlichen Gründen ein Nintendo, als ich etwas zwölf Jahre alt war, mit dem ich gelegentlich Tetris, Fußball (??) und Super Mario spielte, doch warum ich mir das gewünscht hatte, und vor allem warum mir meine Eltern das in der Tat gekauft hatten, ist mir heute unklar. Viel gespielt habe ich wohl nicht damit, denn ich habe kaum Erinnerungen an dieses Ding. Doch nachdem ich etwas Forschung Richtung Videospielen betrieben habe, weiß ich, dass, ähnlich wie beim Schuhkauf, das Gehirn beim Videospielen Dopamin ausschüttet, und diese Aktivitäten daher ganz leicht abhängig machen, egal ob jung oder alt. Und so findet man Berichte von Kindern, Jugendlichen und sogar Erwachsenen, die von Videospielen abhängig geworden sind, und ihr soziales Umfeld und sogar Grundbedürfnisse wie Toilettenbesuche und Nahrungsaufnahme komplett ignorierten, bis jemand eingriff. In Großbritannien wie auch USA stellen übermäßiges Computer- und Videospielen mittlerweile ein medizinisches Problem dar, da, einer 2017er Studie nach, ausgeführt bei Pew Research Center, 43 Prozent amerikanischer Erwachsener ‚oft oder manchmal‘ Video spielen. Die Mehrheit der amerikanischen

Kinder und Jugendlichen spielt ebenfalls, und 80 Prozent dieser Kinder im Alter von zwei bis zehn Jahren spielen durchschnittlich 14 Stunden pro Woche Videospiele. Videospielsucht ist ein wachsendes Problem, das sich so weit verbreitet hat, dass die Weltgesundheitsorganisation (WHO) Internet--Gaming-Störungen als Krankheit in die internationale Klassifikation der Krankheiten aufnehmen will. Doch das ist ein anderes Thema. Was mich interessiert ist, wie übermäßiges Computer- und Videospielen die Gehirnfunktionen beeinträchtigen kann.

Viele Forscher nehmen an, dass übermäßiges Spielen vor dem 21. Lebensjahr das Gehirn physisch neu verdrahten kann, und Forscher in China sahen sich das genauer an. Sie führten MRT-Studien (Magnet-resonanztomographie) an Gehirnen von 18 College-Studenten aus, die durchschnittlich zehn Stunden am Tag online waren; im Vergleich zu einer Kontrollgruppe, die weniger als zwei Stunden am Tag online war: Die Spieler hatten weniger graue Substanz (der denkende Teil des Gehirns) als die Studenten der Kontrollgruppe. Zu viel Computer- und Videospielen scheint zum Verlust, bzw. der Unterentwicklung des denkenden Teiles des Gehirnes zu führen. Und bereits in 1990 äußerten Wissenschaftler Bedenken hinsichtlich Videospielens, da Videospiele nur Gehirnregionen stimulieren, die das Sehen und Bewegen steuern. Andere Teile des Geistes, die für Verhalten, Emotionen und Lernen verantwortlich sind, könnten daher unterentwickelt bleiben. Und dank dieser Studien ist mir nun klar, dass erstens es meinen Kindern weiterhin verboten bleibt, mehr als eine Stunde pro Woche Computer oder Video zu spielen, und zweitens, wie es der US-Präsident an die Regierung geschafft hat: Die nun wählende Generation hat weder Gehirn noch Zeit, sich über die Zukunft ihres Landes Gedanken zu machen! So steht es schon lange fest und ist vor vier Jahren weltweit nur bestätigt worden, USA hat seinen selbsternannten Platz an der intellektuellen Spitze der Welt verloren. Stellen die 2020 Wahlen den ultimativen Dummheitstest dar? Taten sagen mehr als Worte und es wird schwierig werden, in Zukunft den Rest der Welt vom Gegenteil zu überzeugen!

Gebraucht und Pre-Loved

Vor etwa zehn Jahren habe ich mir meine erste GEBRAUCHTE Jeans online gekauft. Das war damals hauptsächlich aus Frust, da meine Lieblingsjeansmarke schon wieder einmal ihr Sortiment verändert hatte, und ich mich nun gezwungen sah, mich und meinen großen Hintern in Skinny-Jeans zu quetschen! Absoluter Horror (mittlerweile habe ich mich daran gewöhnt). Jedenfalls wollte ich mich dieser Tortur nicht unterziehen und entschied mich nach einem Second-Hand-Modell umzusehen, und siehe da, Frauen verkauften ihre humanen Jeans, um Platz für die Skinnies zu machen. Und da ich kein eigenes Ebay-Konto hatte (und noch immer nicht habe), bat ich meinen Mann darum, sie mir doch zu erwerben. Er war von diesem Vorschlag schockiert. „Eine gebrauchte Jeans? Eine Hose die ein anderer Mensch schon einmal anhatte? Das ist ja widerlich!" Er bestellte sie mir trotzdem, denn ich kann hartnäckig sein. Die Jeans kam, sah wie neu aus, und niemand merkte, dass – oh Schreck – sie schon einmal von einer anderen Person getragen wurde, ohnehin nicht viel, denn sie wies keinerlei Spuren von Gebrauch auf.

Doch worauf führt unsere Abneigung gegen Gebrauchtes zurück? Hier in Asien hat es hauptsächlich mit Aberglauben zu tun, dass Gebrauchtes die Energie des Vorbesitzers mit sich bringt, und die könnte in manchen Fällen schlecht sein. Und daher gehen vor allem die älteren oder auch traditionelleren Generationen sogar so weit, dass sie nur neu erbaute Wohnungen kaufen und bewohnen wollen, und bezahlen für diese auch wesentlich mehr. Man kann daher auf dem Resale-Immobilienmarkt als Un-Abergläubiger oft sehr gute Schnäppchen erzielen. Doch in Europa, auch zum Teil in den USA, ist man stolz auf ehrwürdige, alte Gebäude und Wohnsitze. Man versucht sie zu erhalten, und es redet kein Mensch davon, wie viele Familien diesen Ansitz schon ihr Zuhause genannt hatten. Wer hat schon einmal von einem neuerbauten Schloss oder einem neu-ehrwürdigen, französischen Chateau gehört? Aber man muss gar nicht mal besonders weit in die Vergangenheit zurücktreten, um stolz auf die Geschichte seines Hauses oder seiner Wohnung sein zu können. Ehemalige Residenzen von Stars, Sternchen und Berühmtheiten lassen sich vor allem in den USA zu Prämien verkaufen. Auch alte Möbel und Autos werden von dieser Altersdiskriminierung ausgenommen, unter der Voraussetzung sie sind alt genug, und werden liebevoll als Antiquitäten und Oldtimer bezeichnet. Bei Antiquitäten und Oldtimer ist es egal, wie viele Vorbesitzer sie schon hatten, denn wer lebt schon 150 Jahre lang und hebt sich da auch noch seine Möbel und sein Auto auf! Antike Möbel und Oldtimer kosten sogar mehr als neue Möbel von Ikea und ein neuer Toyota. Auch auf die legendäre Birkin Handtasche trifft diese Doppelmoral zu, sie kostet wesentlich mehr auf dem Second-Hand Markt als neu, weil sie rar ist, und man nicht einfach zu Hermes marschieren und eine erwerben kann. Die Anzahl von antiken Möbeln und Oldtimer ist auch limitiert, und das macht sie attraktiv. Doch gebrauchte Kleidung gibt es in Hülle und Fülle, und man assoziiert sie mit übelriechende Second-Hand Shops mit noch schlechterem Ruf, in dem nur Hippies und Heimatlose ihren Bedarf an Körperbedeckung decken.

In Frankreich sieht diese Geschichte wieder etwas anders aus, denn die Franzosen wissen einfach alles besser! In Frankreich werden gebrauchte Schuhe, Kleidungsstücke und Handtaschen nicht als secondhand oder gebraucht vermarktet, nein, dort heißt es Vintage oder Preloved. Diese Vintage Boutiquen in Frankreich sind bei arbeitenden Mitgliedern (Models, Fotografen, Stylisten) und auch gutbetuchten Fashionistas sehr beliebt, und es besteht keine Schande, Vintage Waren zu erwerben, im Gegenteil, man ist stolz auf seinen einzigartigen Fund. Denn Kleidung, Schuhe und Handtaschen in diesen Geschäften sind nicht nur gebraucht, sondern von tadelloser Qualität und limitierter Anzahl. Das rührt von dem Einkaufsverhalten französischer Konsumenten her. Dank kleiner Kleiderschränke hat man sich dort die sogenannte französische Garderobe ausgedacht, eine in Stückzahl limitierte Garderobe, die aus klassischen Stücken höchster Qualität besteht. Doch da auch Franzosen gerne shoppen gehen, ersetzen sie Kleidungsstücke, anstelle mehr anzusammeln und nach wenigen Jahren zehn Wintermäntel im Schrank zu haben. Kleidungsstücke, Schuhe und Handtaschen hoher Qualität schaffen es so in die Vintage Boutiquen. Vintage Artikel, die nicht in Frankreich verkauft werden können, landen dann mit der billigen, gebrauchten Massenware aus anderen europäischen Ländern und den USA auf den Second-Hand Märkten in Afrika, in Indien oder auf Deponien. Es werden jährlich mehr als 100 Milliarden Kleidungsstücke hergestellt, 20 Prozent bleiben unverkauft und werden zusammen mit etwa zwei bis vier Millionen Tonnen an gebrauchter Kleidung jährlich in diese Länder exportiert, doch die Ware aus Frankreich ist auch dort am beliebtesten. Versace Krawatten, Gucci Taschen und Prada Schuhe werden in Afrika weiterverkauft, Billigkleidung aus USA wird in Indien hauptsächlich zerfetzt und in Decken verwandelt, aber erst nachdem die indischen Frauen, die die Aufgabe haben, brauchbar von unbrauchbar auszusortieren, ordentlich über den Geschmack von westlichen Menschen gelacht haben. Kleidung aus USA ist zum Großteil unbrauchbar, da sie einfach zu groß ist.

Die Tonnenzahlen der weggeworfenen Kleidung und Auswirkungen auf unsere Umwelt sind erschreckend, doch der Trend scheint sich langsam zu ändern. Nicht nur werden auch in anderen Ländern Vintage und Retro wieder in, als Gegengewicht zu unserer schnelllebigen Welt, sondern man versucht auch den Überkonsum zu reduzieren, um die brauchbaren Jahre der Erde um ein paar Jährchen zu strecken, unsere Raumanzüge sind nämlich noch nicht ganz fertig.

Da es unmöglich scheint, die Milliarden von Verbrauchern davon zu überzeugen, weniger oder gar keine Kleidung mehr zu kaufen, versucht man andere Wege zu finden. Einer davon ist, neues Leben in alte Kleidung einzuhauchen und, wenn nicht selbst getragen, ihnen eine zweite Chance auf dem Second-Hand Markt zu verschaffen. Ob man auf dem Second-Hand Markt eine Chance hat, hängt allerdings von der Qualität der Kleidungsstücke ab, da muss sich also noch einiges bei Fast-Fashion

Ketten ändern. Und ein Wandel in unserer Einstellung gegenüber gebrauchter Kleidung ist auch dringend notwendig.

Stolze Eltern und Kindern mit bescheidenen Haarschnitten

8 Uhr morgens: „Mäh, wäh, mäh … Ich will aber kein Frühstück!!" 5 Uhr nachmittags: „Mäh, wäh, mäh …" (keine Ahnung warum, wahrscheinlich müde). 9.30 Uhr nachts: „Mäh, wäh, mäh … Ich will aber nicht schlafen." (wahrscheinlich mittlerweile komplett übermüdet). Und das täglich, Montag bis Sonntag. Das ist zwar praktisch, um die genaue Uhrzeit zu wissen, ohne auf eine Uhr schauen zu müssen, kann aber anstrengend werden, auch für die Eltern. Als Nachbarin bin ich machtlos, denn es handelt sich hier nicht um eines meiner Kinder. Auch wenn die Nachbarsfamilie heimkommt, höre ich das sofort: „Mäh, wäh, mäh", meistens gefolgt von lautstarken Schreien, das einem lebendig-aufgespießten Ferkel gleicht. Mein jüngerer Sohn war auch ein Schreihals, bis er etwas vier Jahre alt war, und dann hörte er plötzlich auf. Das Nachbarsmädchen ist ungefähr in seinem Alter, aber zum Schreien hat sie noch nicht aufgehört. Und da frage ich mich erstens, ob das Kind da drüben gequält wird (nein, auf das Schreien hört man das verständnisvolle Einreden des Vaters), zweites, wieviel ein Kind weinen kann, und drittens, warum. Warum? verwöhnt, von Kopf bis Fuß. Ihre Eltern haben keine Zeit für ihre Tochter, oder wollen keine Zeit haben, weil sie so viel schreit, das weiß ich nicht. Jedenfalls kümmert sich fast ausschließlich die Haushaltshilfe um das Kind, und die hat nicht viel zu sagen. So bekommt das Kind alles, was es will, durch Geschrei. Und bei solchen Beobachtungen, und wenn mich einer meiner Söhne mal wieder um einen meiner ausgedehnten Nachmittagsschläfchen raubt, weil er gerne mit mir Spielen oder Schwimmen will (ich gebe meinen Nachmittagsschlaf dafür jedoch gerne auf), frage ich mich, warum wir

eigentlich Kinder haben. Doch dann fallen mir andere Bilder ein. Stolze Eltern.

Ich finde es immer toll, wenn ich stolzen Vätern begegne, aber manchmal nerven sie mich auch, vor allem, wenn sie alleine Kinderwagen vor sich herschieben. Sie scheinen sich nämlich dann ganz besonders wichtig zu fühlen. Manchmal kommt es mir so vor, als schauten sie mich mit einem Blick an, der zu sagen scheint: „Schau mich mal an, ich hab' ein Kind im Kinderwagen und schieb' es auch noch! Ganz allein, ohne Hilfe. Und du? Was hast du schon? Geh gefälligst aus dem Weg!" Ich darauf mit meinem entgegnenden Blick: „Aber hallo, Kindermachen und Kinderwagenschieben sind nicht schwierig! Probier' mal ein Kind durch einen viel-zu-kleinen Geburtskanal zu pressen, damit hab' ich nämlich Erfahrung! Meine Kinder gehen nur schon in die Schule!!" Ich muss aber trotzdem jedes Mal ausweichen. Kommunikationszusammenbruch. Männer und Frauen verstehen sich nicht. Bei stolzen Müttern mit Kinderwagen klappt das allerdings erst recht nicht. Frau mit Kind gewinnt.

Es ist jedoch schön zu sehen, dass es nach Millionen von Jahren Fortpflanzung auch noch immer stolze Eltern gibt. Wir pressen zwar schon seit Millionen von Jahren Kinder durch viel zu enge Geburtskanäle und schieben Kinderwägen wohl schon seit rund hundert Jahren, aber ein Kind zu haben ist vor allem in unserer hochentwickelten Gesellschaft noch immer etwas Besonderes, etwas, auf das man stolz sein kann. Ich war bestimmt auch so eine stolze, wagenschiebende Mutter. Ich bin auch noch immer stolz auf meine Kinder und der festen Überzeugung, dass meine Kinder etwas ganz Besonderes sind, wie es eben alle Eltern sind! Und das ist auch richtig und wichtig! Denn wir Eltern verleihen unseren Kindern durch diesen Stolz auf sie (eigentlich sind wir ja stolz auf uns selbst, so tolle kleine Wesen ganz eigenhändig auf die Welt gesetzt zu haben) die notwendige psychologische Unterstützung, ein Sicherheitsgefühl und Selbstbewusstsein, ihren eigenen Platz in dieser Welt zu finden! Unser Stolz gibt ihnen die Sicherheit und das

Selbstbewusstsein, Neues auszuprobieren, zu üben und auch Fehler zu machen und hinzufallen. Unser Stolz motiviert sie, uns mit ihren Erfolgen und Leistungen weiterhin stolz zu machen. Denn was sie nicht wissen ist, dass unser Stolz Liebe ist, und Kinder müssen sich Elternliebe nicht verdienen, die wird bei der Geburt meistens umsonst mitgeliefert. Doch wieviel Stolz ist zu viel und kann sich schädlich auf das Verhalten des Kindes auswirken? Und wann hört der Stolz auf und fängt die Rache an? Stolz sein kann man so viel man will, negatives Verhalten mit Stolz zu unterstreichen und sogar zu belohnen, kann sich als schädlich herausstellen. Grundlos schreiende Kinder sollten nicht mit stolzem Verhalten der Eltern belohnt werden, sonst kann sich der Stolz auf das schreiend-lästige Monsterkind ganz schnell in hässliche Kinderhaarschnitte verwandeln. Man sieht regelmäßig Kinder hierzulande mit schrecklich hässlich-dummen Haarschnitten. Kein wahrlich stolzes Elternteil würde seinem Kind so etwas freiwillig verpassen, außer er wird durch Rache zu dieser Tat getrieben. Die ultimative Rache, Rückzahlung für stundenlanges, grundloses Schreien, jetzt zu finden in dem neusten Angebot des Nachbarschaftsfriseursalons!

Wie ich eines nachts die Probleme
aller Sammler-Partner löste

Manchmal fällt es mir schwer, einzuschlafen, ganz egal wie spät es schon ist. Dann kann ich meine Füße nicht stillhalten, keine Position ist bequem, es ist gleichzeitig zu heiß und zu kalt, und in meinem Gehirn schwirren Gedanken von links nach rechts und von oben nach unten, als hätte ich plötzlich einen schlimmen Fiebertraum. Diese Gedanken drehen sich hauptsächlich um Probleme, anstehende Termine und ein schlecht-essendes Kind. Die Nacht sollte, und tut es auch für sehr viele (männliche) Menschen, schlafen, ausruhen und träumen bedeuten. Aber ich liege oft in der Nacht halbwach da, während mein unruhiges

Gehirn versucht, alle möglichen Probleme zu lösen. Eines Tages werde ich wohl alle Probleme dieser Welt gelöst haben, außer meinen eigenen. In diesen schlaflosen Nächten zwinge ich mich dann dazu, meine Gedanken auf schöne Dinge umzustellen, so wie etwa Schuhe oder einen Strandurlaub, oder ich denke an meine Mama und den Spruch einer ihrer Freundinnen: Gute Nacht liebe Sorgen, leckt mich am A …, bis morgen! Doch leider klappen beide Strategien auch nicht immer. Doch das scheint gar nicht so ungewöhnlich zu sein. Einer Studie des amerikanischen Nationalen Zentrum für Gesundheitsstatistik nach stellt sich heraus, dass über 25 Prozent der Frauen zwischen 40 und 59 Jahren Probleme haben, an vier oder mehr Nächten pro Woche einzuschlafen und durchzuschlafen. Außerdem gaben 35 Prozent der untersuchten Frauen an, jede Nacht weniger als sieben Stunden Schlaf zu bekommen. Diese Statistiken werden hauptsächlich auf Hormonstörungen und ansetzende Menopause zurückgeführt. Schnarchende Partner spielen bestimmt auch eine Rolle, aber wenn man ein wenig weiter nachliest, findet man heraus, dass die meisten Frauen in der Nacht Probleme lösen, wahrscheinlich, weil sie während des Tages gar keine Zeit dazu haben, überhaupt vernünftig nachzudenken. Daher haben wir auch immer kalte Füße im Bett, das Blut wird im Gehirn gebraucht.

Eines der Probleme, das ich mit meinem Blut im Gehirn versuche, bei Nacht zu lösen, ist der anstehende Platzmangel in unserer Wohnung. Mein Mann ist ein Sammler. Das hat er von seiner Mutter mitbekommen, sie sammelt auch. Ich konnte es mit meinen eigenen Augen bisher noch nicht bestätigen, aber Gerüchten meiner Schwägerin nach hat sie Dutzende von Designerhandtaschen in ihren Kleiderschrank verstaut, die sie gar nicht benutzt, da sie erstens die Existenz der meisten ohnehin schon vergessen hat, und zweitens einfach nur das Kaufen genießt, nicht die Tasche selbst. Beim Sammelverhalten meines Mannes ist es ähnlich, es ist die Jagd, die den Sammeltrieb in ihm auslöst. Er sucht ständig nach neuen Dingen zum Sammeln. Ich kann mich noch gut an einen Urlaub in Japan erinnern. In Tokio findet man an fast jeder Straßenecke einen

Gemischtwarenladen mit gutem Sortiment an Snacks und Getränken. Manche sind so gut ausgestattet, dass endlos beschäftigte Japaner dort ihr Frühstück-, Mittag- und Abendessen zu sich nehmen. Jedenfalls findet man guten Kaffee und leckeres, praktisch-verpacktes Essen in diesen Geschäften. Daher entschieden wir uns an unserem ersten Morgen, wie von vorherig gewohnten Japanurlauben, unser Frühstück in einem dieser Geschäfte zu besorgen. Und dort entdeckte mein Mann einen Fertigkaffee, der mit Miniatur-Robotern zum Sammeln angeboten wurde. Ich habe noch nie so viel Fertigkaffee in fünf Tagen getrunken, immerhin gab es acht Figuren zu sammeln, aber man wusste vorher nicht, welche drinnen ist. Ich hatte täglich vier bis fünf Becher Fertigkaffee, und mein Mann reiste als stolzer Besitzer von acht Miniatur-Robotern wieder nach Hause. Und durch diese und andere ähnliche Aktionen wachsen seine Sammlungen stetig.

Wir sind mit 47 Kartons nach Hongkong gezogen, mit 67 wieder zurück, und mit etwa 80 in unsere jetzige Wohnung. Wenn es so weitergeht, ziehen wir bald mit 200 in ein Museum oder Warenhaus. Ein Platzproblem, das es wert ist, gelöst zu werden. Ich bin keine Sammlerin. Ich sammle zwar regelmäßig ein (einzelne Socken, dreckige Kleidung, verstreute Legosteine), aber sammeln tu ich höchstens Lebenserfahrung, Schuhe und Staub, und auch nicht unbedingt in dieser Reihenfolge. Doch Sammelverhalten interessiert mich sehr. Kurz nach unserem Umzug in die jetzige Wohnung – als Erholung von dem Schock, den mir die 80 Kartons versetzt hatten – war ich derart von Sammelverhalten fasziniert, dass ich meine freien Stunden (Älterer im Kindergarten, Baby im Bett) mit Dokumentationen/Reality Fernsehsendungen über Sammler, beziehungsweise Hoarder verbrachte. Psychologisch zeichnet sich zwanghaftes Horten als ein Verhaltensmuster aus, das durch übermäßiges Ansammeln von und die Unfähigkeit oder den Unwillen, große Mengen von Gegenständen zu entsorgen, die die Wohnbereiche des Hauses bedecken und erhebliche Belastungen oder Beeinträchtigungen verursachen (für den Hoarder, wie auch für Angehörige).

In den meisten Fällen handelt es sich in der Tat um krankhaftes Verhalten, dem ein psychischer Auslöser unterliegt.

Es war fast schmerzhaft, diese Fernsehserie und Dokumentation zu verfolgen. Die Häuser und Wohnungen glichen Müllhalden, übersät mit Müll und Kleidungsstücken, vollgestopft mit oft noch ungeöffneten Produkten. In einem Haus wurden sogar die Körper toter Katzen gefunden.

Ich fühlte mich nach jeder Folge über diese Hoarders so erleichtert, denn ein Hoarder ist mein Mann sicherlich nicht. Er stopft immerhin nur das Arbeitszimmer und den Abstellraum voll, und eine Katze haben wir auch nicht. Doch für einen Anti-Sammler wie mich können selbst geringe Ansammlungen von Dingen seelische Belastungen auslösen. Und daher habe ich schon geheim während einer meiner schlaflosen Nächte Pläne geschmiedet, seine Sammlungen zu verkaufen, verschenken oder woanders, wie ganz hinten im Kleiderschrank aufzubewahren, denn die meisten seiner Sammelstücke sieht er sich ohnehin so gut wie nie an. Doch leider stellte sich dieser mentale Versuch, das Platzproblem zu lösen, als zwecklos heraus. Ich führte kürzlich in Vorbereitung auf Entsorgung von verschiedenen Sammelstücken ein Mini-Experiment durch. Ich räumte einen Tassendeckel, den mein Mann in Doppelausführung besitzt, in einen Küchenschrank anstelle ihn wie gewöhnt in der Schublade verstauben zu lassen. Es verging kein gesamter Tag bis: „Wo ist mein zweiter Tassendeckel?" „Oben im Küchenschrank. Brauchst du ihn?" „Nein, ich verwende den anderen. Aber warum hast du ihn in den Küchenschrank geräumt? Da komme ich so schlecht hin! Warum kann er nicht in der Schublade bleiben?" „Weil er da nur Staub sammelt und mir im Weg umgeht. Außerdem verwendest du eh immer nur den anderen!" Zehn Minuten danach war der Deckel wieder in der Schublade. Ich führte ein ähnliches Experiment mit unserem Heimtrainer durch. Ich verfrachte ihn nach Gebrauch in den Abstellraum, da er meiner Ansicht nach nicht sehr gut zum Dekor unseres Wohnzimmers passt. Doch mein Mann besteht regelmäßig darauf ihn draußen zu lassen. Als ich eines Tages mal wieder versuchte den Heimtrainer im Abstellraum zu verstauen, meinte mein Mann: „Wenn du den Heimtrainer immer wegräumst, vergesse ich, dass wir ihn haben und mach dann keinen Sport!" „Ok." Ich ließ den Heimtrainer also im Wohnzimmer. Drei Wochen lang. Er sammelte Staub, und benutzt wurde er kein einziges Mal.

Der Spruch „Aus den Augen aus dem Sinn", auf dem meine geheimen Fantasien basieren, trifft anscheinend nicht auf Männer zu, ganz im Gegenteil. Meine Mama hat mir nämlich eine ähnliche Geschichte von meinem Papa erzählt. Während ihres Frühjahrsputzes entsorgte meine Mama eine vernachlässigt-vergessene Tasse, so wie ein paar Zettel, die schon seit Jahren aus einem Buch hervorstanden. Schon Stunden später bemerkte mein Papa, dass seine bisher scheinbar vergessenen Schätze verschwunden waren.

In den Augen, aus dem Sinn, aus den Augen in dem Sinn. Manche Probleme sind unlösbar, sogar nachts.

Stereotypen mit Pferdestärken

Wir sahen uns vor kurzen eine deutsche Krimi-Reihe an, leider habe ich den Namen vergessen, jedenfalls war sie sehr gut. Wir kommen hier leider viel zu selten zum Genuss deutscher Filme und Fernsehreihen. Doch anstelle sich auf den Film zu konzentrieren, beschäftigte mein Mann sich damit, dass die Hauptdarstellerin seiner Vorstellung nach nicht deutsch aussah. „Die Schauspielerin sieht aber gar nicht deutsch aus!", sagte er immer wieder, als wäre das von großer Bedeutung. Ich: „Wie sehen Deutsche der Meinung nach denn aus? Sehe ich deutsch aus?"

Ich kann diese Frage selbst nicht beantworten. Ich werde meistens für eine Französin gehalten, wie man als Französin oder Deutsche aussehen soll, ist mir allerdings etwas unklar. Für mich sind Französinnen dünn und tragen roten Lippenstift und gestreifte Oberteile. Ich besitze weder Lippenstift noch ein gestreiftes Oberteil. In China hält man mich für eine Russin, in Malaysia für eine Australierin. Macht geographisch Sinn, in China sind die Chancen, dass sich Menschen mit westlichem Aussehen als Russen entpuppen, höher als auf Australier zu treffen. Malaysia bekommt mehr Besucher aus Australien. Für meinen Mann gehe ich nicht als Australierin durch, da er der Überzeugung ist, dass alle Australier Sommersprossen haben, und das trotz mehrfacher Australienbesuche. Doch anders als in rassisch weitgehend homogenen Ländern wie Japan, Korea oder China hat in Europa wie auch in den USA die Nationalität nicht wirklich viel mit der Rasse zu tun. Es ist auch keine Frage, die öffentlich gestellt wird. Rasse ist fast tabu. Man kann afrikanischer Abstammung und trotzdem ein Deutscher sein. Man kann deutscher Abstammung sein, und trotzdem einen afrikanischen Ausweis besitzen. Man hat jedoch nur das Recht auf die chinesische Staatsbürgerschaft, wenn man nachweisen kann, zumindest ein wenig chinesisches Blut in den Adern zu haben. Trotz zunehmender Globalisierung scheinen wir an altmodischen Vorstellungen festzuhalten, wie man auszusehen hat, wenn man aus einem bestimmten Bereich der Welt stammt. Und so haben Italiener dunkle Haut und Haare, feuriges Blut, während die Schweden, Norweger, Finnen helle Haut und blonde Haare wie auch ein kühles Gemüt besitzen. Chinesen haben mandelförmige Augen, schwarze Haare, sind klein und essen täglich Reis. Afrikaner haben dunkle Haut, krauses Haar und sind groß und stark; und so geht es weiter. Diese vorprogrammierten Vorstellungen haben wir von Menschen verschiedener Herkunft.

Das nennt man Stereotypen. Stereotypen sind weit verbreitete, aber feste und stark vereinfachte Bilder oder Vorstellungen von bestimmten Arten von Personen oder Sachen. Stereotypen können sich als hilfreich herausstellen, um bequem und mit wenig Gedankenaufwand sein menschliches Umfeld zu navigieren. Sie helfen uns, schnell und effektiv mit unserer Umwelt und unseren Mitmenschen umzugehen. Diese vorgefassten Wahrnehmungen sind praktisch, allerdings auch gefährlich, da Stereotypen oft mit negativen Vorurteilen versehen sind. Doch sind Stereotypen nützlich? Gerecht? Sind sie realistisch? Wie bilden wir sie überhaupt?

Manche Stereotypen werden kulturell und durch Erzählungen oder Medien übertragen, andere bilden wir uns selbst, indem wir Beobachtungen und Erfahrungen generalisieren. Eine ländliche Chinesin hat vielleicht einmal ein Bild von einer Frau westlicher Abstammung mit hellen Haaren im Fernsehen oder im Smartphone gesehen, oder vielleicht sogar eine Touristin, und diese stellte sich als Russin heraus. Das passiert ein bis zweimal, und sie ist der festen Überzeugung, dass hellhaarige Frauen westlicher Abstammung aus Russland stammen. Die meisten Menschen mit dunkler Haut und krausem, schwarzem Haar, die wir in Europa antreffen, stellen sich als Afrikaner heraus, und aus Bequemlichkeitsgründen tendieren wir dazu, die Möglichkeit, dass sie aus einem anderen Kontinent stammen könnten, mental zu eliminieren. Ausreißer unserer Stereotypen verwirren uns, wie es meinem Mann passiert ist. Westlich-aussehende Frauen mit hellen Haaren kann man nicht nur in Russland finden, noch gibt es in Russland nur blonde Frauen (oder Wodka-trinkende Männer). Das trifft auch auf Menschen mit dunkler Haut und krausem Haar zu. Stereotypen werden gerne auch auf Hobbys und Berufe angewandt. Als kleines Mädchen war ich, wie anscheinend so viele andere Mädchen, verrückt nach Pferden. Meine Eltern ermöglichten mir Reitunterricht und sogar einen Urlaub auf dem Reiterhof, ein Traum für kleine, pferdevernarrte Mädchen. Zehn Jahre lang chauffierten mich meine lieben Eltern wöchentlich zum Reitunterricht, und ich hatte sogar ein Pflegepferd. Typisch Mädchen eben. Fasziniert von Pferd und Pferdestärken (ich bin mittlerweile auf reine Pferdestärken um- und wieder abgestiegen). Doch obwohl 99 Prozent meiner pferdebegeisterten Mitreiter Mädchen waren, waren 75 Prozent meiner Reitlehrer männlich. Als ich den Reiterpass, also praktisch den Führerschein fürs Reiten machte, war zwar meine Reitlehrerin eine Frau, drei der vier Prüfer allerdings Männer. Im Leistungs-

Reitsport sieht es ähnlich aus: Auf Pferderennbahnen und bei Spring-wettbewerben (für Erwachsene) dominieren noch immer Männer, und auch bei Dressur findet man viele männliche Reiter. Doch Reiten als Freizeitsport wird hauptsächlich von Frauen und Mädchen ausgeübt. Da frage ich mich, wo diese männlichen Reiter plötzlich herkommen, wenn sie nicht schon als Kinder Leidenschaft fürs Reiten entwickelten und es früh erlernten. Denn Reiten benötigt viel Übung, Training und Leidenschaft für Pferde. Doch in den zehn Jahren als Kind und Jugend-liche auf dem Reiterhof kann ich mich höchstens an zwei Buben erin-nern. Trifft der Stereotyp, dass Mädchen und Frauen von Pferden be-sessen sind, überhaupt zu?

Oder man nehme Kochen als weiteres Beispiel. Traditionell ist die Küche und das Kochen eine Domäne der Frau. Es wird von Frauen er-wartet, kochen zu können, Frauen kümmern sich, wie man so schön sagt, um Heim und Herd. Männer als Hobbyköche werden bewundert und ihre Partner beneidet. Die professionelle, kulinarische Welt ist von Männern dominiert.

Auch die meisten unter uns, die wenig Interesse an der Gourmetkü-che haben, können so mindestens einen Star Chef nennen, und der ist in der Regel männlich. Jamie Oliver, Gordan Ramsey, Wolfgang Puck und Alfons Schuhbeck. Zehn der zehn besten deutschen Köche mit Mi-chelin Sternen sind Männer. Weibliche Star Chefs sind schwer zu fin-den, in Star Restaurants sind sie höchstens Assistentinnen von Star Chefs. Es gibt zwar auch weibliche kochende und backende Berühmt-heiten, man denke an Martha Stewart oder Nigella und ein paar andere weibliche Küchen-Sternchen, doch die entwickeln sich selten zu Res-taurant-Star-Chefs und finden hauptsächlich im Fernsehen oder durch Kochbücher Beliebtheit, wahrscheinlich weil die weiblichen Heimkö-che lieber praktischen Rezepten folgen, da die Brut Gourmetküche oh-nehin nicht schätzt, und außerdem zu teuer ist.

Es gibt bestimmt noch endlose Beispiele, bei denen man mit Stere-otypen und Generalisierungen falschen liegen kann. Man sollte bei

Stereotypen also lieber Vorsicht üben, da sie unseren Geist limitieren und Möglichkeiten automatisch ausschließen, außerdem sind sie langweilig.

Geschmacksveränderung und exotische Vorlieben

Als ich heute Morgen zum fünften Mal diese Woche dreckige Wäsche meines Mannes, die es nicht bis zum Wäschekorb geschafft hatte, vom Boden aufhob, stieg etwas Ärger und Frustration in mir hoch, und ich fragte mich, warum ich diesen Mann vor 13 Jahren geheiratet hatte, wenn er sich nicht einmal an meine einfachen Haushaltsregeln erinnern kann (Wäsche in Wäschekorb, Schuhe in Schuhschrank, Handtücher glatt aufhängen, Müll in den Mülleimer, und so weiter). Mir fiel auch ein, dass er mir damals versprochen hatte, in unserer eigenen Wohnung keine dreckige Wäsche am Boden liegen zu lassen. Den Grund der Eheschließung vergisst man in Momenten des Ärgers leicht, und natürlich weiß ich noch, warum ich meinen Mann geheiratet habe, und das wird sich auch nicht ändern. Aber wenn es doch nicht der richtige Grund war, oder gar einer, der vielleicht vergehen kann wie etwa Schönheit, Geld oder Trotz, dann kann ich mir vorstellen, dass so mancher seine Entscheidung bereut, denn Geschmack wie auch Eigenschaften von Menschen können sich verändern!

Man nehme Modetrends als Beispiel. Beim Aussortieren alter Kleidung frage ich mich oft, was mich denn wohl dazu getrieben hatte, mir dieses Kleidungsstück zuzulegen, sogar bei Schuhen ist es manchmal so! Manche Kleidungsstücke und Schuhe haben es durch plötzliche Motivation zum Modisch-Sein in meinen Besitz geschafft. Gedanken etwa wie: „Oh, ich hab' ja nur schwarze T-Shirts und graue Jeans ... da muss doch mal etwas weiblich-modisches her! Vielleicht ein Kleid? Eine rote Skinny-Jeans? Eine grüne Bluse!" Und schon ist es passiert. Denn drei Tage später gefallen mir weder rote Hosen noch grüne Blusen. Oder die

Sache mit den Schlaghosen und Spaghetti-Träger-Oberteilen. Während meiner Universitätszeit waren diese Dinge cool und vielleicht sogar irgendwo auf der Welt ein wenig modisch. Doch in meinem fortgeschrittenen Alter entsprechen sie nicht länger meinem Geschmack. Mein Geschmack ist gereift und hat sich verändert. Das trifft nicht nur auf Kleidung zu, auch auf Unterhaltung wie Filme, Bücher und Abendentertainment. Wer geht mit 40 schon noch ernsthaft in die Disco (welcher selbstrespektierende Mensch geht heutzutage noch in die Disco?). Mir ist sogar eine Veränderung in meinen Ernährungsvorlieben aufgefallen: Früher habe ich Papaya verabscheut, heute ist es eine meiner liebsten Früchte. Das beste Beispiel allerdings bietet mein älterer Bruder, er hat sich von fast reinem Fleischesser in einen Vegetarier verwandelt. Biologisch getriebene Geschmacksveränderung? Doch Geschmacksveränderung können etwas Beängstigendes haben. Was passiert, wenn mir eines Tages meine Schuhsammlung nicht mehr gefällt?

Veränderungen in Geschmack können biologisch wie auch von Modetrends motiviert sein. Mir ist kürzlich ein interessanter Trend aufgefallen. Koreanische Ehemänner, populär bei osteuropäischen wie auch amerikanischen Frauen. Diesen Trend kann man auf die Verbreitung von K-Pop (koreanische Popmusik) in den USA zurückführen. BTS ist im Augenblick eine der berühmtesten Boy Bands, die in den USA groß rauskommt. Die Boys von BTS verdanken ihren Erfolg und ihren fanatischen Anhang vor allem jungen Mädchen. K-Pop steigt seit Jahren weltweit in der Popularität, wohl aus geografischen Gründen zuerst in Osteuropa, gefolgt von der Westküste der USA, und so sind auch koreanischen Männer auf dem Radar westlicher Frauen erschienen. Die stolzen Freundinnen oder Ehefrauen stolzer koreanischer Männer haben YouTube Kanäle und präsentieren dort ihren koreanischen Männerfang (aber nur den hübschen). Mich hat dieser Trend kürzlich sehr fasziniert, und ich habe mich stundenlangen YouTube-Sitzungen ausgesetzt, aus rein wissenschaftlichen Gründen, wie sich versteht. Viele dieser Paare sind noch sehr jung, und es ist bei all mir bekannten Fällen das

Mädchen, das ihr Heimatland gegen das ihres Partners eingetauscht hat.
Sehr viele der Mädchen stammen aus Russland, wie auch aus den USA.
Die YouTube Videos stellen hauptsächlich das Leben des Paares dar
und weisen auf die kulturellen Unterschiede hin. Ein ähnlicher Trend
zeigt sich auch auf dem japanischen Männermarkt, anscheinend haben
junge amerikanische Frauen auch einen Geschmack für japanische
Männer entwickelt. Ob diese Trends Modetrends sind, also temporär,
wird sich noch herausstellen. Chinesische Männer dürfen anscheinend
noch nicht mitspielen, vielleicht ist ihre Musik nicht cool genug, oder
sie sind nicht ausreichend hübsch. Asiatische Frauen mit Männern
westlicher Herkunft zu sehen, ist nichts Ungewöhnliches oder Neues.
Diese Kombinationen gibt es schon seit Jahrzehnten, doch damals sah
man hauptsächlich ältere Herren mit jungen asiatischen Frauen, die vor-
wiegend aus Thailand und den Philippinen stammten. Seit etwa fünf bis
sechs Jahren sehe ich vermehrt junge (oft recht gutaussehende) westliche Männer mit asiatischen Frauen. Böse Zungen behaupten, der Grund
dafür sei, dass asiatische Frauen gehorsamer seien und sich auch bereit-
willig um den Haushalt und die Brut kümmerten, ganz egal wie alt
und/oder hässlich der Mann ist, Hauptsache, er hat Geld! Ob das bei
asiatischen Männern wohl auch der Fall ist? Was auch immer der Grund
ist, mir ist aufgefallen, dass sich die weiblichen Komponenten anscheinend auch Gedanken um möglich anstehende Geschmacksveränderun-
gen machen. Sie weisen eine Tendenz auf, sich ihrem westlichen Partner optisch anzupassen. Sie blondieren ihr schwarzes Haar und tragen
Kleidung, die man sonst eher von jungen westlichen Teenagern erwartet: Bauchfrei, eng, Büstenhalter-los. Sobald verheiratet und mit Nachwuchs im Schlepptau ändert sich das allerdings oft schnell wieder.
Hierzulande gibt es sogar seit Jahrzehnten einen speziellen Ausdruck
für die jungen, unverheirateten Damen mit westlichen Partnern: Sarong
Party Girls (SPG). Aber auch bei den raren Fällen (außerhalb YouTube)
von asiatischen Männern mit westlichen Freundinnen kann man dieses
Verhalten beobachten. Blonde Frauen in indischen Saris und

chinesischen Cheongsams mit asiatischem Mann am Arm. Haben sie Angst, ihr Partner könnte sich an ihrem exotischen Aussehen absehen? Oder eine Sehnsucht nach Vertrautem entwickeln? Ist es ihnen manchmal einfach zu anstrengend, anders zu sein? Nicht auffallen? Sind sie so sehr in die asiatische Kultur verliebt, dass sie ein Teil davon werden wollen? Manche möchten sich einfach nur anpassen. Das sieht man bei manchen Expats. Manche in Rom versuchen römischer als Römer in Rom zu sein. Sie bestehen darauf, alles Asiatische mit Stäbchen zu essen. Doch nicht einmal ein Chinese würde den Versuch wagen, Fried Rice mit Stäbchen von einem flachen Teller zu essen, außer er ist auf Diät. Stäbchen, rutschiger Reis und flache Teller treiben einen schnell zum Aufgeben, eine effektive Diätstrategie, klappt aber nur bei Reis.

Das Exotische reizt, jedoch oft nur, bis es nicht mehr exotisch ist. Anderes wird schnell zu Gewohnheit und normal, dann reizt wieder etwas anderes. Mir passiert das auch öfters. Ich lebe nun schon seit mehr als 20 Jahren in Asien, und obwohl ich damals, als ich Deutschland noch als meinen permanenten Wohnsitz bezeichnete, nicht wirklich nach deutschen Gerichten wie Schweinshax'n und Wienerschnitzel verrückt war, krieg ich hin und wieder ein Heißhunger darauf und wünsche mir, ich könnte diese deutschen Leckereien öfters genießen. Wenn ich allerdings in Deutschland bin, reicht es mir nach zwei Schweinshax'n und drei Wienerschnitzel wieder und ich sehne mich nach asiatischer Küche und träume von Sushi. Man will immer das, was man gerade nicht haben kann.

Und wenn wir schon beim Exotischen und asiatischem Essen sind, warum haben Europäer eigentlich eine Vorliebe für thailändisches Essen? In der Nähe unsere Wohnanlage befindet sich eine Enklave von Restaurants. Von den etwa zwölf Restaurants bieten drei thailändische Spezialitäten an, und jedes ist gut besucht, hauptsächlich von Expats europäischer und australischer Herkunft. An Wochenenden würde man beim Anblick dieser Restaurantbesucher nicht einmal wagen zu vermuten, dass man sich in Asien befindet. In Europa ist Thailand die

Ausgeburt des Exotischen, der Ruhe, Entspannung und der außergewöhnlichen Delikatessen. Jugendliche träumen von Backpacking Tours in Thailand. Die thailändische Küche reflektiert die exotische Mischung ihres Landes in ihrem Essen. Thailändisches Essen ist eine der beliebtesten Küchen der Welt und wird wegen seiner ausgeprägten und starken Aromen geschätzt. Es ist leicht, gesund und mit viel grünem Gemüse und Kräutern versehen. Für Gesundheitsbewusste bieten thailändische Restaurants auch eine große Auswahl an Salaten an, was vor allem unter Europäern ein starker Trend ist. Grün und gesund ist in, und wenn es dazu auch noch schmeckt und exotisch ist, dann ist es ein Hit. In Großbritannien und USA findet allerdings indische Küche stärkere Gefolgschaft als die thailändische. Briten und Amerikaner mögen es eher deftig und würzig mit wenig Grün. Dicke indische Curries erinnern teilweise an Eintopf und versprechen daher eine exotische, jedoch familiäre kulinarische Erfahrung. Dank der Kolonialzeiten ist indisches Curry ein integraler Teil britischer Küche geworden, und dank entwickelnder Geschmacksknospen ist die indische Küche die am schnellsten wachsende ethnische Küche in den USA.

Manche mögen's scharf, andere grün und viele exotisch. Geschmack kann sich verändern und entwickeln, und solange der Partner nicht davon betroffen ist, ist das ja auch kein Problem. Und um zukünftige Verwunderungen und Enttäuschungen beim Kleiderschrankaussortieren zu vermeiden, kaufe ich nur noch klassische Kleidungsstücke, Schuhe und Handtaschen!

Wohnungswahl beim Spaziergang auf der Hundewiese

Letzte Woche hatte ich wieder einmal die Gelegenheit zu einen hochintellektuell-stimulierenden Austausch mit meinen Eltern, der zu einer interessanten Unterhaltung über die Natur des Lebens führte. Daraufhin zitierte meine Mama den folgenden Spruch: „Das Leben ist wie ein

Ponyhof" sagte sie. Ich musste darauf lachen und erwiderte: „Der Spruch gefällt mir! Den werde ich mir merken!". Mein Papa reagierte darauf etwas gereizt. Er meinte: „Was ist denn an dem Spruch so toll? Der macht doch gar keinen Sinn. Wie kann ein Ponyhof wie das Leben sein? Ein Ponyhof ist eine Unterkunft für Kleinpferde, und kein Leben. Es sollte heißen: Das Leben ist nicht wie ein Urlaub auf dem Ponyhof! So ein fauler Mensch, der diesen Spruch getan hat!". Meine Mama und ich mussten ihm dabei natürlich zustimmen, denn das Leben und ein Ponyhof sind ja bestimmt nicht auf derselben Ebene vergleichbar. Doch dieser Spruch des faulen Aussprechers brachte uns auf etwas ganz anderes, auf unterschiedliche Ansichten. Meine Mama betrachtet einen Ponyhof als Urlaubsziel, mein Papa als Unterkunft für kleine Pferde, und ich als Mikrokosmos unseres Lebens, aus der Sicht der Ponys, daher konnte ich mich auch mit dem Ausspruch dieses faulen Menschen identifizieren. Ponys werden in Ställen gehalten und dienen der reinen Unterhaltung der Urlauber, vor allem kleinen Kindern, denen artgerechter Umgang mit Pferden in den meisten Fällen nicht mit in die Wiege gelegt wurden. Beim Reiten reißen Kinder an den Zügeln, links und rechts, hauen ihnen die Fersen in die Flanken und erschrecken die Ponys, indem sie rücksichtslos auf sie zulaufen und beim Ruhen oder Fressen stören. Sie müssen tagein, tagaus im Kreis laufen, immer das machen, was der kleine Reiterboss gerade will, und wenn sich die Ponys nicht benehmen, bekommen sie mit der Gerte einen auf den Hintern. Sehen sie recht niedlich aus, und sind gehorsam, bekommen sie ein extra Stück Karotte oder sogar einen Würfel Zucker. Ähnlich, wie man es in der Arbeitswelt und dem Leben generell oft erfährt. Der Chef will erst das und dann jenes, am besten gleichzeitig, ganz egal ob es schon kurz vor Feierabend ist, man müde ist oder der langverdiente Urlaub ansteht. Das Leben zwingt einen regelmäßig, Hürden zu überspringen, manchmal sogar mit Anhang. Auch der Lebenszyklus der Ponys ähnelt dem unsrigen: Als Fohlen sind sie voller Energie, Übermut und Zuversicht, und erfreuen sich an endlosem Spiel, Schlafen und Fressen auf der Weide. Dann kommt der Tag des Zähmens und Einbrechens zum Reiten, die Schule beginnt. Nun heißt es, Regeln zu folgen, seine Karotten und Hafer, wie auch Auslauf auf der Weide mit harter Arbeit zu verdienen, außer das Pony wurde in einem Streichelzoo geboren, dann reichen niedlich sein und nicht beißen oder treten vollkommen aus. Als erwachsene Ponyhof-Ponys müssen sie sich allerdings ihren Lebensunterhalt durch das Herumtragen von kleinen Kindern verdienen, wenn sie Glück haben, verbringen sie ihr Alter entweder auf einem Gnadenhof oder mit einem Kurzbesuch auf dem Schlachthof. Urlaub auf dem Ponyhof haben die Ponys bestimmt nicht, nur die Urlauber. Und das Leben der Urlauber gleicht auch nur einem Urlaub auf dem Ponyhof, wenn sie dort gerade Urlaub machen. Ansonsten gleicht es eher dem Leben der Ponys auf dem Ponyhof.

Mir kommt das Leben allerdings manchmal vor wie ein Spaziergang auf einer Hundewiese: Manchmal findet man unberührte Natur mit hübschen Blumen, und manchmal tritt man ahnungslos in ein Hundehäufchen. Man weiß nicht recht, was einen als nächstes erwartet. Das kann sich zum Beispiel beim Planen oder der Wohnungswahl als problematisch und lästig herausstellen. So ein Misstritt passierte uns vor ein paar Jahren, als wir unseren Auslandsaufenthalt in Hongkong abbrachen, um unseren Kindern eine bessere Lebensqualität zu ermöglichen, und wir uns wieder in unser Heimatland zurückzogen. Wir freuten uns auf eine neue Wohnung, denn erschwingliche Wohnungen humaner Größe und Lage in Hongkong ist werden in so gut wie nicht angeboten. Wir träumten von einer großen Wohnung in guter Lage, die wir letztendlich auch fanden. Wir entschieden uns für eine große helle Wohnung gegenüber dem Büro meines Mannes, neben einem großen Park und nicht weit von der Küste. Die Logik war einfach: fünf Minuten in die Arbeit und zurück erlaubt ihm mehr Zeit mit der Familie. Unser älterer Sohn war damals erst zwei Jahre alt, und es fiel uns beiden sehr schwer, unser geliebtes Hongkong samt Freunden zu verlassen. Es war uns also allen wichtig, viel Zeit miteinander zu verbringen. Anfangs war die Wohnungswahl toll, mein Mann konnte mit uns zu Mittag essen und kam trotz endloser Überstunden noch um eine halbwegs menschliche Uhrzeit nach Hause. Für meinen Sohn und mich war die Lage auch ideal, wir verbrachten täglich viel Zeit im Park und auf Spaziergängen am Wasser. Wir schienen einen Glücksgriff mit dieser Wohnung getan zu haben, doch umso länger wir in dieser Wohnung waren, umso unglücklicher wurde mein Mann, und er hatte es plötzlich sehr eilig, in einen anderen Stadtteil zu ziehen. Er erklärte mir dann auch einmal warum: Von unserem Wohnzimmerfenster aus konnte er direkt in sein Büro sehen, und das erinnerte ihn täglich an die Arbeit. Das wurde auf die Dauer zu einer starken Belastung, insbesondere, da seine damalige Chefin eine giftige und unzufriedene Frau war, die ihre Launen an Kollegen und Angestellten ausließ. Wir zogen um, mein Mann suchte sich allerdings auch einen neuen Arbeitsplatz, einen ohne giftige Chefin (sie wurde übrigens kurz darauf entlassen). Unser Spaziergang auf der Wiese wurde von einem unerwarteten Misstritt in ein Häufchen unterbrochen.

Und so kann nicht nur der Lebenslauf von Menschen sehr unterschiedlich ausfallen, sondern kann auch ihr Leben genauso unterschiedlich betrachtet werden: Manche sehen es als alles andere als ‚Urlaub auf dem Ponyhof‘ (für Urlauber), andere als Schachtel Pralinen, man weiß nie, was man bekommt (‚[…] life [is] like a box of chocolates. You never know what you’re gonna get‘; Forest Gump); oder als Spaziergang auf der Hundewiese, man weiß nie, wann oder ob man trotz scheinbar unberührter Natur untererwartet ins nächste Hundehäufchen tritt. Man soll also seinen Weg bis zum nächsten Misstritt genießen! Doch auch Hundehäufchen können mit etwas Hingabe wieder von den Sohlen der Schuhe entfernt werden. Alles nur halb so schlimm!

Höflichkeit

Ich bin schwer enttäuscht, etwas genervt, geschockt und desillusioniert. Wir haben gerade eine Stunde Schwimmunterricht meines jüngeren Sohnes vollendet. Er liebt schwimmen und die 30 Minuten jede Woche sind sein wöchentliches Highlight. Heute war dieser Highlight-Tag. Doch nach etwa zehn Minuten im Pool mit seinem Schwimmlehrer stieß eine kleine Herde japanischer Mütter und Kinder zu uns an den Pool. Das ist normalerweise kein Problem, denn vor allem Japaner sind so höflich, unseren kleinen Pool für wildes Spielen und Reinspringen nur dann zu verwenden, wenn sonst niemand schwimmt. Nicht so diese Kleinherde. Sie sprangen einfach vor meinem Sohn ins Wasser. Nach ein paar Minuten sprach ich die Anführerin der Herde freundlich an und schlug vor, die Kinder doch erst im Kinderpool spielen zu lassen bis die Unterrichtsstunde (noch 20 Minuten!!) vorüber sei, da es meinen Sohn (wie auch die meisten anderer Kinder) schwerfällt, sich mit anderen Kindern im Pool zu konzentrieren. Daraufhin meinte die Japanerin zu meinem Erstaunen, dass der Pool zu klein sei (nicht von mir verursacht, sie hätte wohl lieber woanders mieten sollen; wir waren uns dem vor Kauf der Wohnung bewusst) und er nicht nur für Schwimmunterricht gedacht sei. Sie weigerte sich, meinen Vorschlag anzunehmen. Sie fügte hinzu, dass ihr Sohn auch manchmal hier Schwimmunterricht hätte (gut für sie, aber Relevanz?). Ich bin mir ziemlich sicher, dass mir der Mund offen stehen geblieben ist. So unhöflich. So eine Frechheit. Oder etwa nicht? Lag ich verkehrt? Ist es eine Frechheit, ein gewisses Maß an Höflichkeit einem gegenüber zu erwarten? Ich schüttelte daraufhin nur den Kopf, vielleicht rollte ich meine Augen auch ein wenig, setzte mich wieder auf meinen Liegestuhl und fing an mich zu wundern: War diese Japanerin ein Produkt ihrer Umwelt? Hat sie das egoistische Umfeld hierzulande dazu gebracht, Höflichkeit über Bord zu werfen? Was ist eigentlich Höflichkeit und bringt sie uns mehr Schlechtes als Gutes?

Höflichkeit ist so viel mehr als einfach nur ‚Bitte' und ‚Danke' zu sagen, und anderen nicht die Türe vors Gesicht fallen zu lassen. Höflichkeit ist Rücksicht, Respekt und Nächstenliebe, und auch ein Zeichen der Menschlichkeit. Höflichkeit ermöglicht uns, Konflikte ohne Zähne zu lösen und Kompromisse einzugehen. Doch Höflichkeit benötigt auch ein gewisses Level an Verstand und Kommunikationsfähigkeit, obwohl das bei manchen fragwürdig ist. Höflichkeit ist die goldene Regel ,in einem Wort zusammengefasst. Ich bin eine Verfechterin von Höflichkeit, da ich der vielleicht naiven Überzeugung bin, Höflichkeit könnte das Leben aller angenehmer machen. Aber ich bin verwirrt. Wie bringe ich meinen Kindern überhaupt die richtigen Werte bei? Erziehe ich sie zu Verlierern und Jasagern, wenn sie sich anderen gegenüber als höflich erweisen und dafür aber zur Seite gestoßen und vielleicht sogar ausgenutzt werden?

Als ich mit meinem älteren Sohn schwanger war, hatte es gerade ein Buch über französische Kindererziehung auf die Bestseller-Liste geschafft: ,Bringing up Bebe' bei Pamela Druckerman (einer Amerikanerin, die in diesem Buch die amerikanische Kindererziehung direkt mit französischer vergleicht). Ich kaufte mir das Buch natürlich sofort, denn es hieß, man könnte in diesem Buch Tricks lernen, seine Brut in angenehme, höfliche und alles-essende Kleinmenschen zu verwandeln. Ein Traum für jede neue Mutter. Die Tricks scheinen zwar nicht bei allen Kindern gleich effektiv zu sein, doch ich lernte, dass man seinen Kindern Höflichkeit (und auch alles andere) durch endloses Wiederholen beibringen kann. Das wusste ich allerdings schon von meiner Mama. 15 Jahre lang wiederholte sie für meinen jüngeren Bruder „nein, danke" anstelle von einfach „nein" zu sagen, wenn er etwas nicht wollte. Ich bin dann ausgezogen, ich bin mir also nicht bewusst, wie lange es gedauert hat, bis sich mein Bruder das gemerkt hatte, oder ob es keinen Effekt hatte. Es wäre allerdings interessant, denn die Höflichkeit meiner Kinder ist noch in Arbeit. Vielleicht sollten wir uns einen Papagei

zulegen, denn nur abhängig von der Art lernt der das bestimmt schnell:
„Danke" „Bitte" „Nein, danke".

Aber nicht nur die Japanerin und meine Kinder scheinen ein Problem mit Höflichkeit zu haben. Man trifft unhöfliche Menschen täglich. Wie kürzlich, in der Vorschule meines jüngeren Sohnes. Da vor Eintritt in die Schule die Kinder täglich einem einfachen Gesundheitstest unterzogen werden, müssen sie sich im Vorraum anstellen und darauf warten untersucht zu werden. Wie immer stellte sich mein Sohn schön brav an, er hält sich streng an alle Regeln (in der Schule, daheim weiniger), da kam einer seiner Klassenkameraden an und drängelte sich einfach vor meinen Sohn, vor den Augen seiner Mutter. Die tat so als hätte sie das nicht bemerkt und piepste keinen Ton. Mein Sohn blieb ruhig stehen, und da die Lehrerin den Vorfall nicht mitbekommen hatte, kam sein übereifriger Klassenkamerad zuerst dran. Man kann dem Kind keinen Vorwurf machen, er wiederholt nur das Verhalten, das ihm positive Folgen liefert. Es liegt an uns Eltern die soziale Intelligenz unserer Kinder zu fördern. Ihnen beizubringen richtig und falsch auseinanderzuhalten, durch scheinbar endloses Wiederholen und positive Verstärkung wie Belohnungen für gutes Verhalten. Doch viele Eltern sind an dieser Aufgabe gescheitert.

Hierzulande verwendet man gutes Steuergeld sich Maskottchen auszudenken und die Bilder und Nachrichten dieser an Bushaltestellen und U-Bahnstationen aufzuhängen, um Erwachsene wie Kinder daran zu erinnern anderen gegenüber Höflichkeit und Rücksicht zu zeigen. „Lassen Sie andere zuerst aussteigen, bevor Sie in den Zug einsteigen." „Rucksack runter." „Bieten Sie Ihren Platz denen an, die ihn mehr brauchen als Sie." Man hat sich auch eine sogenannte „Pay-It-Forward" Bewegung ausgedacht. Wenn man zu anderen nett und höflich ist löst das einen Schneeballeffekt aus und man wird dann auch irgendwann mal nett und höflich behandelt. Funktioniert andersrum leider auch. Es gibt immer welche, die sich auf diese soziale Vereinbarung nicht einlassen wollen, und daher leider auch sehr oft besser abschneiden als der Teil der höflichen Bevölkerung. Das ultimative Versagen der goldenen Regel. Und daher kann es wohl weder Weltfrieden noch Gleichberechtigung geben.

Die japanischen Kinder sprangen weiterhin vor meinen Sohn ins Wasser und hatten wohl 20 Minuten mehr Spaß am Pool, als wenn es nicht getan hätten. Mein Sohn hatte einen unruhigen Schwimmunterricht. Ob er es wohl in Zukunft einsehen wird, nicht in den Pool zu springen, wenn schon jemand drinnen ist, und vor allem gerade Schwimmunterricht hat? Das hängt wohl von seiner Intelligenz und seiner Menschlichkeit ab, und von unserem zukünftigen Papagei.

Unser Security-Personal kam mir zu Hilfe und wies die japanische Kleinherde an sich von uns aus Sicherheitsgründen fernzuhalten. Mal sehen, was Karma bei der nächsten Schwimmstunde unseres japanischen Nachbarn sagt. Rachegefühle habe ich keine.

Café – Gesprächsraum

Vor ein paar Tagen, nachdem wir nach einem über zwei Monate langem Ausgangsverbot dank Covid-19 endlich wieder unter die Zivilisation durften, brachte mich mein Mann in ein tolles Café in einem benachbarten Einkaufszentrum. Es war ein richtig schönes Café mit marokkanischer Ausstattung, viel Goldverkleidung, bequemen Sesseln, gemütlichen Sitzecken und vor allem mit ausgezeichnetem Kaffee. Es war ein Schultag, also Kinder gut in der Schule untergebracht, und ein Montag noch dazu. Trotzdem war das Café sehr gut besucht. Hinter uns saß eine Gruppe italienisch sprechender Frauen, andere Tische um uns herum waren von Pärchen belegt. An ein paar weiteren Tischen saß eine Gruppe zusammen, sie mussten wohl Freundinnen sein. Jeder Tisch schien sich gut zu unterhalten, und, wie mir auffiel, als mein Mann wegen eines Telefonanrufes das Café kurz verließ, das ganz ohne Smartphone-Unterbrechungen. In der Tat, niemand hielt ein

Smartphone in der Hand oder hatte es neben sich auf dem Tisch platziert. Ein sehr ungewöhnlicher Anblick, junge Leute ohne Smartphones in ihren Händen, ganz auf ihre Gesprächspartner konzentriert. Diese Beobachtung transportierte mich in meine Jugendzeit zurück. Als Jugendliche verbrachte ich viele Nachmittage mit meinen Freundinnen und später mit meinem Freund in Cafés. Wir unterhielten uns stundenlang, über Gott und die Welt, Klatsch und unsere Zukunft. Das war natürlich vor dem Smartphone, unsere Treffen im Café hatten wir über das traditionelle Telefon abgesprochen. Auch auf unseren jährlichen Weihnachtsmarkt-Schulausflügen nach Salzburg verbrachten wir lange Zeit in gemütlichen Cafés, mit heißer Schokolade oder Tee. Dort fühlten wir uns wohl und geborgen und sicher genug, intellektuelle Gedanken und Träume auszutauschen. Wir schmiedeten Pläne in diesen Cafés, planten unsere Zukunft. Cafés spielten zu meiner Zeit eine wichtige Rolle für das soziale Aufwachsen, und Cafés spielen diese Rolle schon lange.

Café-Kultur ist alt, wesentlich älter als ich selbst. Europäische Café-, beziehungsweise Kaffeehauskultur datiert bis ins 16. Jahrhundert zurück. Das erste Kaffeehaus in Wien öffnete seine Türen 1683, und angeblich waren das Geheimrezept hinter seinem Erfolg türkische Kaffeebohnen. Das Kaffeehaus wurde zu einem Ort des Austausches, ob Nachrichten oder intellektuelle Gedanken. Noch heute werden in Wiener Kaffeehäusern neben ausgezeichneten Kaffee und einer limitierten Auswahl von Alkohol Tageszeitungen angeboten. Im Laufe der Kaffeehausgeschichte entstanden Literatur-Kaffeehäuser und die sogenannte Kaffeehausliteratur. Junge Schriftsteller trafen sich, um Ideen auszutauschen, und später fingen auch andere Künstler und Intellektuelle an, sich in Cafés zum Gedankenaustausch zu treffen. Interessanterweise wurden erst ab 1856 Frauen als Gäste von Kaffeehäusern akzeptiert, davor waren Frauen in Wiener Kaffeehäusern nur als Kellnerinnen anzutreffen. Wiener Kaffeehäuser sind von großer kultureller

Bedeutung. Die Wienerische Kaffeehauskultur wurde 2011 von der U-NESCO in das nationale Inventar des immateriellen Kulturerbes aufgenommen.

Obwohl etwas unterschiedlich in ihrer Art entwickelte sich auch in Frankreich eine starke Café-Kultur. Kaffee wurde in Paris 1644 eingeführt, Cafés allerdings wurden erst um 1689 populär. Ähnlich wie in Wien werden in Paris Cafés schon seit Jahrhunderten als ein Treffpunkt von Intellektuellen genutzt, um philosophische Fragen zu diskutieren, von Künstlern, um Ideen zu vergleichen und auszutauschen, und von Schriftstellern, um ihre Sorgen über ihre künstlerische Angst oder Melancholie zu ertränken. Und die Café-Kultur in Paris wie auch Wien und vielen anderen Orten scheint noch immer zu existieren. Menschen treffen sich in Cafés, um wichtige Gespräche mit Partnern zu führen, sich intellektuell auszutauschen oder auch einfach nur das Neuste mitzubekommen. Cafés dienen nicht einmal unbedingt der Getränke- oder Nahrungsaufnahme. Seinen morgendlichen Kaffee in einem Pariser Café nimmt man an der Bartheke ein. Für längeren Austausch mit Begleitung belegt man für ein wenig Aufgeld einen Tisch oder eine bequeme Sitzecke. Und so bieten Cafés weiterhin den Raum, Gespräche zu führen und seinen Gesprächspartner wie auch einen guten Kaffee oder Tee zu genießen. Doch warum klappt es in bestimmten Cafés, ohne Smartphones auszukommen, und warum gehen wir überhaupt in Cafés?

Anders als Restaurants, Bistros und andere Lokale liegt der Zweck von Cafés nicht in der Nahrungsaufnahme. Cafés haben zwar mittlerweile ein begrenztes Angebot an einfachen Speisen, konzentrieren sich aber noch immer hauptsächlich auf das Angebot von Gourmet Kaffees, Tees und anderen heißen Getränken, die in der Regel nur langsam getrunken werden können. Ein Cafébesuch benötigt Zeit, außerdem sind die Gourmet Getränke oft auch einfach zu teuer, um sie sich gedankenlos hinter die Binde zu schütten. Das Café und der Kaffee stellen eine Auszeit vom Alltag dar, Kaffee benötigt keine weitere Unterhaltung, er ist Genuss, und diese Kombination bietet die richtige Umgebung, uns zu unterhalten, zu lesen oder einfach nachzudenken. Doch nicht jedes Café ist gleich. Langweilige Kettencafés wie Starbucks tragen nichts zu unserer geistigen Entwicklung bei, und nicht einmal zu unserer Geschmacksentwicklung für guten Kaffee. In diesen charakterlosen Kaffeeketten findet man auch viele Kunden, die mit ihren Smartphones und Laptops beschäftigt sind, potenzielle Gesprächspartner werden großteils ignoriert oder sind nicht existent. Kaffeeketten wie Starbucks haben auch ein weites Angebot an kalten Getränken, und Kaffee wird aus Papierbechern oder übergroßen, unbeholfenen Tassen getrunken. Getränke werden in Massen von öffentlich ausgestellten Baristas hergestellt, die oftmals auch als Kassierer dienen, Getränke muss man sich nach Bezahlen selbst abholen. Kettencafés fehlt Klasse und feines Flair und schaffen es daher nicht, unseren Intellekt zu stimulieren.

Ein echtes Café ist ein Ort, an dem man nicht angesehen wird, als wäre man verrückt, wenn man sich nur unterhält und nicht sofort das Smartphone rauszieht, sobald einem die Karte weggenommen wird; ein echtes Café gibt uns die Erlaubnis, die intellektuelle Freiheit und Stimulation, uns zu unterhalten, oder wenn man alleine ist, nichts anderes zu tun als zu schauen und nachzudenken. Denn das ist einfach das, was man in einem Café macht. Doch die Fähigkeit, Unterhaltung in Person zu führen, ist eine Kunst die langsam verloren geht. Es bedarf etwas Wissen und Manieren, sich an Gesprächsregeln zu halten und erfolgreich eine Unterhaltung führen zu können, die länger dauert als drei Minuten. Man muss in der Lage sein, ganze Sätze zu formulieren und Gedanken und Argumente zu tragen. Und so fällt es vielen leichter, sich über Soziale Medien auszutauschen, denn dort sind Abkürzungen akzeptabel und man kann notfalls schnell etwas nachgoogeln, wenn man sich bei bestimmten Behauptungen nicht mehr ganz so sicher ist.

Wir hatten seit Jahren keine so gute Unterhaltung mehr, und ich bin schwer am Hoffen, dass unser Kulturerbe der Auszeit dank Nachmittagskaffee und Kuchen, High-Tea in Großbritannien und Heiße Schokolade mit Schlagobers nicht langsam am Aussterben ist.

Führt Zufriedenheit zum Stillstand?

Als ich vor ein paar Jahren noch mehr Zeit für nutzlose Aktivität hatte, sah ich, nachdem ich meine morgendliche Hausarbeit erledigt hatte, manchmal einfach fern. Und wenn man im Fernsehen oder YouTube nach geistloser Unterhaltung sucht, findet man sie auch problemlos. Und so kam es dazu, dass ich mir ein paar Wochen lang (nicht am Stück) eine Fernsehreihe über englische Sozialhilfeempfänger ansah. Ich war fasziniert, hingerissen, sprachlos. Jeder dieser Sozialhilfeempfänger hatte eine Ausrede, nicht arbeiten zu können: manche nahmen Drogen, andere hatten zu viele Kinder, und am besten gefiel mir der Fall eines Paares, das dank Sozialhilfe sogar eine schöne Hochzeit feiern konnten. Der Grund zur Arbeitsunfähigkeit war Fettleibigkeit. Fettleibigkeit aus Leidenschaft. Sie verwendeten ihre limitierten Finanzen, sich täglich ungesunde Mahlzeiten von Fast Food Restaurants in die Wohnung liefern zu lassen. Als sie befragt wurden, ob sie gerne abnehmen würden, um wieder aktiv in die Arbeitswelt einsteigen zu können, lehnten beide vehement ab. Das Essen schmeckte ihnen zu gut, und warum auch? Sie hatten ein gutes Dach über dem Kopf, Essen auf dem Tisch (beziehungsweise auf dem Schoss) und mussten keinen Finger dafür krumm machen. Bei den Geschichten der drogenabhängigen Jugendlichen war es ähnlich, es bestand kein Bedürfnis, der Arbeitswelt beizutreten, die Regierung kümmert sich finanziell um ihre Lebensbedürfnisse. Sie mussten sich nur ab und zu auf dem Arbeitsamt melden, dumm, krank und/oder unfähig stellen und schon waren sie wieder für die nächsten sechs Monate versorgt. Diese englische Fernsehreihe fiel mir kürzlich wieder ein, als ich in den Nachrichten von den Corona-Parties las, und wie junge, angeblich gebildete Menschen ihr Privileg, zu studieren und ihre Zukunft mit unvernünftigen Verhalten aufs Spiel setzen.

Corona-Parties und jährliche Spring-Breaks (Semesterferien), synonym mit amerikanischen Universitätsstudenten. Wenn man sich genügend Hollywood Filme ansieht und etwas über die amerikanische Jugend nachliest, merkt man schnell, dass Bildung und harte Arbeit nicht eines der vorherrschenden Prioritäten amerikanischer Jugend zu sein scheinen. Spaß, Parties, Alkohol- und Drogengebrauch scheinen bei vielen vorrangig zu sein. Außenseiter, die ihre Nasen lieber in Bücher stecken als in ein Häufchen Kokain, werden als ‚Geeks' und ‚Nerds' bezeichnet. Einserschüler haben es schwer, Anschluss zu finden, sie werden vielleicht insgeheim beneidet, aber öffentlich veralbert für ihr Interesse an akademischer und intellektueller Fortbildung. In China, und vielen asiatischen Ländern herrscht genau das Gegenteil. Einserschüler sind Vorbilder, jeder möchte der Beste sein, Eltern tun alles, was in ihrer Macht steht, ihren Kindern die beste Ausbildung zu ermöglichen. Bildung ist alles. Denn Bildung formt die Grundlage für Fortschritt, persönlich wie auch wirtschaftlich, und für die gesamte Gesellschaft. Dem war man sich auch in Europa in der Nachkriegszeit bewusst, und in USA sogar schon früher, denn als Siedler der neuen Welt musste man hart arbeiten, anfangs körperlich, später geistig. Daher war bisher die wirtschaftliche Entwicklung Europas und der USA der wirtschaftlichen Entwicklung in Asien voraus. Wohlstand und eine Wohlstandsgesellschaft, auch dank des politischen Systems, führte vor allem in den USA früher zum Massenwohlstand als in anderen Teilen der Welt, da sich die USA nicht erst von zwei Weltkriegen erholen mussten. Nachdem man das Ziel Wohlstand erreicht hat, scheinen Motivation und Gefühl der Notwendigkeit, Opfer zu bringen und hart zu arbeiten, teilweise verloren gegangen zu sein. Das ist nicht nur im Verhalten der Wohlstandsjugend, sondern auch der Berufswahl dieser offensichtlich. In den USA und in Europa werden Leidenschaften und Zufriedenheit bei der Berufswahl unterstrichen anstelle von monetärem Erfolg oder Stabilität, was bestimmt nicht negativ ist. Doch in Asien werden Berufe noch immer hauptsächlich für ihre Kapitalrendite gewählt. Wofür drei Jahre lang Kunst studieren, und danach vielleicht Jahrzehnte hungern, wenn man nach drei Jahren Studium auch als (gut) bezahlter Buchhalter oder Anwalt arbeiten kann. Drei Jahre Studium kosten zeitlich und monetär das Gleiche, das eine ist rentable, das andere verspricht weniger hohe Chancen der wiederum nächsten Generation Wohlstand zu ermöglichen. Ein Kunststudium fällt einem sensiblen Studenten sicherlich leichter als ein trockenes Jurastudium. Doch das ist in Asien nicht wichtig. In Asien wird Fortschritt, Verbesserung des eigenen Lebensstandards und der Lebensverhältnisse der nächsten Generationen durch Ausbildung angestrebt. In anderen, entwickelten Ländern mit Sozialhilfe scheint dieses Prinzip schon längst vergessen, oder haben die unteren Schichten aufgegeben? Denn für die Mittelschicht und oberen Klassen ist Ausbildung der nächsten Generation noch immer sehr wichtig, doch der Drang, etwas aus sich zu machen, ist nicht so stark, wenn man schon in ein weiches Nest reingeboren wird. Es liegt bei den Eltern, ihre Kinder zu motivieren, etwas Bedeutungsvolles mit ihrem Leben anzustellen. Hoffnung und der Glaube, Bedeutung und Erfolg zu erreichen, spielen eine Schlüsselrolle. Kinder und Jugendliche müssen das Gefühl haben, dass ihre Opfer und harte Arbeit positive Ergebnisse liefern. Kinder benachteiligter, marginalisierter Eltern, die es nie geschafft haben, etwas in ihrem Leben zu erreichen, werden wenig Motivation zu harter Arbeit finden, wenn ihnen Sozialhilfe genausoviel Komfort bietet wie ein mondäner, gewerblicher Job. Kein Job bedeutet in Sozialstaaten nicht unbedingt Not, wie demonstriert in der britischen Fernsehreihe. Doch Not macht erfinderisch. Aber was passiert, wenn die Not fehlt? Wie man im Augenblick in den USA beobachten kann, erhält sich Wohlstand nicht von selbst. Nicht nur ist der Wirtschaftszustand der USA schrecklich, die Erwartungen von Wohlstand haben sich über Jahrzehnte verändert. Wohlstand ist nicht nur mehr ein Dach über dem Kopf, Essen auf dem Tisch, ein gutes Gesundheitssystem, Sicherheit und Ausbildung für alle. Ein neues Auto, ein großes Haus, jährliche Urlaube und das neuste iPhone sind nun das absolute Minimum des Wohlstands. Doch Unzufriedenheit mit dem Status Quo und Gier nach mehr können einen neuen Zyklus der Motivation auslösen und weiteren Fortschritt und Verbesserung bringen. Gier und Unzufriedenheit können sich manchmal als wichtig und notwendig für Fortschritt erweisen, genauso wie Unvernunft. Wie George Shaw, ein irischer Dramatiker, Kritiker, Polemiker und politischer Aktivist einst sagte: „Der vernünftige Mensch passt sich der Welt an; der Unvernünftige versucht weiterhin, die Welt an sich selbst anzupassen. Deshalb hängt jeder Fortschritt vom Unvernünftigen ab." („The reasonable man adapts himself to the world; the unreasonable one persists in trying to adapt the world to himself. Therefore all progress depends on the unreasonable man.")

Diese englische Fernsehreihe (übrigens eine Dokumentation, keine Reality-Show oder Sit-Com) wurde später erweitert, und drehte sich in den neuen Teilen um Großfamilien, die stolz von Sozialhilfe ganze Fußballmannschaften von Kindern großzogen. Leider ist mir aber dann die Zeit und das Verständnis ausgegangen, um diesen Geschichten zu folgen.

Lehrer aus Leidenschaft, und wie wir durch das Geld den Sinn des Lebens vergessen haben

Vor einigen Monaten hat in unserer Nachbarschaft eine neue Vorschule eröffnet. Es ist ein tolles, luxuriös-aussehendes Gebäude in Kolonialstil, mit wunderschönem Spielplatz, überdachter Einfahrt und großem Garten. Angeblich hat diese Vorschule ihre eigenen Gourmetköche, die jedes Mahl auf die Diät der einzelnen Kinder ausrichten, und eine Krankenstation mit Krankenschwester. Außerdem ist der Lehrplan feinst geplant. Eine wahre Luxusvorschule, die dementsprechenden monatlichen Schulgebühren haben den Preis eines gebrauchten Kleinwagens in Deutschland. Hinter dieser Schule befindet sich die Schule meines jüngeren Sohnes, die ist für Normalsterbliche. Keine Krankenschwester, aber einen Verbandskasten, eine Köchin, ja, aber die Gerichte wiederholen sich seit Jahren wöchentlich, und alle Kinder essen das Gleiche, ob sie es mögen oder nicht, und es stellt sich heraus, sie mögen immer wieder das Gleiche. Bei Menüveränderung verweigern viele Kinder schlicht und einfach die Nahrungsaufnahme. Das Gebäude ist alt und bunt, Klimaanlage gibt es nur für die älteren Kinder, und der Spielplatz ist klein, aber bunt und freundlich. Die Umgebung ist kindlich, und die Lehrerinnen sind liebevoll. Die Kinder in der Luxusvorschule werden mit Luxuswägen in die Schule chauffiert, die Kinder in der „Normalsterblichenschule" werden bestenfalls von ihren Haushaltshilfen oder Müttern mit Kinderwagerl in die Schule geschoben.

Kurz vor der neuen Luxusvorschule ist ein einheimisches Eck-Café, in dem ich mir ab und zu einen 1-Dollar- Kaffee leiste, wenn ich meinen Wissenstand von neusten Modellen der Luxuswagenindustrie aktualisieren will. Dort bekomme ich, zusammen mit ein paar Haushaltshilfen und Sicherheitspersonal, einen guten Überblick von neusten Ausgaben an Mercedes SUVs, Bentleys und Lamborghinis, so wie BMW SUVs, und auch monströsen Toyota Minibussen, die verwendet werden, glückliche Schützlinge der Betuchten in die Luxus-Vorschule zu chauffieren. Bei diesem Anblick denken sich die Haushaltshilfen und das Sicherheitspersonal, die weniger als ein Drittel der monatlichen Schulkosten verdienen und im Eck-Café täglich für ein paar Dollar zu Mittag essen, während den Kindern in der Vorschule nebenan von einem Privatchef personalisierte Mahle vorgesetzt werden, wohl: „Wer Geld hat, der hat's gut!" Und dieser Gedanke herrscht nicht nur in den Köpfen der Haushaltshilfen und des Sicherheitspersonals hier, sondern in den Köpfen der meisten hierzulande. Zumindest bekommt man diesen Eindruck sehr oft. Wie kürzlich, als mir auf dem Heimweg von der Grundschule meines Sohnes ein grauer SUV fast über die Füße sauste. Er fuhr – in der Schulzone – bei Rot über die Ampel. Da dachte mir, das ist aber ganz schön frech und auch noch gefährlich (für das Auto, es könnte ja eine Delle abbekommen), und bemerkte, dass mir dieses Auto bekannt vorkam. Und so beobachtete ich es eine weitere Weile und sah es in die Schule meines Sohnes einbiegen. Aus Neugier marschierte ich in die Schule zurück und entdeckte das Auto auf einem Lehrerstellplatz. Kein Wunder, dass mir dieses Auto bekannt vorgekommen war, es sauste fast täglich auf meinem Heimweg von der Schule an mir vorbei. Ich hatte mir dieses Auto gemerkt, erstens, da es sich um ein teures Luxusauto handelte, und zweitens, da die Fahrerin (ich habe sie gesehen), die eine Lehrerin zu sein scheint, sehr spät, also schon nach Schulanfang in der Schule ankommt. Ich fühlte etwas Enttäuschung in mir aufsteigen, dass sich nicht einmal Lehrer um die Sicherheit ihrer eigenen Schüler kümmern, vor allem, wenn man als Elternteil doch so gerne der naiven Überzeugung ist, Lehrer ergriffen ihren Beruf aus Leidenschaft. Doch ich erinnerte mich an eine Kampagne während meiner Studienzeit, in der junge Studenten davon überzeugt werden sollten, dem Lehrkörper beizutreten. Und da dieser Beruf hierzulande bislang als schlecht bezahlt und von niedrigen sozialen Status betrachtet wird, versprach die Kampagne tolles Gehalt und eine stabile Zukunft in der Arbeitswelt. Die Besitzerin des Luxus-SUVs musste wohl ein Resultat dieser Kampagne sein, denn leidenschaftlich schnell bei Rot über eine Ampel in der eigenen Schulzone zu sausen, kollidiert in meinen Büchern mit ‚Lehrer aus Leidenschaft' nicht. Denn um in die Kategorie ‚leidenschaftlicher Lehrer' fallen zu können, sollte man schon auch etwas Mitgefühl für seine Schüler haben.

Viele Berufe werden zum einzigen Zweck des Geldverdienens ausgeübt, und umso mehr Geld, umso besser, ganz egal was es ist und ob es einem überhaupt Spaß macht. So viel Geld wie möglich zu haben scheint für viele der Sinn des Lebens zu sein. Dank Sozialen Medienplattformen wie Facebook, YouTube und dem nun zehn Jahre alten Instagram, bekommen wir Luxus und vor allem Schein des Luxus täglich vorgesetzt. In Luxus zu leben wird normalisiert, alles andere ist unter dem Standard. Instigiert und inspiriert bei Sozialen Medien Gehäuchle, träumen nun 85 Prozent aller amerikanischer Teenagern von einer Karriere als (erfolg)reicher YouTuber, anstelle eines altmodischen Berufes anzustreben, der ihnen vielleicht Erfüllung und Leidenschaft liefern könnte, doch keinen Luxus mit dem man auf Instagram angeben kann. Und so sind wir auf dem besten Weg den Sinn des Lebens zu vergessen, denn das Geld als Proxy für lebensnotwendige Waren, hat seinen Sinn verfehlt, und wir sind auch gleich drauf reingefallen. Es heißt im Geld steckt der Teufel. Doch der Teufel steckt in uns. Wir haben Geld erfunden, es von seinem Sinn abgewandelt und sind nun zu Sklaven unseres eigenen Handwerks geworden.

„Cause it's a bittersweet symphony this life. Trying to make ends meet, you're a slave to the money then you die" (The Verve, Bittersweet Symphony, 1997)

Der Sinn des Lebens ist eigentlich ganz einfach – zu leben!

Autowahl

Unsere Wohnanlage ist nicht weit vom Viertel der Reichen entfernt, und da wir uns auch in der Nähe von sehr praktischen Einrichtungen wie einem Lebensmittelgeschäft, Restaurants und einer Tankstelle befinden, besuchen diese Reichen unser Viertel auch des Öfteren. Denn sogar Reiche brauchen Benzin für ihre Autos und Lebensmittel für ihre Privatköche, die von Chauffeur-chauffierten Haushaltshilfen in unserem Nachbarschaftslebensmittelgeschäft besorgt werden. Internationale Lebensmittelgeschäfte sind anscheinend sogar den Reichen zu teuer. Dank dieser Einrichtungen und der neuen Luxusvorschule bekomme ich so täglich das neuste Sortiment an Luxusautos zu Gesicht. Ich sehe Bentleys, Porsches und Rolls Royce in solch hohen Zahlen, dass es schon fast langweilig wird. Bei Ferraris dreht man vielleicht noch kurz halbherzig seinen Kopf, weil das bei Ferraris so dazugehört, aber alle anderen Luxusmarken von Autos wie BMW, Audi und Mercedes haben schon die gleiche Wirkung wie etwa ein Toyota oder Kia: normal, nichts Besonderes. Doch das Auto, das man fährt, sagt so viel über den Fahrer, beziehungsweise den Besitzer aus. Die Autowahl ist ein Zeichen für sozialen Stand, und gleichzeitig von Einkommen, Reichtum und Lebensstil. Die Automobilindustrie ist ein Mikrokosmos und reflektiert die Sub-Kulturen unserer modernen Gesellschaft. Die Wahl seines vierrädrigen Privatfortbewegungsmittels sagt viel mehr über einen aus als nur persönlicher Reichtum. Es ist ein wenig, wie

damals, als man den Wettbewerb durch Vergleich von Fortbewegungsmitteln mit Pferden und Kutschen bestritt. Das Einzige, das sich seitdem geändert hat, ist, dass man die Anzahl der Pferdestärken nun in
wesentlich kleineren Verpackungen erwerben kann. Ich habe mir erlaubt, Autofahrer und ihre Autos ganz unwissenschaftlich in sechs verschiedene Kategorien zu stecken. Es gibt bestimmt mehr, aber diese
sechs scheinen mir die offensichtlichsten in meiner Umgebung zu sein:

Nummer 1: Der Sportwagen. Die Kategorie hat zwei Teile:

1a) Der europäische Sportwagen, also Porsche, BMW, Mercedes,
Audi und dergleichen. Ich verstehe zwar nicht wirklich, was am Autofahren sportlich sein könnte, aber Fahrer dieser Modelle sausen sehr
gerne lautstark durch Wohngegenden, wohl um Familien zu beweisen,
wie viel mehr Spaß und Geld man haben kann, wenn man keine Familienmitglieder wie Kinder am Hals hat.

1b) Der japanische Sportwagen à la Subaru, Toyota, Lexus und
Nissan. Fahrer dieser Sportwagenkategorie genießen die Pferdestärken
ihrer Sportwägen auch ganz gerne, hohe Kosten der europä-i-schen
Ausgaben wohl weniger. Und sie kümmern sich entweder nicht, dass
sich ihre Autos nicht mit der Luxuskategorie überschneiden oder befinden sich nicht in der finanziellen Position, sich der europäischen Sportwagenkategorie anzuschließen.

Doch ob europäisch oder asiatisch, die Autos drücken das folgende
über ihre Besitzer aus: Egoistisch, kinderlos und/oder reich genug um
zwei Autos zu haben. Sportwägen sind auch oft Symbole für Mid-Life
Krisen (besonders Porsche hat diesen Beigeschmack). Die Europäer
sind ein Zeichen für Erfolg und Geschmack und werden von überarbeiteten Bankern und Anwälten zum Stressabbau verwendet. Was die Fahrer beider Kategorien hierzulande anscheinend auch noch gemeinsam
haben, sie erinnern an bellende Hunde. Laute Autos haben viele Pferdestärken, doch hinter dem Fahrer steckt nicht viel.

Nummer 2: Das Sports Utility Vehicle (SUV): Mein Großstadtfavorit. Wenn die Größe von Bedeutung ist. Dieses Model von Auto war ursprünglich fürs Land und Berge, und auch Winterlandschaft gedacht, um es gut und sicher durch raues Terrain zu schaffen. Doch mittlerweile ist der SUV ein Modetrend geworden und hat sich so sehr verbreitet, dass sogar Sport- und Luxuswagenhersteller wie Lamborghini und Bentley SUV-Modelle herausbringen, denn es gibt auch sportliche Reiche, die unter einem Zwergensyndrom leiden und die Größe ihres Egos mit der Größe ihres Autos beweisen müssen. Dem Motto zufolge: Ich mag zwar klein sein, ich mache das aber dafür mit meinem großen Auto und riesigem CO_2-Fußabdruck wieder gut.

Nummer 3: Der Hybrid. Den sieht man glücklicherweise immer mehr! Anfänglich beliebt als Statussymbol der normalsterblich-umweltfreundlichen Bevölkerung ist der Hybrid wie auch das Elektroauto eine populäre Fortbewegungsoption für die Oberschicht geworden. Denn seine Umweltfreundlichkeit bequem zu beweisen ist in, Recycling eher weniger, das ist zu viel Arbeit und außerdem sieht es niemand.

Nummer 4: Der Asiate (Japaner und Koreaner). Oft ein Resultat von Budgeteinschränkungen, wenn man trotzdem ein Auto will oder braucht. Die Asiaten dominieren den Familienautomarktanteil hierzulande. Das Auto muss groß sein, um Frau/Mann, Kind/er, Oma und Haushaltshilfe bequem unterzubringen, plus mindestens ein Wagerl und andere Dinge, die notwendig sind, wenn man mit der gesamten Familie unterwegs ist. Asiaten sind generell Familienautos, oder den Besitzern ist es einfach nur wichtig, von A nach B zu kommen, und es ist ihnen egal, ob sie sich der europäischen Kategorie anschließen können.

Nummer 5: Der Deutsche. Man hat es geschafft, und nun ist es Zeit zu beweisen, dass man den notwendigen Geschmack und das Geld dazu besitzt, dem Mittelstand anzugehören. Ganz egal, ob man dafür einen riesigen Kredit bei der Bank aufnehmen muss. Nur keinen Japaner oder Koreaner fahren, außer man möchte sich gerne als umweltfreundlich auszeichnen, denn deutsche Automodelle bieten hier noch keine wirklich erschwinglichen umweltfreundlichen Modelle an (den BMW i3 und i8 kann man für sehr viel Geld erwerben, aber nirgendwo laden).

Nummer 6: Teurer als die Wohnung. Dazu braucht's nicht wirklich viel Erklärung. Die Bentleys, Maseratis, Ferraris, Lamborghinis und McLarens dieser Welt sagen einfach über ihren Besitzer: Ich bin so reich, dass ich gleich gar nicht mehr weiß, was ich mit dem ganzen Geld anstellen soll, daher kauf ich mir einfach ein Auto, das jährlich mehr Wert verliert als meine Haushaltshilfe in drei Jahren verdient, das fast mehr Pferdestärken als der Dollarbetrag ihres Monatsgehaltes hat, obwohl ich mit diesen Pferdestärken auf der Autobahn auch nicht schneller als der Toyota meines Steuerberaters fahren darf.

Diese unwissenschaftliche Analyse bedarf keiner weiteren Worte, außer: ist jemanden eigentlich schon einmal aufgefallen, dass in Filmen alleinerziehende Frauen grundsätzlich alte Volvos fahren? Was soll das denn nur bedeuten.

Kleiderschrank-Shoppen und Pandemie

Das Leben ist schon lustig. Als ich vor etwa drei Monaten meinen Kleiderschrank öffnete, hatte ich nichts zum Anziehen und entschied mich daher oft, den Tag in Jogginghosen zu verbringen. Nach drei Monaten in Jogginghosen – dank Covid-19 – ist mein Kleiderschrank nun voll mit Kleidung, die förmlich danach schreit, von mir getragen zu werden. Und ich sehne mich danach, sie zu tragen. Wenn ich jetzt eine legale Ausrede habe, das Haus zu verlassen (wir sollen derzeit noch immer hauptsächlich daheimbleiben), gehe ich überglücklich Kleiderschrank-Shoppen. Ich sehe mir dann die verschiedenen Kleidungsstücke an, probiere sie (oft sogar mit Schuhen) und treffe nach langem und sorgfältigem Überlegen eine Auswahl und trage die Kleidung mit Gusto! Auch wenn es nur zum Lebensmitteleinkaufen oder Kinder-von-der-Schule-abholen ist.

Vor ein paar Monaten war das komplett anders. Ich konnte meine Kleidung gar nicht schätzen, suchte ständig nach neuem und trat oft unglücklich mit meiner Kleidungswahl aus der Wohnung. Ich sehnte mich danach, doch den ganzen Tag einfach in Jogginghosen verbringen zu können/dürfen. Jogginghosen sind ja keinesfalls verboten, aber auch nicht gerade sozial akzeptabel, vor allem, weil die japanischen Mütter bei uns in der Nachbarschaft schon um 7.30 Uhr morgens perfekt gekleidet und geschminkt sind, wenn sie Lebensmittel holen und Kinder in die Schule bringen. Mit Jogginghosen vertritt man dann das Bild, faul zu sein, sich nicht um sich selbst zu kümmern, oder eine Haushaltshilfe zu sein. Außerdem hinterließ uns Karl Lagerfeld ja folgendes Erbe: „Jogginghosen sind ein Zeichen des Aufgebens. Man hat Kontrolle über sein Leben verloren und tritt daher in Jogginghosen vor die Tür" (Jogging pants are a sign of defeat. You've lost control of your life, so you go out in Jogging pants – The World According to Karl, Thames & Hudson). Naja, so offensichtlich mag man das dann auch nicht machen. Man wünscht sich daher, dass Jogginghosen doch akzeptabel wären. Viele denken das schon, ich sehe nämlich täglich zahllose Frauen, die in Yoga- und Trainingshosen unterwegs sind. Man könnte nun argumentieren, dass sich auf dem Weg ins Fitness Studio befinden, aber ich bin mir ziemlich sicher, dass das nicht der Fall ist. Sie tragen nämlich Flipflops und haben auch keine Taschen bei sich, die groß genug sind, um Sportschuhe zu transportieren. Nein, nicht einmal groß genug für ein Handtuch und/oder Wasserflasche, die man beide normalerweise zum Sport benötigt. Aber Frauen in Yogahosen sind ein ganz anderes Thema. Es geht hier ja um den Kleiderschrank und unsere Unzufriedenheit mit diesem.

Natürlich ist es wunderbar, dass mir (und wahrscheinlich auch anderen) Covid-19 neue Freude an meinem Kleiderschrank geschenkt hat, aber was werden wohl die Auswirkungen auf die Modeindustrie sein?

Die lebt von konstanter Unzufriedenheit mit dem Kleiderschrank, ja feuert die Menschen mit ständig neuen Modetrends und Must-haves direkt an, um mithalten zu können! Immerhin muss man sich schon so viel wert sein! Dieser Pandemie-Erfahrung und monatelanger Geschäftsschließung nach scheint es, dass unsere Unzufriedenheit mit unserem Kleiderschrank in der Tat von der Modeindustrie inszeniert ist. Wie gesagt, die Modeindustrie lebt von unseren endlosen Käufen. Jedoch ist das den Protesten der Luxusmarken und Designern nach gar nicht der Fall. Modedesigner sind genauso gestresst wie wir Modekonsumenten. In einen Bericht, den ich vor kurzem in den lokalen Nachrichten (cna LUXURY) las, hieß es, dass der Designer von Gucci verkündete, anstelle von fünf jährlichen Modeschauen nur noch zwei zu veranstalten. Andere Modehäuser schlossen sich dieser Entscheidung an, denn mit so vielen Modeschauen könnten Designer gar nicht mehr zum Denken kommen und kreativ sein. Das sind gute Nachrichten für uns Modekonsumenten wie auch die Umwelt. Immerhin ist die Modeindustrie mit ihren indirekten (Kleidungsüberfluss) und direkten (Wasserverschmutzung, Chemikalien) Abfällen die zweit umweltschädlichste Industrie der ganzen Welt. Sogar Fliegen ist besser!

Unseren Kleiderschrank zu schätzen und weniger den Einfluss von Werbung und weniger die jährlichen Modetrends, brächte daher mehr, als wir uns vorstellen können! Also, lass uns in unseren Kleiderschränken shoppen! Danke Covid-19.

Menschliches Verhalten

Ich habe einen furchtbar dunklen, bedrückenden Bericht in unseren Nachrichten gelesen, und zwar über Covid-19 und menschliches Verhalten. Die Reportage hieß: Dinge die wir dank Covid-19 wohl (sobald) nicht mehr oder sogar nie mehr machen können: Hände schütteln, Geburtstagkuchenkerzen ausblasen (außer man feiert nur mit Familie), ein

Make-over in der Kosmetikabteilung eines Kaufhauses, Kinder in öffentliche Ballbäder springen lassen (fand ich ohnehin schon immer widerlich, was man da drinnen nicht alles findet!!), Karaoke mit geteiltem Mikrofon (wahrscheinlich nur ein Problem in Japan), sich in überfüllte Bars quetschen, Alkohol aus geteilten Eimern trinken und so weiter. Meiner Ansicht nach alles Dinge, die zumindest mir nicht besonders fehlen werden, da mir diese Aktivitäten noch nie sehr nahe am Herz lagen.

Doch das ist nicht die einzige Schwarzmalerei, die man zurzeit in den Medien erfährt. Noch bevor Restaurants und Geschäfte hierzulande nach dem Lockdown wieder eröffnet wurden, lamentierte man schon über das Ausbleiben von Kunden: „Leute werden Angst haben, in Geschäfte zu gehen! Sie werden lieber ihre Einkäufe von der Sicherheit ihres Smartphones oder Computers aus erledigen!" „Menschen werden Angst haben, in Restaurants zu essen, Kaffee trinken zu gehen! Jeder lernt nun lieber selbst zu backen, kochen und Kaffee Dalgona zu machen! Restaurants und Cafés werden sich nie mehr erholen können!" „Niemand wird sich trauen zu reisen, überhaupt einen Flieger zu betreten! Die meisten Fluglinien werden jahrelang brauchen, sich von dieser Pandemie zu erholen, selbst wenn es bald einen Impfstoff geben wird!" Kommentare dieser Art und mehr las man fast täglich in den Nachrichten. Mittlerweile sind Geschäfte, Restaurants und Cafés wieder geöffnet und belebter als je zuvor. Nachmittags ist es kaum möglich, Sitzplätze in unserem benachbarten Starbucks zu ergattern, Restaurants müssen vorgebucht werden, ansonsten bestehen schlechte Möglichkeiten, einen Tisch zu Mittag oder zu Abend zu bekommen. Wir haben das kürzlich in einem spanischen Restaurant erlebt, das bisher nicht sonderlich gut besucht war. Wir wollten um 17.30 Uhr einen Tisch, doch da wir nicht dazugekommen waren, einen Tisch zu reservieren, wurde unsere Besuchszeit auf eine Stunde limitiert. Bei populären Geschäften ist es ähnlich. Viele sind derart gut besucht, dass man sich anstellen muss, um eine Shopping-Erfahrung genießen zu können. An Nachmittagen und Wochenenden wimmelt es in einst halbtoten Einkaufszentren von Besuchern.

Und mit dem Fliegen ist es ähnlich. Es herrschen zwar noch immer Reisebeschränkungen, doch schlaue Fluglinien-Marketingabteilungen haben sich Flüge ins Nirgendwo und Restauranterfahrungen in geparkten A380-Fliegern ausgedacht. In beiden Fällen waren Sitze innerhalb von Minuten ausverkauft, obwohl einem eine ‚Inflight-Dining-Experience' bis zu US $ 400 für die First-Class Erfahrung kosten konnte. Und wenn man es nicht geschafft hatte, einen engen Sitzplatz im Flieger zur Aufnahme des Fluglinienfutters zu ergattern, konnte man sich Flugmahlzeiten nun auch nach Hause liefern lassen. Einst verhasstes Flugzeugessen wird jetzt mit Heißhunger runtergeschlungen. Auch Kreuzfahrten ins Nirgendwo waren innerhalb einer halben Stunde hoffnungslos ausgebucht, und Pläne, mehr dieser Kreuzfahrten anzubieten, sind in den Pipelines. Sogar einst vergessene Strände und Parks haben an Popularität gewonnen, gezwungenermaßen. Denn mit Reiseverboten und wenig Raum für Inlandsreisen wenden sich urlaubshungernde Menschen Stränden und Parks zu. Einen Platz am Strand muss man sich mittlerweile auch vorbuchen, und Parks beschränken die Besucherzahlen. Singapur hat kürzlich auch eine sogenannte Reiseblase zwischen Singapur und Hongkong angekündigt, ohne viele Details zu veröffentlichen. Die Preise für Flugtickets nach Hongkong (und Singapur) sind innerhalb von einem Tag um 40 Prozent angestiegen, Internetsucheingaben für Flüge von Hongkong nach Singapur sind um 400 Prozent gestiegen, und das trotz den voraussichtlich extra US $ 600 Kosten für Covid-19 Tests, die zu dieser Flugreise notwendig sind.

Die wenigsten haben Angst vor dem Virus, jeder vermisst die Vor-Covid-19 Zeiten, außer das Pendeln. Und an manchen ist es direkt vorbeigegangen, dass Covid-19 höchst ansteckend ist. USA und Frankreich feiern wie gewohnt, die Österreicher gehen zum Skifahren, trotz Warnungen von Regierung (nicht im Falle der USA) und der

Weltgesundheitsorganisation, was in beiden Fällen zu hohe Ansteckungszahlen führt.

Das nennt man menschliches Verhalten. Menschen sind Gewohnheitstiere, und permanente Veränderungen in menschlichem Verhalten treten nur langsam ein. Gewohnheit ist eine Komponente der Lebensqualität, und Gewohnheiten an- und abzulernen dauert. Oft besteht auch gar keine Motivation, Veränderungen in Gewohnheiten zu erzielen. Wissenschaftlichen Untersuchungen nach kann es zwischen 18 und 254 Tage dauern, bis eine Person eine neue Gewohnheit entwickelt hat, und durchschnittlich 66 Tage, bis ein neues Verhalten automatisch wird, etwa eine neue Aktivität wie täglich 30 Minuten zu Joggen als Gewohnheit in seinen Tagesablauf einzubauen. Oder man denke an Raucher, wie lange es bei denen dauert, sich das Rauchen abzugewöhnen, trotz Nikotinpflaster.

Wir lernen den Großteil unseres Verhaltens von unserer unmittelbaren Umwelt, durch Beobachtungen von zuerst Eltern, Geschwistern, Verwandten, Freunden und Bekannten. Doch manchmal gehen die Bedeutungen von Verhaltensweisen und Symbolen bei Beobachtungen im ferneren Umfeld verloren. Ein Beispiel dafür eröffnete sich mir vor ein paar Stunden. Wir hatten uns heute Morgen entschieden, in unserer benachbarten Einkaufsstraße einen Spaziergang zu machen und danach auf ein einheimisches Frühstück in einem sogenannten Coffeeshop einzukehren. Hörte sich gut an, was wir allerdings vergessen hatten, war, dass wir auf dem Weg in den Coffeeshop an einem Einkaufszentrum vorbei mussten, und das an einem Sonntag, dem einzigen freien Tag der Haushaltshilfen. Es ist das Besuchsziel der philippinischen Frauen, die hier arbeiten. Am Eingang und um den offenen Bereich des Einkaufszentrums befand sich eine unglaubliche Menschenmasse, die hauptsächlich aus Haushaltshilfen bestand. Menschansammlungen dieser Art stellen eine fantastische Möglichkeit für Sozialwissenschaftler dar, wertvolle Beobachtungen zu sammeln, und so fiel mir auf, dass die meisten sehr modisch gekleidet waren, in Skinny-Jeans und Guess-T-

shirts, und auch sehr viele Handtaschen trugen, die Designerhandtaschen wie Gucci und Louis Vuitton glichen, jedoch nicht 100 Prozent
mit dem Original übereinstimmten. Ohne es beurteilen zu wollen muss
ich annehmen, dass der Großteil der Taschen nicht authentisch war, vor
allem, da die Preise authentischer Produkte dem vier- bis fünffachen
des monatlichen Gehalts der Haushaltshilfen entsprechen, und viele ihr
fast gesamtes Gehalt ihren Familien in den Philippinen zukommen lassen. Doch ob die Taschen authentisch sind oder nicht scheint in diesem
Kontext gar nicht mehr von Bedeutung zu sein, denn nur der Besitz
einer Logohandtasche ist ausschlaggebend. Modetrends, wie etwa Lo-
gohandtaschen, zu folgen, ist ein Ticket zur Zugehörigkeit und ist ein
erlerntes, beobachtetes Gruppenverhalten. Symbolkraft und Bedeutung
der Waren gehen verloren, das Design und die Logos werden zur Mode,
stehen nicht mehr für die Marke und deren Ideologie. Die Logos sind
schlicht und einfach Mode, und eine dieser Logotaschen zu besitzen ist
Teil des Gruppenverhaltens. Über den Ursprung und Hintergrund eines
Verhaltens machen sich die wenigsten Gedanken, genauso wenig wie
über die Folgen. Und daher ist gewohntes Verhalten auch schwer zu
verändern.

Dinge, die wir schon seit Jahrzehnten machen, legen wir so schnell
nicht ab, und Gewohnheiten nachgehen zu können ist ein großer Teil
der wahrgenommenen Lebensqualität. Und wenn plötzlich ein lästiges
Virus daherkommt, das droht, gewohnte Verhaltensweisen zu stören,
dann sagen sich wohl viele: „So, und jetzt will ich erst recht leben!"

Spielzeugindustrie und künstliche Haustiere

Seitdem wir Kinder haben, besuchen wir Spielwarengeschäfte noch öfters als zuvor. Ich bin kein sonderlich großer Fan von Spielzeug, mit
der Ausnahme von Lego, aber mein Mann interessiert sich für Spielsachen, als wäre er nie aus seinen Kinderschuhen rausgewachsen. Und

dank unsere schon jahrelangen Spielwarengeschäftebesuche besitze ich ein gutes Verständnis von der Spielwarenevolution. Seit meiner Kindheit haben sich Spielsachen stark verändert. Die Regale in den Spielzeuggeschäften meiner Kindheit waren dominiert von Stofftieren, Legos, Playmobiles, Barbies und Matchbox-Autos. Später trafen andere, hauptsächlich amerikanische Spielwaren auf den Regalen ein: Mein kleines Pony, Polly Pockets, Micro-Machines und so weiter. Doch eines hatten die meisten Spielwaren gemeinsam: Man konnte mit ihnen spielen. Das scheint sich in der letzten zehn Jahren etwas verändert zu haben. Spielwaren haben sich zu Sammlerobjekten entwickelt und sind teilweise so teuer geworden, dass normal-sterbliche Eltern Beträge dieser Höhe nicht in die einfältige Unterhaltung ihrer Brut investieren wollen.

Wir befanden uns kürzlich auch mal wieder auf der Jagd nach neuen Spielsachen, und das erlaubte mir die Möglichkeit, viele neue, teilweise enttäuschende Entdeckungen in der Spielzeugwelt zu machen. Zwischen Lego, Playmobil, Matchbox-Autos und Brettspielen entdeckte ich japanische Roboter, Plastikküchen, Lebensmittelgeschäftskassen und Haushaltsgeräte in Kindergröße, aber auch noch viel merkwürdigere Kinderunterhaltungsobjekte. Slime (das ist klebriger Schleim in Plastikbechern), bunte Kot-Häufchen und künstliche Haustiere. Künstliche Haustiere gehen mir noch in den Kopf, das ist offensichtlich ein Versuch, die endlose Kleintierqual zu beenden. Immerhin landen jährlich erstaunliche 6.5 Millionen einst geliebte Haustiere in den USA alleine aus Besitzerlangeweile und/oder Überforderung in Tierheimen. Wie viele es nur auf die Müllhalde oder in die Freiheit schaffen, ist etwas unklar. Doch können Plastikgestalten in Kindern Mitgefühl und Fürsorge kultivieren? Der pädagogische Wert von Slime und bunten Plastikkot-Spielzeug mit Gesichtern entgeht mir jedoch vollkommen. Slime ist anscheinend ein großer Hit bei Kindern. Wir kamen auch für etwa zwei Jahre in den Genuss von Slime-Besitz, als meine Schwägerin eine Packung für meine Kinder mitbrachte. Der Slime war am Ende des

Besuches überall, in Haaren, auf dem Boden, in der Kleidung, sogar auf der Kinderbettwäsche. Am nächsten Morgen warf ich das Zeug verärgert weg.

Wir entschieden uns an jenem Tag, ohne Spielzeugkauf das Geschäft wieder zu verlassen. Ein paar Tage später befanden wir uns in einem Gemischtwarenladen, in dem Fußballsammelkarten verkauft werden, die derzeit bei meinen Männern große Beliebtheit finden. Als wir für ein paar ausgewählte Packungen bezahlten, schob der freundliche Mann an der Kasse eine große Packung von Fußballkarten über den Tresen und erklärte meinen Kindern, dass sie diese umsonst von ihm dazubekamen. Es stellte sich später heraus, dass sie diese Karten nicht verkaufen ließen, da es unmöglich ist, mit ihnen zu spielen, und Kinder daher kein Interesse an jenen haben. Der Hintergedanke in der Entwicklung dieser Karten war wohl, sie als Sammelobjekte zu vermarkten, doch Kinder sammeln nicht, sie spielen. Eine freundliche Geste des Mannes war es trotzdem, und die Kinder hatten viel Spaß dabei, 50 Sammlerpackungen aufzureißen.

Ähnlich ist es bei vielen Lego-Sets. Wir besuchen des Öfteren einen Laden, der sich komplett auf Lego spezialisiert hat. Es stellt sich jedes Mal als äußerst schwierig heraus, diesen Laden wieder zu verlassen, denn das Angebot an Lego-Sets ist fantastisch, aber leider sind sehr viele dieser Sets absurd teuer. Lego Reihenhäuser von Creator werden für US $ 300 angeboten, und die Sammlerausgabe von dem Star Wars Lego Millennium Falcon kann leicht bis zu US $ 800 kosten (ich habe dieses Set auch schon für US $ 2500 gesehen). Es stellt sich heraus, dass Lego spezielle Ausgaben für Erwachsene herausbringt, wie zum Beispiel die Creator Expert Reihe und Lego Ultimate Collector's Series. Beide Reihen steigen jährlich an Wert, in den meisten Fällen allerdings nur, wenn die Verpackung geschlossen und intakt bleibt. Sobald damit gespielt wurde sind die so gut wie nichts mehr wert.

Doch angesichts neuester Entwicklungen in der Spielzeugindustrie bekomme ich den Eindruck, als wäre Spielzeug heutzutage von

Kinderlosen entwickelt, oder zumindest nicht im Interesse von Kindern. Sind Spielwarendesigner neidisch auf Kinder? Auf ihre Freiheit, Träume ausleben zu können? Dass sie ohne weitere schwerere psychische oder soziale Folgen in ihre Fantasiewelten abtauchen können? Ist es die kindliche Sorglosigkeit? Tägliches Entdecken neuer Dinge, das Spielwarendesigner dazu motiviert, unkindliche Spielwaren zu entwickeln? Oder leben sie in einem endlosen Zyklus der Frustration, als Kind nicht alle ihre Spielzeugträume erfüllt bekommen zu haben, und bekommen ihre Zufriedenheit nun von unspielbaren Spielsachen? Oder es ist die Marktnachfrage, denn viele Erwachsene sind Verbraucher von Spielwaren. Und da Erwachsene, vor allem kinderlose Erwachsene, tiefere Taschen und mehr Leidenschaft für Spielwaren besitzen als Erwachsene mit Kindern, geht die Spielzeugindustrie auch auf Bedürfnisse der Erwachsenen ein. Das habe ich erst kürzlich erlebt. Vor ziemlich genau einem Jahr wurden elektrische Roller hierzulande auf Fahrradwege verbannt, und da es hier so wenige Fahrradwege gibt, dass sie praktisch komplett ausgerottet wurden, steigen leidenschaftliche Rollerfahrer auf übergroße Kinderroller um, sprich Trittroller. Vor ein paar Wochen traf ich auf ein Pärchen auf Trittrollern bei einem meiner morgendlichen Spaziergänge. Sie sausten an mir vorbei, sie voraus, er, etwas pummelig, hinterher. Beide mit Tüten von Cafés beladen, die wohl ihr Frühstück enthielten. Ob die zwei wohl auch Lego-Sets sammeln?

Manche Erwachsenen werden nie erwachsen, und andere, anscheinend vor allem Spielwarenentwickler, waren wohl nie Kinder.

Braucht man eigentlich Glück zum Glück?

Dank der Sammlersucht meines Mannes hat meine Familie angefangen, Fußballkarten zu sammeln. Das ist eigentlich ganz nett, denn meine drei Männer können sich damit ganz toll unterhalten. Es macht jedem Spaß. Und so kommt es, dass sich meine Kinder als Belohnung für gute Noten oder gute Manieren Fußballkarten aussuchen dürfen. Die werden in verschlossenen 5er-Packs verkauft, man weiß also nicht, welche Spieler drinnen sind. Die Packs aufzumachen, finden mein Mann und meine Kinder immer ganz besonders spannend. Doch oft gibt es auch Tränen, denn nicht alle Karten sind gleich, es gibt gute Spieler, tolle Spieler und sehr beliebte Spieler. Interessanterweise hat der kleinste Mann der Familie immer die besten Karten. Erst vor ein paar Tagen durften sich die beiden eine Sonderausgabe von Fußballpacks aussuchen. Jede dieser Sonderausgabe sollte einen von fünf ganz besonderen Spielern enthalten. Mein jüngerer Sohn meinte ganz selbstbewusst, dass er Eden Hazard in seiner Packung haben will. Um eine Enttäuschung zu vermeiden, erklärten wir ihm, dass zwar Chancen dafür bestanden, diese aber nicht sehr gut seien. Er suchte sich einen Pack aus, öffnete es und hielt auch schon die Eden Hazard Karte in der Hand. Der ältere Bruder hat nicht so viel Glück, seine Fußballpacks enthalten so gut wie nie einen gefragten Spieler. Er geht mittlerweile so weit, dass er seinen jüngeren Bruder darum bittet, die Karten-Packs für ihn auszusuchen. Ein goldenes Händchen nennen die beiden das Glück des Jüngeren. Und so ist mir bei den Beobachtungen meiner Kinder aufgefallen, dass es Leute gibt, die sehr oft Glück haben. Es rutscht ihnen ein Glas aus der Hand, aber sie fangen es gerade noch, oder die Vogelsch… landet einen Zentimeter neben ihnen (oder ist das Pech?). Man hat auch schon Mehrfach-Lotto-Gewinnern gehört. Glückliche landen oft Glücksgriffe. Andere haben sehr viel Pech und wieder andere haben weder Glück noch Pech, die gewinnen nie etwas, es fallen ihnen aber auch keine Gläser runter. Mein älterer Sohn und ich zum Beispiel fallen in die letzte Kategorie. Wir haben selten traditionelles Glück, wie Glück im Spiel. Ich habe bei Glücksziehungen erst einmal etwas gewonnen, und das war ein Wasserkocher, den ich schon zuhause hatte. Meine Kollegin gewann ein Laptop.

Mein damaliger Englischlehrer beschrieb mein Level an Glück folgenderweise: „Wenn man dir 99 Töpfe Honig und einen mit Sch …

vorsetzt, dann steigst du in den mit Sch …" Meiner Ansicht nach ist das zwar eher eine Sache der Perspektive, die Fliege würde es als Glück betrachten, die Biene wohl nicht, aber fair genug. Oder man kann auch pragmatisch damit umgehen, eine Biene mit Fliegengeschmack! Man kann auch aus den schlechtesten Karten etwas Positives machen.

Doch wie definiert man eigentlich Glück? Und vor allem, kann man ohne Glück auch sein Glück finden? Kann man ohne Glück glücklich sein? Im Englischen ist es etwas offensichtlicher: „Luck" und „Happiness" lassen sich beide mit dem Begriff „Glück" ins Deutsche übersetzen, doch „Luck" ist eher das Spielerglück oder Glück bei einer Prüfung, während „Happiness" eigentlich „Glücklichkeit" ist. Und dann gibt es „Bliss", die Glückseligkeit. Glück wird offiziell definiert als „etwas, was Ergebnis des Zusammentreffens besonders günstiger Umstände ist; besonders günstiger Zufall, günstige Fügung des Schicksals" und auch als personifiziertes Glück, als Fortuna. Fortuna lacht auf einen nieder, auf Leute mit Glück. Glück hat allerdings die Tendenz, einem nur temporäre Glücklichkeit oder Glückseligkeit zu schenken. Die Freude über eine gute Karte oder einen Lottogewinn hält nicht ewig an, und man braucht viel mehr als gute Karten und Geld (oder vielleicht braucht man das gar nicht), um glücklich zu sein. Glücklichkeit und Glückseligkeit müssen wir uns selbst erarbeiten, suchen und vor allem erkennen. Reines Glück reicht also wohl nicht, und ist wahrscheinlich auch gar nicht notwendig, um glücklich zu sein. Es macht das Leben nur etwas angenehmer. Doch hat man nur ein gewisses Quantum an Glück? Man sagt ja auch gerne, dass man kein Glück mehr hat. Aber was auch immer der Fall ist, wenn man kein traditionelles Glückhat, dann heißt das noch lange nicht, dass man Pech oder Unglück hat. Das Lustige an Glück und Unglück ist, dass die Abwesenheit von Glück nicht Unglück bedeutet, genauso wie die Abwesenheit von Unglück nicht als Glück kategorisiert wird, was aber der Fall sein sollte. Denn ist es nicht ein Glück, kein Unglück zu erfahren?

Es ist nur etwas schwierig, das meinem älteren Sohn klarzumachen, der sich natürlich des Öfteren ärgert, scheinbar nie so großes Glück wie sein kleiner Bruder zu haben!

Fahrradfahren und andere Alternativfortbewegungsmittel

An Tagen wie heute, wenn es schon am frühen Morgen blitzt und donnert, steigt dieses Gefühl auf, das man manchmal mitten in der Nacht bekommt, wenn man plötzlich in Schweiß ausbricht und sich daran erinnert, seine Lieblingsjeans weggeworfen zu haben, nur weil sie ein jämmerliches Loch hatte, zu eng war und man sie nur einmal jährlich trug. Ich vermisse an solchen Tagen unser Auto, bereue die Entscheidung, uns von ihm getrennt zu haben und denke mir: „Ach, wem mach ich den Schmarrn eigentlich vor? Ohne Auto will ich bestimmt nicht sterben, und vor allem nicht bei Blitz und Donner!" Autos waren immer mein persönlicher Luxus, außer Schuhen und Autos brauchte ich eigentlich nichts, außer vielleicht Reisen, aber da dazu ja im Augenblick keine Möglichkeit besteht, scheitert Reisen als gültiges Argument.

Vor ein paar Tagen, beim Abendessen, fragte mein Mann unsere Kinder, ob sie denn gerne wieder ein eigenes Auto hätten. In Abstimmung sagten sie: „Nein!" und mein jüngerer Sohn argumentierte: „Papa, es ist doch viel besser, das Geld für Flugtickets auszugeben! Dann können wir überall hinfliegen! Nach Deutschland, nach Hongkong, nach Dubai! Überall!" Daraufhin meinte mein Mann: „Aber wenn wir uns einen Sportwagen kaufen?" „Ja!" Vernünftig zu sein fällt manchmal so schwer.

Doch auch andere Menschen, auch in anderen Ländern haben sich als Folge der Pandemie und Umweltbedenken alternativen Fortbewegungsmitteln zugewandt. Denn Studien nach verbringen die meisten Autos 95 Prozent ihres ‚Lebens' geparkt. Zuerst wurden sie ausgelacht, die Fußgänger, die e-Scooterfahrer, die hier nun auf Straßen und Gehwegen verboten sind, weil sich ihre Benutzer nicht beherrschen konnten und so viele unschuldige Fußgänger umnähten, und die Stadtradler, die auch manchmal gnadenlos überfahren werden, aber kein Autoverbot nach sich zieht. Erst kürzlich ist an unserer Kreuzung ein solcher Unfall passiert. Ein Autofahrer unterschätzte die Geschwindigkeit eines Fahrradfahrers, nahm ihm die Vorfahrt und fällte diesen mitsamt Sicherheitspfosten an der Kreuzung. Da überfahrene Radlfahrer nicht sehr positiv für das Image meiner Wahlheimat sind, und auch nicht besonders gut zu dem Masterplan passt, Privatautobesitz drastisch zu reduzieren, wurde der Ausbau von Fahrradwegen versprochen. Bis 2030 soll es 700km Fahrradwege in Singapur geben. Allerdings befinden sich die hauptsächlich an der Küste, außerhalb der Stadt, und werden wohl keine Veränderung im Pendelverhalten arbeitender Radlfahrer mit sich ziehen.

Andere Länder reagieren etwas schneller und gezielter auf den Trendwechsel in städtischer Fortbewegung: Paris (immer die Franzosen!) hat schon seit 2015 700km Fahrradwege und ist dabei, diese noch weiter auszudehnen. Noch vor der Covid-19 Krise versprach die Bürgermeisterin von Paris, Anne Hidalgo, jede Straße der Stadt bis 2024 fahrradfreundlich zu machen. Covid-19 hat diese Pläne beschleunigt. Einer ihrer Pläne, mehr Platz für Fahrradwege zu schaffen ist, die schon limitierten Zahl an Parkmöglichkeiten am Straßenrand in Paris um weitere 72 Prozent zu reduzieren. Und dank Covid-19 und des Transitstreiks 2019 wird dieser Plan nicht nur von den Bürgern unterstützt, sondern die Anzahl an Fahrradfahrern in der Stadt ist auch innerhalb eines Jahres um 131 Prozent angestiegen. 116 weitere Städte in Frankreich schließen sich den Plänen an, mehr Fahrradwege von Autostraßen zurückzufordern.

Aber nicht nur Privatpersonen sind auf dem Markt für alternativen Transport. Vor ein paar Tagen war ich mal wieder zu Fuß unterwegs. Ich hatte gerade meinen jüngeren Sohn in der Schule abgegeben und war auf dem Heimweg. Da stoppte mich ein etwas ungewöhnlicher Anblick in meinem zügigen Gang (ich bin grundsätzlich in Eile, auch wenn ich es nicht bin). Zwei Polizisten stiegen vor meinen Augen in ein Taxi ein, und das Taxi fuhr los. Dieser Anblick erinnerte mich stark an einen Film, von dem mir mein Ehemann endlose Geschichten erzählt hatte, da ich ihn selbst verpasst hatte. Der Hollywood Film heißt auf Englisch ‚Stuber‘, und soweit ich es verstanden habe, geht es da um einen Polizisten (oder Detektiv), der keinen gültigen Führerschein besitzt und daher auf seiner Polizeiverfolgung auf ein ‚Uber‘ (ein Auto mit Fahrer, das man über eine App am Smartphone buchen kann) zurückgreifen muss. Der französische Film ‚Taxi‘ (und Taxi II), der vor Smartphones und Apps rausgebracht wurde, hat einen ähnlichen Plot. Jedenfalls liegt die Komik dieser Filme in der Tatsache, dass Polizisten öffentliche Verkehrsmittel verwenden müssen, um Kriminelle zu verfolgen und ihre Fälle zu lösen. Bei meinem morgendlichen Anblick dieser zwei Polizisten hatte ich also verständlicherweise plötzlich das Gefühl, in einer Polizei-Komödie gelandet zu sein. Kurz darauf las ich in den (Klatsch)Nachrichten von einem ähnlichen Vorfall: Polizisten verwirrten Bürger, indem sie in ein Grab (andere Version von Uber) einstiegen und ihr Polizeigeschäft erledigten. Man rätselte, ob das eine Strafe dafür sein könnte, da vor kurzem ein Polizist einen Dienstwagen an einen Laternenmasten gefahren hatte, oder ob es der Wirtschaft wirklich so schlecht ginge, dass sich nicht einmal die Polizei mehr Dienstwägen leisten könne. Ich versuche mich davon zu überzeugen, dass es sich dabei um Umweltfreundlichkeit handelt. Doch ob Polizisten, die mit Taxis an Tatorten ankommen oder auf Patrouille gehen, so viel Respekt bekommen wie in einem gekennzeichneten Polizeiwagen? Wer hat nicht schon über Fußpolizisten und Radl-Polizisten gelacht. Mindestens eine Pferdestärke ist notwendig, um mit etwas Achtung behandelt zu werden. Nicht für jeden sind Alternativfortbewegungsmittel eine Option, und/oder attraktiv.

Bis wir wieder Reisen können oder uns ein neues Auto kaufen, stopfe ich die Löcher in meiner Autoseele mit Schuhen. Mein Mann schaut sich schon längst wieder nach einem neuen Auto um, sagt aber jedes Mal: „Nein, so eine Geldverschwendung! Nein, diese Reparaturen! Nein, immer dieses Parkplatzfinden!" Doch ich weiß, er macht sich auch selbst etwas vor, vor allem, nachdem wir kürzlich den ultimativen Stich in unser Autoherz versetzt bekamen: Ein goldenes Bentley GT Cabriolet, gefahren von zwei jungen Expatfrauen. Wenigstens war die Farbe hässlich, die des Bentleys.

Verlust der Sinne

Die meisten Buchhandlungen hierzulande haben zugemacht, da Bücher in Papierform anscheinend nicht mehr sehr gerne gelesen werden, und wenn, dann besorgen sich viele die Bücher online bei Amazon und dergleichen. Ich bin altmodisch. Ich kaufe mir meine Bücher noch in einer der uns wenig übergebliebenen Buchhandlungen, die übrigens meistens sehr gut besucht ist. Diese Buchhandlung befindet sich in einem großen Einkaufszentrum, und um einen Umweg zu vermeiden, muss ich meinen Weg durch die Kosmetik- und Parfumabteilung machen. Auf diesem Weg werden mir regelmäßig kleine, auf Papierstückchen gesprühte Parfumproben angeboten. Ich nehme sie immer gerne an, denn ich stecke sie in meine Handtasche oder meinen Geldbeutel, denen sie für ein paar Tage einen angenehmen Geruch verleihen (kommt natürlich auf das Parfum an). Doch bei jedem dieser Kurzbesuche in der Parfumabteilung wundere ich mich, ob die stets gelangweilten Parfum- und Kosmetikverkäuferinnen überhaupt noch einen Geruchssinn für ihr Parfum haben. Ich frage mich das oft. Man bedenke nämlich, dass sie den ganzen Tag, sechs Tage pro Woche starkes Parfum riechen müssen, vor allem die Verkäufer, die einem Riechproben anbieten.

Ich habe mal gelesen, dass sich das Gehirn nach einer Weile an repetitive, ungefährliche Geräusche gewöhnt und diese dann nicht mehr bewusst wahrnimmt. Das heißt, wir sind uns nur Geräuschen bewusst, die wir nicht ständig, stundenlang, jahrelang hören (nicht der Fall bei

Kindergeschrei. Das Muttergehirn kategorisiert das wohl als wichtig und Notfall. Renovierungsgeräusche auch nicht, fallen in die Kategorie von Gefahr und Flucht). Ich frage mich, ob das bei Geruch auch der Fall ist. Und trifft es auf jede Art von Geruch zu? Vor allem auch, wenn man an Leute denkt, die ihr tägliches Butterbrot durch Arbeit mit Müllentsorgung oder in der Kläranlage verdienen. Bei Arbeitern in der Kläranlage bin ich mir nicht sicher, doch ich nehme an, sie tragen Masken, die den Geruch der Anlage etwas mildern, aber ich habe noch nie Müllabfuhrarbeiter gesehen, die Masken oder ähnliches tragen, die möglicherweise den unangenehmen Müllgeruch reduzieren könnten. Mir wird es ja schon fast übel, wenn hierzulande eine Müllabfuhr vorbeifährt und dann vielleicht auch noch stehen bleibt, um Müll aufzuladen. Kann das Gehirn alltägliche, ungefährliche Gerüche blockieren?

Ich würde Parfumverkäufern gerne diese Frage stellen, um auf eine etwas wissenschaftlichere Antwort zu kommen, aber ich befürchte, dass sie sich dessen gar nicht bewusst sind, und meine Frage ihren Geruchsinn wieder erwecken könnte. Hypothetisch wäre das doch eine Qual. Wen macht starker Parfumgeruch denn nicht übel? Oder der Geruch von Verwesung und des Verrottens.

Wissenschaftlich kann eine Überladung der Sinne und des Gehirns zu temporärer Abstumpfung und zu Verlust des Sinnes führen. Parfum-, Abfall- und Klärgeruch kann neutralisiert und zur Gewohnheit, zum Alltag werden. Und genauso kann auch alles andere zum Alltag werden, nicht nur ungefährliche Gerüche oder Geräusche. Meine Oma väterlicherseits drückte das passenderweise aus: Immer schön ist nie schön. Sie bezog sich damit hauptsächlich auf Alltagskleidung und Sonntagskleidung, und die Tatsache, dass, wenn etwas Besonderes wie schöne Sonntagskleidung alltäglich wird, nichts mehr Besonderes ist, da sie sich nicht von der Alltagskleidung unterscheidet. Der Kontrast geht verloren und stumpft unsere Wahrnehmung des Außergewöhnlichen ab. Ich habe das an mir selbst ausprobiert, nicht mit Kleidung, dafür bin ich mir zu faul, aber mit Schuhen. Ich habe angefangen, jeden Tag meine

Lieblingsschuhmarke zu tragen. Ursprünglich freute ich mich darauf, meine besonders schönen Schuhe zu besonderen Anlässen zu tragen, sie steigerten die Vorfreude und das gesamte Ereignis. Doch das legte sich schnell. Sie wurden mir auf Dauer zu langweilig, ich konnte sie nicht mehr schätzen und griff auf meine Alltagsschuhe zurück. ‚Immer schön' wurde auf Dauer ‚nie mehr schön'. Diese Abstumpfung trifft auf so viele Dinge zu und ist ein Zeichen unserer Wohlstandsgesellschaft. Diese Abstumpfung ist verantwortlich für die Traurigkeit des Alltagsluxus. Was von anderen, weniger privilegierten und vielleicht sogar von unseren Großeltern als Luxus betrachtet wurde, ist für uns Alltag. Wir schätzen es auch kaum, ein eigenes Auto zu besitzen, ein Dach über dem Kopf und gutes Essen auf dem Tisch zu haben. Nicht einmal jährliche Urlaube sind unserer Aufmerksamkeit würdig. Und so ist es mit jeder Art von Luxus, den man sich zum Alltag macht. Luxus verliert seinen Glitzer, das Besondere. Er wird langweilig und normal. So ist es auch mit Designer- und Luxusprodukten. Seitdem sich in der Verfolgung höherer Gewinne und zufriedener Aktienteilhaber exklusive Luxusmarken wie Louis Vuitton, Prada und Gucci dem Massenluxusmarkt zugewendet haben, sieht man die kleinen Logos von Louis Vuitton, Prada und Gucci fast überall, im Lebensmittelgeschäft an den Schultern von Hausfrauen und auf den Covid-19-Masken von Fast-Food Lieferanten. Jeder will ein Stückchen Designer-Luxus, und dank des erschwinglicheren Produktangebots der Luxusmarken und gefälschter Luxusgüter aus aller Welt kann das sich auch so gut wie jeder leisten. Doch Massenluxus ist kein Luxus, immer schön ist nie schön, und bald muss man sich wohl etwas Neues suchen, um das Gefühl des Besonderen und Schönen zu erfahren. Ich habe mir eine neue (vorläufige) Lieblingsschuhmarke gesucht, doch viel schlauer wäre es, meine schönen Schuhe einfach wieder nur zu besonderen Anlässen zu tragen, denn die neue Marke verliert wohl auch bald wieder seinen Reiz, wenn ich sie zum Alltag mache. Verlust der Sinne und die Traurigkeit des Alltagsluxus: Gut für manche, eine traurige Realität für andere. Um nicht in den traurigen Alltagstrott zu verfallen, sollten wir uns ab und zu die Zeit nehmen, stehen zu bleiben und die Rosen zu riechen, davon rate ich Parfumverkäuferinnen und Angestellten in Müllentsorgungs- und Klärbereichen allerdings ab.

Es kommt immer anders als man denkt –
Umgekehrte Psychologie

Ich liebe Pläne. Ich mache ständig Pläne und Listen. Listen mit Nummern, damit Dinge auch wie geplant in genauester Reihenfolge ablaufen. Aber das komische ist, die meisten meiner Pläne stellen sich als Zeitverschwendung heraus, da entweder einer daherkommt, der ganz andere Pläne hat, oder sich alles ganz anders abspielt als man es so sorgfältig geplant hatte. So kommt es zum Beispiel des Öfteren vor, dass ich plane, etwas Tolles am Wochenende zu kochen, und dann kommt plötzlich mein Mann daher, und will lieber essen gehen. Oder, ich plane, mich mit einer Freundin zum Mittagessen zu treffen, und genau an diesem Tag wird ein Kind krank. Doch viel größere Pläne wurden mir schon vermasselt. Ich plante zum Beispiel, eine berühmte Architektin zu werden, einen englischen Oldtimer zu fahren, und ein Pferd zu haben. Außerdem wollte ich in Italien leben, wo es meistens schön warm ist. Nichts da, keiner meiner Pläne ist zustande gekommen! Oder zumindest ganz anders! Das ist nämlich ein weiteres Problem mit Plänen und Wünschen. Wenn man diese nicht genauestens definiert, dann bekommt man ganz komische Versionen als Erfüllung. Eine berühmte Architektin bin ich nicht geworden, nicht einmal eine Architektin. Das einzige, was ich entwerfe, sind fantasiereiche Theorien. Einen Oldtimer fahre ich auch (noch) nicht, nur ein altes Auto. Aber das kann sich ja noch ändern, denn wenn ich mein jetziges Auto lang genug fahre, wird es in 20 bis 30 Jahren auch ein Oldtimer! Geduld ist angesagt! Das mit dem Pferd ist etwas komplizierter. Ein Pferd habe ich schon bekommen, allerdings nicht so eines, wie ich es mir vorgestellt habe. Dem chinesischen Horoskop nach ist nämlich mein Mann ein Pferd. Mit Italien wurde auch nichts. Es ist hier in Singapur zwar schön warm und immer sommerlich, aber die Pizza schmeckt nicht ganz so gut wie in Italien. Außerdem sind die Leute hier viel schlechter gekleidet … Aber das ist eine andere Sache.

Oder man nehme dieses Jahr als weiteres Beispiel. Ich bin dieses Jahr 40 geworden. 40 ist eine besondere Jahreszahl. Nicht nur, dass sich Vier auf Chinesisch anhört wie das chinesische Wort für Tod, sondern 40 steht auch für das Ende des Jungseins und für die Mitte des Lebens (Durchschnittsalter in entwickelten Ländern ist etwa 80 Jahre). Fünfzig ist nicht mehr so schlimm, man fällt immerhin seit zehn Jahren in die ‚Alt-Kategorie‘, 60, 70, 80 und so weiter auch nicht, denn eine ‚Uralt Kategorie‘ gibt es nicht. Und sobald man 100 überschritten hat, feiert man jedes Jahr wieder groß, denn das schafft nicht jeder. Jedenfalls hatte ich für dieses Jahr ganz tolle Pläne. Da wir letztes Jahr fast nicht zum Reisen gekommen waren, wollte ich in meinem 40sten Geburtsjahr ganz viel reisen. Zuerst nach Deutschland und dann zusammen mit meinen Eltern nach Wien und Budapest, vielleicht sogar auch noch nach Prag. Dann war entweder eine China- oder Japanreise geplant. Nur gut, dass wir noch nichts gebucht hatten, denn das Universum hatte seine eigenen Pläne. Schon gleich zu Anfang des Jahres erreichte die COVID-19 Pandemie die Ufer meiner Wahlheimat und breitete sich dann rapide auch im Rest der Welt aus.

Seitdem plane ich nichts mehr, nicht einmal Mittag- und Abendessen. Etwa eine Stunde vor der anstehenden Mahlzeit schau ich in den Kühlschrank und Vorrat, ist da etwas Verwertbares drinnen, mache ich da etwas draus, wenn nicht, gehe ich entweder schnell bei unserem 24 Stunden Lebensmittelgeschäft etwas passendes einkaufen, oder wir bestellen etwas online, das zwar für ein wenig Aufgeld doch innerhalb von 30 Minuten geliefert wird, ohne dass ich mehr als meinen rechten Zeigefinger krümmen musste. Wunderbar. Stressfrei, Enttäuschungen so weit wie möglich vermieden.

Bei so vielen Planumstellungen stellt sich die Frage, warum wir überhaupt Pläne machen. Ist alles für uns vorbestimmt oder haben wir doch auch was zu sagen, wie sich unsere Zukunft ausspielen soll? Es gibt da verschiedene Philosophien, und die laufen auf Optimismus und Pessimismus hinaus. Die Optimisten sind der Überzeugung, dass sie mit ihren Plänen und Taten den Ausgang ihres Lebens zum Großteil bestimmen können. Diese Einstellung hat positive Auswirkung auf die Arbeits- und Lebensmoral und wird zu einer sogenannten selbsterfüllenden Prophezeiung. Mit positiver Einstellung erzielt man auch positive Ergebnisse, Pläne scheinen in Erfüllung zu gehen. Pessimisten anderseits haben sich die amerikanische Filmreihe ‚Final Destination‘ zu oft angesehen. In diesen Filmen driften die Darsteller auf ihr vorbestimmtes Ende zu und können ihm nicht entgehen, wie sehr sie es auch versuchen. Ihr Ende ist vorbestimmt. Pessimisten, die ihr Leben dem Motto nach verbringen, dass ohnehin alles vorbestimmt ist, können aber auch recht optimistisch sein. Sie brauchen sich um nichts kümmern, und können einfach behaupten, dass alles schon für sie entschieden wurde. Harte Arbeit und Planung sei nutzlos und daher unnötig.

Ich bin weder eine Optimistin noch Pessimistin. Doch meine Pläne werden so oft verändert, und es kommt so oft anders, als ich mir es ausgedacht habe, dass ich mir langsam überlege, doch einfach umgekehrte Psychologie bei meinen Plänen anzuwenden. Bei Kindern und einfach gefalteten, dickköpfigen Mitgliedern unserer Gesellschaft funktioniert das meistens recht gut. Umgekehrte Psychologie, also genau das Gegenteil zu planen oder um das Gegenteil zu bitten, könnte theoretisch funktionieren. Nur trau' ich mich das nicht. Immerhin glaube ich auch fest an die folgende Weisheit: ‚Sei vorsichtig mit deinen Wünschen!‘ (Be careful what you wish for!).

Nostalgie, mein Bett und der Preis von Sportkarten

Ja, früher … früher war alles besser! Da war das Gras noch grün und die bunten Vögel sangen fröhlich in den Bäumen. Heute hört man nur konstante Bauarbeiten, und die grauen Straßen der Stadt sind vollgestopft mit weißen, schwarzen und silbernen Autos (außer zur Weihnachtszeit, da sind sie rot). Denken wir an die Vergangenheit zurück, steigt dieses warme Gefühl der Nostalgie auf. Nostalgie, dieses Wort hört man zurzeit oft. Ich spüre diese Nostalgie sogar in meinen Knochen, sehe sie auf der Straße, in Spielwarengeschäften, in Kleiderboutiquen und sogar in Wohnzimmern. Retro, die Ausgeburt der Nostalgie, ist zurzeit sehr in, und das schon seit einiger Zeit.

Auf den Straßen bemerke ich vermehrt Oldtimer, nicht nur alte Autos, und Leute treiben von wer-weiß-Gott einfachste Retro-Fahrräder auf und radeln damit glücklich durch den Großstadtverkehr.

In den Spielwarengeschäften füllen sich Regale langsam wieder mit langvergessenen Spielsachen aus den 1980er und 1990er Jahren. Man sieht GI Joe und die ursprünglichen (japanischen) Transformers in reproduzierten Originalverpackungen. Lego hat sogar eine (unspielbare) Legoversion von dem ersten Nintendo herausgebracht, das sogar ich als Computerspielhasserin einmal besaß.

Schaufenster von Designhäusern wie Gucci sehen aus, als hätten sie Inspiration von Kleiderschränken 100 Jahre alter Omas erhalten (nicht meiner Oma, meine Oma war elegant!), oder osteuropäischer, ländlicher Mamuschkas. Weite, lange, hochgeschnittene, dunkelgeblümte Kleider, eventuell sogar mit Kopftuch und alt aussehenden, steifen Handtaschen mit übergroßen, angelaufenen Metallverschlüssen, vollendet mit übergroßen Hornsonnenbrillen. Stücke dieser Mode entsprechend könnten viele von uns vielleicht sogar noch im Speicher des großelterlichen Hauses ausgraben.

Die Abbildungen von Wohnzimmern in Einrichtungsmagazinen gleichen in vermehrter Weise dem meiner Großeltern. Dunkle Holzmöbel mit verschnörkelter Verzierung, Sofas mit Holzbeinen und

Holzarmlehnen. Große dunkle Wohnzimmerpflanzen wie Monstera, persische Teppiche und vielleicht gelegentlich noch das Ölgemälde an der Wand. Erinnerungsstücke aus längst vergessener Zeit, vorsichtig platziert im dunklen Einbauschrank. Der Fernseher allerdings ist mindestens das Model aus dem Vorjahr.

Es hat wohl etwas mit dem Altern zu tun, manche nennen es Midlife-Crisis, immerhin steigt der Prozentsatz an alten Leuten rapide an, doch es gibt auch andere Auslöser. In Zeiten einer Pandemie, wie wir sie seit Monaten durchleben, ohne viel Aussicht auf baldige Besserung und ohne Vorstellung, was die Zukunft bringen könnte, wenden wir uns unserer Vergangenheit zu und betrachten das Früher mit rosarot getönten Brillen.

Dafür gibt es allerdings eine psychologische Erklärung: „In Zeiten von Trauma und überwältigendem Stress ist es ein natürlicher Instinkt, sich nostalgisch zu fühlen und sich auf diese Gefühle für Komfort und Normalität zu verlassen" sagt Psychologin Valentia Stoycheva. Nostalgische Objekte aus der Vergangenheit stellen eine Hilfe bei der Navigation und beim Übergang von einem Lebens-abschnitt zum nächsten dar. Objekte der Vergangenheit erhöhen auch die Fähigkeit, sich in stressigen Zeiten selbst zu beruhigen, und funktionieren etwa wie ein emotionaler Schnuller, der uns hilft, uns an die neue Realität zu gewöhnen. Nostalgie ist eine Sicherheitsdecke. In einer Studie, die 2013 veröffentlicht wurde, wurde bewiesen, dass Nostalgie sogar als Ressource für die psychische Gesundheit und das allgemeine Wohlbefinden dienen kann.

Doch überzogene Nostalgie kann auch negative psychologische Folgen haben. Konstante Gedanken an Vergangenes, verzweifelt-ungeschickte Versuche, an der Vergangenheit festhalten und Gefühle noch einmal zu erleben, führen oft schnell zur folgenden Einsicht, wie es Liam Gallagher so schön zusammenfasste: „Du bekommst nur einmal die Chance! (You only get to do it once)" Vergangener Zeit nachzutrauern kann sich laut Dr. Stoycheva als problematisch erweisen, wenn es uns in der Vergangenheit verankert und uns dazu treibt, die Zukunft zu vermeiden. Wen das Gewicht täglicher Verantwortung nicht zurück in den Gehorsam schubst oder aus dem nostalgischen Tagträumen wieder in die jetzige Realität zurückholt, der kann auch nicht viel aus seiner Gegenwart, geschweige denn Zukunft machen. Man hat dann die Wahl zwischen Aufgeben und in der Vergangenheit zu leben, oder seine Vergangenheit hinter sich zu lassen und jeden Tag neu anzufangen. Doch wer weiß im Augenblick schon, wie es weitergeht. Dank endlos bedrückender Nachrichten will ich gar nicht weiter in die Zukunft blicken als bis zum heutigen Mittagessen. Und so halte ich wie viele andere an Dingen der Vergangenheit fest, denn die kann sich nicht mehr verändern.

Ich habe zum Beispiel ein Problem, unser altes Ehebett, genauer gesagt die Matratze aufzugeben. Sie hat schon längst die Lebensspanne einer normal-sterblichen Matratze überschritten, doch sie ist nicht nur unglaublich bequem, sondern enthält auch endlose wertvolle Erinnerungen: Unsere erste Wohnung, dann die zweite, anschließend der Umzug nach Hongkong, das Stillen des Erstgeborenen im Bett und das Aufwachen neben seiner Babykrippe. Die Wehen, bevor ich mich zur Geburt meines jüngeren Sohnes auf den Weg ins Krankenhaus machte. Endloses Stillen des Jüngeren, schlaflose, mit Sorgen gefüllte Nächte neben meinem damals kränklichen Baby. Kitzel-angriffe der Kinder. Und so viel mehr Erinnerungen, die diese Matratze für mich unbezahlbar machen, die aber natürlich außer mir niemand haben will. Doch auch andere Dinge steigen mit Alter an Wert, bestimmter Wein, antike Möbel, wie auch Sportkarten. Mein Mann sammelt seit 25 Jahren Sportkarten verschiedener amerikanischer Sportarten. Baseball, American Football, Basketball und Hockey. Manche Exemplare seiner Kartensammlung sind zwar in den letzten Jahren stetig an Wert gestiegen, sind aber in den wenigen Monaten der Pandemie im Wert in die Höhe geschossen, das dank drastisch angestiegener Verkaufszahlen von Sportkarten seit dem Ausbruch der Covid-19 Pandemie. Der Verkauf von Basketballkarten war um 130 Prozent höher von März bis Mai 2020 als in den letzten drei Monaten in 2019, der Verkauf von Baseballkarten hat sich um 50 Prozent erhöht, und der von American Footballkarten um 47 Prozent. Investitionen in Aktien haben im Vergleich lächerlich abgeschnitten. Nostalgie kann sich also manchmal sogar rechnen.

Als Jugendliche hörte ich einen Spruch über die Vergangenheit, und da es mir früher schwerfiel, meinen Geburtstag zu feiern – ich wollte nie erwachsen werden – schrieb ich ihn mir sogar auf meinen Schreibtisch: „Wer der Vergangenheit nachtrauert, hat in der Zukunft nichts zu suchen und in der Gegenwart nichts verloren." Ich bin mir allerdings nicht mehr sicher, ob es diesen Spruch in dieser Weise überhaupt gibt, denn die Wahrscheinlichkeit, dass mir Helmut Kohls Zitat falsch im Kopf hängenblieb, ist wesentlich höher: „Wer die Vergangenheit nicht kennt, kann die Gegenwart nicht verstehen und die Zukunft nicht gestalten." In beiden Fällen ist unsere Beziehung mit der Vergangenheit von entscheidender Bedeutung.

Doch früher war trotzdem alles besser, wie ich vor einiger Zeit von einem deutschen Komiker lernte: „Früher war alles besser: Wenn einem früher das Telefon ins Klo gefallen ist, konnte man es einfach am Kabel wieder rausziehen und weitertelefonieren." Man probiere das mal mit einem iPhone!

Was macht Identität aus

Die Königin, deren Ehre ich vor einer Weile hatte, in einem Obstladen zu treffen, hat mich schwer beeindruckt. Vielmehr, die Auswirkungen, die ihr königliches Verhalten auf ihre Umwelt hatte. Und so quellte an jenem Nachmittag eine Jahre-alte Frage wieder in mir auf: Was macht eigentlich Identität aus? Ist sie uns durch unsere Eigenschaften, Ausbildung oder Familie vorgeschrieben? Bleibt uns Freiheit, sie selbst zu definieren? Und, sollten wir diese Freiheit haben, nutzen sie manche aus?

So wie die Königin, die alle um sich herum zu überzeugen versuchte, königliche Behandlung zu verdienen.

Bei der Königin handelt es sich um die Königin des Obstladens. Sie war eine elegant gekleidete Begegnung, die ich vor ein paar Wochen in einem Obstladen machte. Mit ihrer Erscheinung und ihren Verhalten schien sie die Obstverkäufer erfolgreich davon zu überzeugen, bedeutend zu sein. Kleidung und Verhalten sind wichtige Faktoren hinsichtlich der Identitätsbeschreibung, da sie unsere Mitmenschen verwenden, sich ein erstmaliges und oft permanentes Bild von uns zu machen. Kleidung und Verhalten sind die Grundlagen für den so wichtigen ersten Eindruck, denn man bekommt oft nur eine Möglichkeit, den richtigen Eindruck zu hinterlassen. Wie etwa am Anfang einer Liebesgeschichte: Falsch gekleidet, falsch verhalten, und schon kann einem die Liebe seines Lebens durch die Finger gehen.

Doch Identität ist so viel mehr als Kleidung und Verhalten. Identität hat vielfache Facetten und kann sich sogar Umständen entsprechend verändern. Außerdem haben wir in den meisten Fällen mehr als eine Identität, und das ganz ohne in die Kategorie schizophren zu fallen. Identität ist komplex und kompliziert. Werden wir herausgefordert, uns spontan zu beschreiben, wählen wir stets die uns von der Gesellschaft vorgeschriebenen Eigenschaften: Geschlecht, Aussehen, Beruf, vielleicht erwähnen wir gerade noch, ob wir in einer Beziehung sind, verheiratet, mit oder ohne Kinder. Titel wie Herr, Frau, Fräulein helfen uns bestimmte Aspekte unserer Identität, ohne vieler Worte auszudrücken, Fräulein ist ein Zeichen des „Nicht-Verheiratetseins", da stellt sich zwar die Frage, warum es eigentlich kein Herrlein gibt. In manchen Fällen wird der geschlechtsbezeichnende Titel mit akademischen Auszeichnungen wie Doktor oder Professor ersetzt.

Welchen Einfluss ein Beruf auf die Identitätsbeschreibung hat, interessiert mich am meisten, und ich grüble dann: Hat der Beruf etwas mit Ausbildung zu tun? Ist man ein Ingenieur, weil man das studiert hat oder weil man das ausübt? Warum ist Hausfrau akzeptabel als Antwort auf die Berufsfrage? Hätte ich etwas Tolles studiert wie Raketenwissenschaft, dürfte ich mich jetzt trotzdem noch Raketenwissenschaftlerin nennen oder wäre ich jetzt dann doch auch nur eine Hausfrau, weil ich immer im Haus bin. Bin ich eine Soziologin, obwohl ich im Augenblick keiner akademischen Einrichtung angehöre? Würde ich als Architektin als Verkäuferin tätig sein, wäre ich dann eine Architektin oder eine Verkäuferin? Sehr kompliziert. Ist man, was man macht, oder ist man, was man studiert hat. Muss man darauf warten, Titel zu bekommen, oder kann man die selbst anfordern? Oder darf ich das, und traue mich nur nicht? Wer macht denn überhaupt die Regeln? Gibt es Regeln? Ist ein Autor ohne ein veröffentlichtes Buch ein Autor? Wann wird er ein Autor? Was macht ihn dazu? Was ist man? Was macht Identität wirklich aus? Oder kommt es bei der Identität auf die Umstände und Situation an, denn wir haben anscheinend viele verschiedene Identitäten für viele verschiedene soziale Umstände.

Manche Identitäten werden einem regelrecht aufgezwungen, und auf das Geringste reduziert. Wie zum Beispiel beim Arzt oder im Krankenhaus, dort ist man einfach nur Patient, ganz egal, was man beruflich macht, ob man verheiratet ist oder die Grünen wählt. Oder in der Vorschule meines jüngeren Sohnes, dort war ich anfangs (Name des älteren Sohnes)s Mama, nun bin ich (Name des jüngeren Sohnes)s Mama. Mein Name wird nicht verwendet, und zwischendurch werde ich noch als (Name des älteren Sohnes)s Mama angesprochen. Nicht immer die gleichen und alle Kriterien spielen eine Rolle bei Situationsidentität. Es gibt doch bestimmt Millionen von Menschen, die genau die gleichen Eigenschaften besitzen wie ich, und trotzdem nicht meine Identität haben.

Meine wahre Identität ist weitgehend privat. Wollen wir jemanden genauer kennenlernen, interessieren uns andere persönliche Details einer Person. Hobbys, Vorlieben, Kindheit, Familie, Herkunft, Religion, politischer Stand, persönliche Werte. Manchmal ist Identität so komplex, dass man sich selbst dieser Komplexität nicht bewusst ist, und damit Beziehungen und Lebensansichten unabsichtlich beeinflusst.

Konstant die Erwartungen öffentlicher Situationsidentität zu erfüllen, kann manchmal sehr anstrengend sein. Kann ich mich nicht mit einer Lehrerin einer meiner Kinder als studierte Sozialwissenschaftlerin unterhalten? Als Bekannte? Darf ich nicht einfach nur ich sein?

Recycling

Ich bin bei uns daheim die Königin des Recyclings. Ähnlich wie beim Putzen, Aufräumen und alles-wieder-finden, kann das nur ich. Mein Mann ist der Recyclinghasser, oder er ist sich einfach zu faul, den Müll zu trennen. Es stimmt schon, Sachen trennen, gegebenenfalls reinigen, überlegen wo was dazugehört, das ist extra Arbeit und extra Gehirnkraft. Nicht jeder mag das investieren, vor allem hierzulande. Recycling hier ist nur halbherziger Mundbeweis, man redet ein wenig darüber, stellt ein paar Tonnen auf, und schmeißt dann doch alles einfach kreuz und quer. Ich verstehe zwar nicht wirklich, welche intellektuelle Herausforderung Plastik von Papier auseinanderzuhalten für manche Leute darstellen kann, aber es ist grundsätzlich Plastik in der Papiertonne und umgekehrt. Die Aluminiumtonne ist immer leer, und eine Glastonne gibt es nicht. Außerdem redet kein Mensch ernsthaft von Recycling, er wird höchstens belächelt, so wie ich, wenn ich mich voll mit Müll beladen auf den Weg in die Garage mache, wo die Tonnen stehen. Recycling trägt hier noch Windeln. Jedoch bin ich in einer führenden Recycling-Nation aufgewachsen. In Deutschland verbrachte ich oft Zeit mit meinem Papa, Müll in den Recyclinghof zu fahren, und dort mit vielen anderen unsere Flaschen, Papier, Glas und Gartenabfälle abzuliefern. Unsere Eltern schafften es sogar, uns Kinder zu überzeugen, dass unsere wöchentlichen Fahrten zum Recyclinghof durchaus auch Spaß machten konnten. Sie übergaben uns die Aufgabe, die verschiedenen Glasbehälter in die Glascontainer zu werfen, nach dem Motto: Schaut mal! Ihr dürft ohne Straffolgen Sachen zerbrechen! Bis zu unserem frühen Teenageralter klappe das recht gut, wir stritten uns oft auch darum wer die letzte Flasche in den Container werfen durfte. Aber mit etwa 14 Jahren war's dann Schluss damit. Dann musste man uns bestechen oder mit Fernsehverbot drohen, um Glasbehälter in Container zu schmeißen. Ja, die Recyclingausflüge waren lästig, aber normal und wichtig!

Auch andere Länder schaffen es, ihre Bevölkerung dazu zu bringen, zu recyceln. Viele mit monetären Mitteln. In Taiwan zum Beispiel. Taiwan ist sehr streng, aber auch erfinderisch, wenn es um Mülltrennung und Müllreduktion geht. Man muss seinen Müll nicht trennen, doch die für Geld bereitgestellten Tüten für Generalmüll sind so klein und teuer, dass so gut wie jeder darauf bedacht ist, seinen Müll sorgfältig zu trennen und den recyclebaren Müll täglich den bestimmten Müllabfuhren mitzugeben. Jeden Tag wird eine andere Art von Müll um eine bestimmte Uhrzeit abgeholt, um zu vermeiden, dass Müll an der Straße liegen bleibt und etwa zum Stinken anfängt oder die Umwelt verschandelt. Ungewollte Möbel, elektrische Geräte und auch Fahrräder werden auf Anfrage kostenlos abgeholt und in einer staatlichen Einrichtung so weit möglich wieder nutzbar gemacht und auf wöchentlichen Auktionen für einen geringen Preis versteigert. Das bringt Arbeitsplätze, reduziert Müll und ermöglicht Menschen mit geringerem Einkommen den Erwerb von günstiger, jedoch noch gut funktionierender Ware. In Japan kann man ähnliches Recyclingverhalten beobachten. Alles wird getrennt, in verschiedenen Containern aufbewahrt und dann abgeholt. Aber Recycling hört sich besser an, als es ist. Der Recyclingprozess kann sehr teuer sein, es muss abgeholt, gereinigt, sortiert und gespalten werden, und das ist oftmals wesentlich teurer als die Neuherstellung, besonders in Europa. Und daher wurde der Recyclingmüll lange an andere Länder wie China verkauft, wo die Bestandteile zur Entwicklung der Wirtschaft benötigt wurden. Doch der größte Abnehmer, China, will den Müll nicht mehr. China macht jetzt selbst genügend Müll, und benötigt es nicht mehr, Müll aus

Europa und den USA zu importieren. Nun bleibt man auf seinem Müll sitzen.

Doch man braucht eine Agenda, einen Plan, um die übereifrigen Umweltschützer ruhigzustellen. Manche verbrennen, manche bezahlen andere Länder, sich um ihren Müll zu kümmern, aus den Augen aus dem Sinn (funktioniert übrigens nicht bei Männern). Manche graben zugleich Berichte aus, die beweisen sollen, dass das mit dem Klimawandel und der Umweltverschmutzung doch alles gar nicht stimmt. Niemand redet gerne über unsere unglaubliche Umweltverschmutzung, außer Greta Thunberg, aber die mag niemand mehr. Müll wird generell als das Problem der anderen angesehen, vor allem armer Länder, die ihre Häuser nicht in Ordnung bringen können. Viele kennen die Bilder aus Indien, den Philippinen und aus Afrika, von Müllbergen und verschmutzter Umwelt nicht. Der Großteil dieses Drecks ist übrigens importiert oder eine Konsequenz der Massenproduktion von Billigware, die in sauberen, entwickelten Ländern für weniger als einen Apfel und ein Ei verkauft werden. Aber der Müll ist das Problem des herstellenden Landes. Doch das mikroplastik- und medikamentenversetzte Wasser teilen wir uns alle.

Umweltschutz ist unpraktisch, unangenehm, zeitaufwändig, aber er wird auch langsam sehr hip und modern! Kürzlich hat in einem unserer benachbarten Einkaufszentren ein Geschäft eröffnet, das ausschließlich Produkte ohne Verpackung verkauft. Außerdem kommt jedes ihrer Produkte aus biologischem Anbau, bzw. aus fairer und sicherer Herstellung. Ich habe es bisher nicht geschafft, dieses Geschäft in Person zu betreten, die Schlange davor ist mir einfach zu lange!

Hippe Marken schließen sich auch langsam dem Recycling- und Umweltschutztrend an, vielleicht dank Greta Thunberg. Sie übte immerhin einen starken Einfluss auf die zukünftige Generation von Verbrauchern aus. Und dank dieser Bewegung findet man interessante Recycling-Ideen. Nespresso hat sich ausgedacht, aus ihren benutzten Kapseln Aluminium Fahrräder herzustellen und den Kaffeesatz als Dünger auf Farmen, die auf biologischen Anbau spezialisiert sind, weiterzuverwenden. Ich habe sogar schon von Kleidung gelesen, die nicht nur wiederverwertete Fasern enthält, sondern deren Lederkomponenten aus Orangenabfällen bestehen. Und das allerneuste ist Sportkleidung mit Kaffeesatzbestandteil. Das liefert beim Schwitzen extra Energie!

Ich trage übrigens auch brav monatlich meine gebrauchten -Nespressokapseln zurück in die Nespresso Boutique, dem Versprechen glaubend, dass meine Kapseln umweltfreundlich weiterverarbeitet werden. Ich habe jedoch oft Zweifel an diesem Versprechen, wenn ich die Optionen abwägen muss, mir meine neuen Kapseln entweder in doppelt und dreifacher Verpackung von einem Lieferwagen (kostenlos) in die Wohnung liefern zu lassen, oder mit meinem Stoffsackerl in die nächste Boutique zu wandern, dort Nachschub zu besorgen und mich schwer bepackt wieder nach Hause zu schleppen. Umweltunfreundlich zu sein ist einfach so viel bequemer!

Klatsch über andere Großstadt-Irre

Es ist manchmal sehr anstrengend, anders zu sein. Ich weiß das aus Erfahrung. Seit mehr als 20 Jahren bin ich anders, vielleicht auch schon länger, aber mein Leben in Asien macht es einfach noch viel deutlicher. Ich sehe anders aus, ich spreche eine andere Muttersprache, ich habe eine andere Kultur, und nicht einmal meine Kinder sehen mir ähnlich. Und ich wäre doch manchmal gerne einfach nur ein Mauerblümchen, nicht, dass man mich sonderlich oft (nie) zum Tanz auffordert, aber auf einer metaphorischen Basis. Und so mache ich mir öfters Gedanken über das Anderssein.

Anderssein verwirrt uns, macht uns zum Teil nervös. Ungewohntes ist furchteinflößend. Wir haben Angst vor dem Anderssein und lehnen Dinge/Leute ab, die wir nicht verstehen. Daher haben es vor allem auch Künstler oft sehr schwer in unserer homogenen Gesellschaft, akzeptiert zu werden. Künstler werden als bunte, exzentrische Figuren mit

Sehfehler betrachtet, denn sie sehen die Welt anders als ‚normale‘ Menschen. Bleiben sie erfolglos, werden sie belächelt, werden sie erfolgreich, werden ihre Kunst und Fans veralbert. Doch ist es nicht insgeheimer Neid auf ihre Vorstellungskraft und den Mut, ihre Version der Realität auszuleben? Künstler sind wichtig, sie eröffnen uns ‚normalen‘, unkreativen Menschen verborgene Welten und stimulieren unsere Fantasie. Was wären wir ohne Kunst, doch zum Dank lassen wir die meisten Künstler hungern.

Nicht nur Künstler haben es in einer homogenen Gesellschaft schwer, jeder, der sich nicht an soziale Normen hinsichtlich Verhaltens und Kleidung hält, geht das Risiko ein, sozial ausgestoßen zu werden. Doch unkonventionelle Menschen können interessant sein, und das ist das Tolle an der Großstadt. In der Großstadt trifft man auf allerlei ungewöhnliche Figuren. Menschen, die lautstarke Selbstgespräche führen, ältere Damen, die, ihrem dicken Make-up und der Frisur nach zu urteilen, in den 1980er Jahren hängengeblieben sind, und Hundebesitzer, die ihre Hunde dazu trainiert haben, jeden anderen Tag Häufchen vor Schultoren abzulegen. Als gebürtiger Kleinstadtmensch betrachtet man Großstadtmenschen natürlich ganz anders: was für mich verrückt ist, ist für andere die Norm. Doch bei manchen Erscheinungen sind sich Stadtmensch, Kleinstadtmensch und Landei einig, wie bei einem Mann, den ich vor ein paar Wochen in einem beschäftigten Einkaufszentrum erblickte. Er stellte einen wahrlich merkwürdigen Anblick dar. Ich wusste gar nicht genau, wohin ich schauen sollte, als mein Mann meine Aufmerksamkeit ganz aufgeregt auf einen Mann lenkte, der seinen Unterleib nur in einem Tong, einer Art String-Tanga gekleidet hatte. Er hatte zwar einen knackigen Po, aber der Anblick war unbeschreiblich, einer der merkwürdigsten Begegnungen, die ich in den letzten 20 Jahren hatte. Es handelte sich um einen etwa 45 Jahre alten Mann, mit China-Doll Haarschnitt, einem engen T-Shirt und einem schwarzen Tong, ich denke er war schwarz, denn es stand ja nur ein Stückchen Stoff zwischen den Pobacken heraus und so genau wollte ich dann auch wieder nicht hinsehen.

Er wird mir allerdings im Gedächtnis bleiben. Doch er war nicht meine erste oder einzige merkwürdige Begegnung. Ich laufe auch oft einem erwachsenen Paar über den Weg, bei dem ich nicht sagen kann, ob es Zwillinge sind, oder ob sich die zwei über die Jahre optisch derart angepasst haben. Sie tragen grundsätzlich identische Joggingoutfits und haben beide einen rasierten Kopf. Man muss mindestens zweimal hinsehen, um einen Unterschied zwischen den beiden zu erkennen. Ich habe sie das erste Mal in einem Geschäft entdeckt und erst später festgestellt, dass es sich bei den beiden um zwei Personen handelt. Ich sah sie/ihn drinnen shoppen, und als ich das Geschäft verließ, stand diese Person schon draußen. Ich dachte mir, der/die ist aber jetzt schnell aus dem Geschäft herausgekommen, er/sie war ja gerade noch hinter mir an der Kasse, als plötzlich eine zweite, identische Person eintraf. Anders im Doppelpack.

Bei so vielen Begegnungen mit andersartigen Anderen frage ich mich, ob einen die Großstadt zum Wahnsinn treibt, und ob ich eigentlich selbst schon verrückt bin, oder da man auf Grunde der höheren Bevölkerungsdichte einfach auf mehr Verrückte trifft.

Die Hektik der Großstadt, der tägliche Stress, der Straßenlärm, die endlos erscheinenden Renovierungsgeräusche, vor allem die des oberen Nachbarn, der sich zum fünften Mal in zwei Jahren entschieden hat, zu renovieren, und zwar nicht nur Möbel umzustellen, sondern gesamte Wände, Böden und Bade herauszureißen. Lärm, wenn Wohnblöcke abgerissen und wieder neu gebaut werden. Das tägliche Hupen und nächtliche Rasen und Reifenquietschen. Wenn einen das nicht zum Wahnsinn treibt, dann ist man wahrscheinlich schon innerlich tot, ein Yogi, der dank Meditationsfähigkeiten über allem schwebt, oder ein Zen-Buddhist. Aber vielleicht reicht eine Kleinstadt auch aus, einem den Deckel vom Kopf zu reißen, denn ich kann mich noch lebhaft an unseren sogenannten Stadtindianer erinnern, der angeblich das Opfer einer traurigen Geschichte war, an die ich mir nicht mehr erinnern kann. Jedenfalls war er während meiner Kindheit in der Kleinstadt der Stadtirre, ob gerechtfertigt oder nicht, denn die Definition von verrückt kommt sicherlich auch auf die Perspektive an. Geräusche, Umstände und Stress können Auslöser für Verdrehtheit sein, bei anderen ist es angeboren und bei wieder anderen ein Ausdruck ihres Individualismus! Und insgeheim beneidet ein Teil von uns auch die Irren, denn sie dürfen sich im Namen des Wahnsinns alles erlauben, was sie wollen! Der Wahnsinn kennt keine Grenzen. Und wenn das so mit unserem Umbau-besessenen Nachbarn weitergeht, darf ich mich bald nicht nur mehr in die Kategorie anders dazuzählen, sondern auch Irre, außer ich entscheide mich, meine Karriere als zen-buddhistische Nonne etwas früher als geplant anzutreten.

Doch das Anderssein der anderen regt uns zum Reden an, zum Klatsch mit unseren Freundinnen und unserer Familie. Ohne das Anderssein wäre es langweilig. Wir lieben unseren Klatsch, Klatschzeitschriften wie auch Fernsehklatsch. Aber warum?

Klatsch ist Informationsaustausch, eine wichtige Quelle aktueller Information. Über das ungewöhnliche Verhalten oder Aussehen anderer zu reden hilft uns, Normen, Standards und Erwartungen zu etablieren und soziale Grenzen zu erkunden, ohne sie selbst überschreiten zu müssen. Mit Klatsch über andere kann man auch praktisch von seinen eigenen Mängeln ablenken und sich besser fühlen, wenn es anderen schlechter geht. Immerhin gleicht unser soziales Leben manchmal einem Wettbewerb. Der dadurch ausgeübte Vergleich kann natürlich auch Neid auslösen, zu Frust führen oder motivieren, sein Leben zu verbessern. Soziale Medienplattformen wie Instagram und Facebook haben den sozialen Wettbewerb noch um eine Kerbe angehoben. Dank fleißigem Teilen von tollen Urlaubsfotos, Aufnahmen von neuen Luxusanschaffungen und Gourmet-Restaurant-Besuchen, können wir uns mühelos mit Menschen vergleichen, die wir nicht einmal kennen, Klatsch über diese lernen wie auch verbreiten. Dazu verhilft uns Instagram nun seit zehn Jahren, doch kaum jemand führt ein Instagram-Leben, und so ist es einfach, immer wieder neue Klatschopfer zu finden.

Ich habe einmal einen Sikh (indischer Mann mit Turban) gesehen, der sich trotz Tuch auf dem Kopf noch ein Tuch um das Kinn, oben am Kopf verknotet, gebunden hatte. Ich glaube allerdings, dass er nicht irre war, sondern nur Zahnschmerzen hatte. Nicht jeder, der anders ist, ist auch verrückt!

Der Clan

Manchmal schäme ich mich ein wenig, wenn ich mich in meinen US $ 12-Jogginghosen mit geflicktem Knie unter Joggern und anderen Hobbyfußgängern befinde, die mit teurer Markenkleidung ausgestattet sind. Überall liest man Lululemon, Under Armour, Adidas, und so weiter. Bei meiner Jogginghose steht nix drauf, da ist das C&A Label nur innen zu sehen. Und wenn ich dann in meiner Billigsportkleidung langsam müde und etwas langsamer werde, frage ich mich, ob man mit US $ 100-Lululemon Yogahosen besser Sport machen könnte. Was so toll und technologisch fortgeschritten an Lululemon Yogahosen ist, weiß ich nicht, aber ich kenne zum Beispiel tolle Erfindungen wie „Dri-Fit": Ich weiß eigentlich gar nicht was das ist, aber es hört sich in einem tropischen Land sehr attraktiv an. Saugt dieses Kleidungsstück den Schweiß ins Nirgendwo? Keine peinlichen Schweißflecken mehr beim Laufen? Oder passt es nur, wenn es trocken ist? Google sagt, dass Dri-Fit schneller trocknet. Schneller trocknen bedeutet weniger Gewicht, weniger Gewicht sollte mir erlauben, schneller und müheloser zu gehen. Ich habe es ausprobiert. Adidas-Hose und Dri-Fit Top, Underarmour und Lululemon waren mir dann doch zu teuer. Die Kleidung ist zwar angenehm zu tragen, schneller gehen und mit weniger Anstrengung kann ich damit allerdings auch nicht. Sportlicher sehe ich mit Markenkleidung auch nicht aus.

Warum also kaufen wir uns überteuerte Sportkleidung? Produkte von Nike, Adidas, Puma und so weiter werden in der gleichen Fabrik irgendwo in China hergestellt, zusammen mit den Billigausgaben von

Kleidung, die man bei Walmart oder Aldi bekommt. Die einzigen Unterschiede sind die Etiketten an der Innenseite des Kleidungsstücks und das Markenlogo an der Außenseite. Das Material ist in sehr vielen Fällen von gleicher Qualität, die Herstellungskosten auch. Die Arbeiter, die Nike und Adidas T-Shirts zusammennähen, bekommen auch nicht mehr als für die Herstellung von C&A T-Shirts. Doch neben Kosten für exklusiven Vertrieb und Boutiquen für das Markenprodukt muss der Vertreiber auch für das erfolgreiche Vermarkten des Produktes aufkommen, und diese Kosten können in Millionenbeträge steigen. Fernseh- und Internetwerbung müssen entwickelt werden, teure Athleten wie berühmte Fußballspieler oder Basketballspieler müssen angeheuert und bezahlt werden, und die Gehälter von berühmten Athleten befinden sich auch im Millionenbereich. Man nehme den Fußballspieler David Beckham und Adidas als Beispiel. Er unterzeichnete mit dieser Sportmarke einen massiven Lebenszeitvertrag für über US $ 160 Millionen. Die Hälfte des Geldes verdiente er im Voraus und bekommt weiterhin prozentuale Gewinne von all seinen Adidas-Markenprodukten. Das ist gut für das Sparschweinchen von David Beckham, aber teuer für Adidas. Doch Werbung lohnt sich, und Marktforscher haben festgestellt, dass die Wahl eines relevanten Star-Athleten wie David Beckham eine hochwirksame Werbestrategie ist, um Verbraucherinteressen und Markentreue in einem überfüllten Markt zu gewinnen. Das Gesicht eines bekannten Athleten erhöht das Bewusstsein der Verbraucher für die Werbung eines Unternehmens, schafft positive Gefühle gegenüber Marken und wird von Verbrauchern als unterhaltsamer wahrgenommen als Werbung mit unbekannten Models. Die Verwendung einer Berühmtheit in der Werbung wirkt sich daher positiv auf die Markeneinstellungen und Kaufabsichten der Verbraucher aus. Und der berühmte Athlet verwendet diese Sportmarke dann auch noch in seinem Beruf. Da fragt man sich, verdienen Athleten so viel, weil ihre Arbeitskleidung so teuer ist?

Markensportkleidung verspricht so viel mehr als nur neueste Technologie. Markensportkleidung verspricht Dazugehörigkeit, ei-nen Clan und liefert Gruppenmotivation. Sie verleiht Identität und verspricht die Möglichkeit des Erfolgs. Markensportkleidung funktioniert daher ähnlich wie die Mitgliedschaft in einem Sportclub, ohne Mitgliedschaft bezahlen zu müssen, abgesehen natürlich von dem Aufpreis für die Marke. Ich trage Markensportkleidung, fühle mich dadurch sportlich, da David Beckham sie ja auch trägt, und schulde es der Kleidung und meinem Clan, mich sportlich zu betätigen. Und dank des berühmten Athleten entsteht sogar die ferne Illusion, selbst unglaublich sportlich zu sein, schnell und federleicht laufen zu können, ohne wie eine Lokomotive schnaufen zu müssen und in Schweiß auszubrechen, bis ich in Schweißschuhen unter Wasser stehe. Aber ganz ehrlich, trotz Dri-fit und ‚Just-Do-It' Nike Jogginghosen bin ich auch nicht sportlicher, man sieht mir meine Absicht, Sport zu treiben jedoch an. Kleider machen Leute, Markensportkleidung macht Athleten. Ich bin kein großer Anhänger von Clubs und Gruppen, außerdem habe ich die Illusion, sportlich zu sein, schon vor Jahren aufgegeben. Ich muss mich daher nicht mit Markensportkleidung verwöhnen. Bei Schuhen jedoch gehe ich keine Kompromisse ein. Die Schuhe müssen Markenschuhe sein! Sonst mache ich mir noch meine Gelenke kaputt! Obwohl ich kürzlich gelesen habe, dass es am besten wäre, barfuß zu gehen und zu laufen. Aber wer kann damit schon Geld verdienen?

Die Rechnung: Teuer rechnet sich!

Man sagt so gerne ‚Kleinvieh macht auch Mist'. Das bedeutet so viel wie: kleine Summen zusammengenommen werden auch irgendwann einmal große Summen. Da muss man nur lange genug warten. Diese Rechnung haben anscheinend auch die Betuchten meiner Wahlheimat angestellt. Chauffeur-gefahrene Bentleys und Monster-Toyota-

Alphards (Riesenausgaben von luxuriösen Kleinbussen, vorstellbar als First-Class auf Rädern) werfen vor unserem Nachbarschaftslebensmittelgeschäft die Haushaltshilfen raus, weil man dort Lebensmittel zu besseren Preisen erwerben kann, als in den High-Class Ausgaben von Supermärkten, in denen die anstrebende Mittelklasse ihren Vorrat an Lebensmitteln eindeckt. Als Mitglied der Mittelschicht darf man sich kaum mit Plastiktüten dieser erschwinglichen Lebensmittelkette sehen lassen. Doch ich habe schon Frauen mit 8000-Dollar Handtaschen mit philippinischen Haushaltshilfen und älteren Tanten um Äpfel wettkämpfen gesehen. Manche dieser Damen werden auch ganz zittrig, wenn sie Wochenangebote erblicken und ihnen diese von anderen streitig gemacht werden. Man achte sich vor älteren Damen mit Chanel- und Hermes-Handtaschen, die kennen ihre Sonderangebote!

Vor unserem Nachbarschaftslebensmittelgeschäft sehe ich auch oft achtlos abgestellte Bentleys und Rolls Royces, deren Besitzer sich auf Schnäppchensuche befinden. Am Straßenrand vor diesem Geschäft herrscht Halteverbot, doch es scheint eher als Einladung zum illegalen Parken ausgelegt zu werden. Es kommt kaum ein Moment vor, an dem kein Auto im Halteverbot steht, und das interessante ist, dass ich bisher auch noch keine Verkehrspolizei in diesem Bereich bemerkt habe. Es gibt nicht einmal Videokameras, die sonst überall aufgestellt werden. Die Bentley- und Rolls-Royce-Fahrer müssen das wohl auch bemerkt und errechnet haben, dass die Chancen einer Strafe extrem gering sind, und es sich daher von finanzieller Perspektive aus gesehen lohnt, sich die Kosten für das dahinterliegende Parkhaus zu sparen. Nur billige Autos parken im Parkhaus, das Parkhaus ist für Verlierer. Ob diese Rechnung ausgeht, weiß ich auch nicht. Ausprobieren will und kann ich es nicht, da wir gar kein Auto zum illegalen Parken mehr haben. Doch ich kann mir vorstellen, dass durch eine Parkstrafe das Geld erspart durch Schnäppchenjagd im Nachbarschaftslebensmittelgeschäfts gleich wieder ausgelöscht ist. Vielleicht ist es auch einfach der Nervenkitzel. Betuchte müssen sich auf Dauer doch langweilen, wenn man sich immer und alles sofort leisten kann, da bleibt der Adrenalinstoß beim Shoppen aus. Angehörige der privilegierten Klasse scheinen generell eine größere Risikobereitschaft zu haben, sie können sich es ja immerhin auch leisten. Oder sind sich die Besitzer zu geizig, fürs Parkhaus zu zahlen? Zur arm? Haben sie ihren Reichtum für Auto und die Haushaltshilfe verprasst? Oder stimmt es in der Tat, dass reiche Leute grundsätzlich nicht gestraft werden. Das würde erklären, warum diese rechtlich viel zu lauten Ferraris, Lamborghinis und Maseratis nie aufgehalten und gestraft werden, obwohl sie viel zu schnell und zu laut an der Polizeistation vorbeisausen. Wer traut sich schon, Reichen auf die Finger zu treten, und mit einem Auto, das so viel kostet, dass sich der Polizeihäuptling drei Wohnungen in seinem Wohnblock davon kaufen könnte? Das Auto des Reichen vermittelt das Bild seines Reichtums. Teuer rechnet sich also!

Das haben auch viele junge Leute bemerkt, die gerne auf dem Spielplatz der Reichen mitspielen würden, und die Luxusmarken erklären sich gerne bereit, ihnen bei ihrem Streben zur Hilfe zu kommen. In der Verfolgung höherer Gewinne und zufriedener Aktienteilhaber haben sich einst exklusive Luxusmarken wie Louis Vuitton, Prada und Gucci dem Massenluxusmarkt zugewandt. Diese einst für die Oberschicht exklusiven Marken erzielen den Großteil ihres Gewinnes durch den Verkauf von Massenluxusgütern wie kleine Lederartikel und Parfums, wie auch Kleidung von der Stange. Um zu verhindern, das privilegierte Klientel zu entfremden und sich in Abscheu abzuwenden, führten diese Marken neue Produktreihen ein. Auf Produkten der Massenluxusware sind die Markenzeichen prominent platziert, um den Konsumenten erfolgreich die Illusion zu verkaufen, mit ihrem Erwerb eines Geldbeutels oder eine Designerhandtasche dem Lebensstil der privilegierten Oberschicht etwas näher zu kommen. Und so entstand das Locken der kleinen Luxusartikel. Produkte sind, abgesehen für etablierte Luxuskonsumenten, äußerlich kaum zu identifizieren. Ein 2000-Dollar Hermes Geldbeutel weist nur an der Innenseite einen kleinen ‚Hermes – Made in Paris‘ -Stempel auf.

Während sich zwar der größte Umsatz im Verkauf der kleinen Massenluxusartikel findet, bleibt das reiche Klientel entscheidend für das Image der Marke, da es als Zugpferd wirkt, der Traum des privilegierten Lebensstils. Und daher bleiben manche Produktreihen exklusiv für das reiche Klientel, nicht nur weil sie so unerreichbar teuer sind, sondern auch, da sie nur Stammkunden mit einer gewissen Kaufhistorie angeboten werden. Einer dieser Luxusartikel ist die berühmt-berüchtigte Hermes Birkin Tasche. Um diese angeboten zu bekommen, muss einen bestimmten jährlichen Betrag bei Hermes ablegen. Hermes hat kein großes Sortiment an nützlichen noch erschwinglichen Produkten. Wer braucht hier schon einen handgemachten Sattel für US $ 15.000? Oder eine wollige Pferdedecke für US $ 1500? Und daher werden Poloshirts, Teller und Seidenschals gekauft, die man dann in Massen in Second-Hand Luxusgeschäften wiederfinden kann. Bekommt man endlich eine dieser begehrten Taschen angeboten, bleibt bei Farbe, Leder, Größe und Preislage keine Wahl, und lehnt man dankbar ab, bekommt man so schnell kein Angebot mehr. Und daher ist der Second-Hand Markt auch schon fast überschwemmt von ungewollten Birkins, die auf neue Besitzer mit tiefen Taschen und exzentrischen Geschmack warten. Ein guter Mann hat vor vielen Jahren ein gesamtes Buch über Strategien, seine Finger erfolgreich an eine Birkin Tasche zu bringen, herausgebracht. ‚Bringing Home The Birkin: My Life in Hot Pursuit of the World's Most Coveted Handbag' bei Michael Tonello. Man kann auch endlos viele YouTube-Videos über Strategien entdecken, den Erwerb einer Birkins Tasche zu beschleunigen, wenn man Zeit und Lust dazu hat.

Teuer rechnet sich. Kleine Luxusartikel bedeuten ein Stückchen des ultimativen Traumes zu besitzen, teure Luxusartikel sind ein Zeichen dafür, dass man den Traum schon lebt. Doch teuer ist auch ein Zeichen für Klasse und Geschmack, den man sich scheinbar mit dem richtigen Kleingeld erwerben kann. Exploits in Designer- und Luxusgeschäften scheinen eine neue Strategie chinesischer Konsumenten zu sein, die zwar Geld, aber kein Selbstbewusstsein besitzen. Zusätzlich zu Kursen in China, die Neu-Betuchten Klasse, Geschmack und die richtige Aussprache von fremdsprachlichen Luxusmarken näherzubringen versuchen, decken sich männlich wie weiblich mit Luxusartikeln ein, von Kleidung bis Möbel und Geschirr (Versace und Hermes stellen das für ein wenig Aufgeld bereit), bis hin zu Autos und Alkohol. Eine etwas unangenehm übertriebene Version dieses Verhaltens kann man in der Fernsehreihe ‚Ultra Asian Rich Girls' miterleben. Man ist, was man isst, man ist aber auch, was man hat und trägt! Und umso teurer, umso besser. Das habe ich vor vielen Jahren, als ich noch die Zeit hatte, mir langwierige Koreanische Fernsehserien anzusehen, gelernt. In dieser sogenannten Soap-Opera handelte es sich um den jungen (schönen) Nachfolger einer Luxusmarke. Er hatte das kränkliche Geschäft seines Vaters (und Großvaters, usw.) übernommen und wollte etwas frischen Wind in die Segel blasen. Seine Strategie: Eine neue Handtasche, die so teuer sein sollte, dass sie sich normal-sterbliche Menschen nicht leisten konnten. Mit limitierter Auflage würde das die Anfrage durch das Dach treiben. Umso teurer, umso attraktiver für den Käufer. Und das stimmt. Ich habe vor ein paar Tagen den neuen Rolls Royce SUV auf der Straße entdeckt, der Rolls Royce Cullinan kostet hierzulande coole US $ 950,000. Ich mag Autos, auch welche mit etwas ungewöhnlichem Aussehen, doch dieser Rolls Royce war so hässlich, dass ich fast lachen musste. Ich stellte mir das Gesicht des Designers vor, der dieses Auto entworfen hatte und es kaum glauben konnte, dass es sein erster Aprilscherz in die Produktion schaffen sollte. Aber was teuer ist, verkauft sich!

Doch teuer ist nicht immer negativ. In vielen Fällen bedeutet teuer höhere Qualität, was dazu führt, dass man sein Produkt länger genießen kann, und wenn man es nicht mehr schätzt, es auch leicht auf dem Second-Hand Markt wieder verkaufen kann. Das hat eine positive Auswirkung auf die Umwelt, weniger ungewollte Billigprodukte, die sehr oft aus unverwertbarem Material hergestellt sind, landen auf der

Müllhalde. Teuer kann auch höhere Löhne für die Belegschaft bedeuten, wenn die richtige Marke gewählt wird. Die Handwerker, schon fast Künstler, die beispielsweise die Hermes Birkin kunstvoll herstellen, benötigen drei bis vier Jahre Ausbildung, bevor sie es wagen dürfen, eine dieser Taschen zu vollenden. Ähnlich wie bei Louis Vuitton, deren Handwerker dank Prestige und Geschichte der Marke echte und gut bezahlte Berufe haben. Teuer ist in diesem Kontext gerecht und gerechtfertigt. Handwerk kostet, und teuer rechnet sich für Hersteller, Käufer und Umwelt.

Ich sage, teuer rechnet sich, weil man so schneller auf große Summen kommt!

Ich bin zu sexy für Vernunft-Straftäter

Heute Morgen ist es schon wieder passiert. Ich riss meinen Sohn gerade noch rechtzeitig zur Seite und verhinderte dabei, dass er in das schon von anderen ahnungslosen Opfern zertretene, verschmierte Hundegeschäft ebenfalls hineintrat. Und das alles kurz vor dem Schultor, um kurz nach 7 Uhr morgens, an einem Montag. Das andere Häufchen hatten wir schon früher entdeckt und konnten es daher leichter vermeiden. Etwas verärgert brach ich auf meinen morgendlichen Spaziergang an den Fluss auf. Und dort traf ich sie dann, die coole Frau mit ihrem super-coolen Haarschnitt und mega-coolen Boyfriend westlicher Abstammung. Sie sieht zwar nicht wie ein Expat aus, trägt aber trotz entspanntem Schlendern ihre Maske nicht über Nasen und Mund, wie es sich gehört, nein, nicht einmal über ihre Augen, sondern ganz stolz über ihr Kinn. Das fällt mir bei Nicht-Einheimischen/Expats sehr oft auf. Ob westlicher oder indischer Abstammung, sie weigern sich, Masken richtig zu tragen. Masken sollen aus Gesundheitsgründen weder nur das Kinn oder nur die Augen bedecken, sondern Mund und Nase. Wenn man unbedingt möchte, kann man allerdings Masken über Augen, Nase,

Mund und Kinn tragen. Sehr nützlich, wenn man nicht identifiziert werden will. Doch der Zweck von Masken als Kinnschutz getragen, fällt mir etwas schwer zu erklären. Vielleicht effektiv beim Hinfallen oder gewatscht werden?

Und beim Anblick dieser super-duper coolen Kinnschutzträgerin fiel mir ganz spontan ein Popsong aus den 1990er Jahren ein: I'm Too Sexy' von der britischen Gruppe Right Said Fred. Als dieses Lied 1991 veröffentlicht wurde, entwickelte es sich schnell zu einem Hit dank der umstrittenen Lyrics und Musikvideos, in dem die Gruppe ihre Oberteile auszogen. Jedenfalls enthält dieses Lied, unter anderen, die folgenden Worte: „I'm too sexy for my love (…) I'm too sexy for my shirt (…) I'm too sexy for my car (…) I'm too sexy for my cat (…)" und so weiter. Dieses Motto scheint mittlerweile wieder in zu sein: Zu cool für eine Maske. Ich kenne auch weitere Versionen davon, dem Maskentragen zu entkommen: zu schwanger, zu schön, zu dumm. Ich verstehe ja, dass Maskentragen lästig sein kann und einem droht, etwas Individualität zu nehmen, doch Designermasken haben es schon vor Monaten auf den Markt geschafft, und man kann nun trotz Maske cool, schön oder dumm aussehen. Doch ‚ich bin zu' kann man bequem auch für viele andere Dinge verwenden: Zu ignorant Hundehäufchen wegzuräumen, zu egoistisch, Kinder impfen zu lassen, zu mutig, sich an Verkehrsregeln zu halten. Ich sah heute einen Radler, der gegen den Verkehr bergab geradelt ist, im Großstadtverkehr. Obwohl – dieses Verhalten fällt wohl eher in die Kategorie „zu dumm für Verkehrsregeln", aber wer gibt das schon gerne freiwillig zu. Aber warum ist es so schwierig, sich an Regeln zu halten? Vor allem, wenn man bedenkt, dass viele Verstöße heftige Strafen mit sich ziehen. Das Nicht-Beseitigen eines Hundehäufchens in der Öffentlichkeit kann hierzulande mit bis zu US $ 700 bestraft werden, bei Rot über die Ampel kostet $ 50 oder das Leben, und soziales Zusammenkommen während des Covid-19 Lockdowns kostete so einigen Expats nicht nur Geld und Gefängnisstrafen, sondern auch lebenslanges Verbot, das Land wieder zu betreten.

Regeln, Rechte und Strafen sind ein wichtiger Bestandteil sozialer Kontrolle. Soziale Kontrolle, die nicht durch Religion oder Scham ausgeführt werden kann, wird mit polizeilicher Unterstützung implementiert und gilt in den meisten Fällen zu seinem eigenen Schutz und dem des Umfelds. Also praktisch die Goldene Regel mit Polizeiunterstützung. Doch viele schienen den Hintergrund von Regeln wie richtiges Maskentragen und Hundehäufchen wegräumen nicht zu verstehen, und weigern sich ebenfalls vehement ihre Vernunft und gesunden Menschverstand zu verwenden. Außerdem ist es oftmals angenehmer und bequemer, Regeln nicht zu folgen, und zusätzlich sind die Chancen, erwischt und bestraft zu werden, wegen der limitierten Zahl an Polizisten relativ gering. Doch wann machen Trotz und Abweichung von Regeln wirklich Sinn? Bei Maskenpflicht? Bei Rot über die Ampel? Bei Hundehäufchen? Denn die ultimative Strafe könnte gerade nur ums Eck auf einen warten: an Covid-19 zu erkranken, bei Rot für Fußgänger von einem abgelenkten Autofahrer gnadenlos umgemäht zu werden, und ahnungslos vor einer großen Geschäftsbesprechung in ein Hundehäufchen zu treten.

Zielstrebige Verfolgung

In letzter Zeit sind die Nachrichten recht interessant. Ich sehe mir besonders gerne Berichte über die US-Wahlen auf CNN an. Mir gefallen die Gesichter der Nachrichtensprecher, wie sie beim Berichten der neusten Abenteuer des amerikanischen Präsidenten ihre Gesichter in Unglauben verzerren, um noch ein wenig glaubwürdig und neutral zu wirken. Ein Mann gefällt mir ganz besonders, er sieht stets bei Berichten von Ansprachen des US-Präsidenten so aus, als könnte er jeden Augenblick in Tränen ausbrechen oder sich übergeben. Ich würde mich auch schämen, immerhin hat es der US-Präsident geschafft, sich und sein gesamtes Land in eine Lachnummer für die Welt umzuwandeln. So amüsant-traurig diese Geschichte ist, brachte sie doch Erinnerungen in mir hervor, an eine Frau mit Regenschirm, die ich kürzlich auf einem meiner morgendlichen Spaziergänge traf. Es hatte geregnet und wieder aufgehört, das jedoch war an dieser Frau anscheinend komplett vorbeigegangen, denn sie hielt mit fester Überzeugung, dass noch die Gefahr bestand, von Regentropfen getroffen zu werden, zielgerichtet an ihrem Regenschirm fest. Sie fiel mir auch deswegen auf, weil sie mir mit ihrer geringen Körpergröße und der daraus folgenden Ebene ihres Regenschirmes fast einen Kratzer ins Gesicht versetzt hätte. Ohne Regen, ohne Rücksicht auf Verluste war sie versteift darauf, sich gegen Regentropfen zu schützen. Ein Schauspiel einfältiger Verfolgung eines Zieles, das nicht mehr relevant ist. Ähnlich wie die politischen Aktivitäten des US-Präsidenten. Er hat schon längst den Faden verloren (wenn er ihn jemals überhaupt hatte), und verfolgt irrelevante Ziele. Doch warum besteht der US-Präsident darauf, sein Land für weitere vier Jahre in den Ruin zu treiben? Warum bestand die Frau auf ihren offenen Regenschirm ohne Regen? Wie Kampfhunde verbeißen sich manche Menschen in ihre Ziele und können, auch wenn sie es wollten, nicht mehr loslassen? Ein gesperrter Kiefer, ein Todesgriff. Der Zweck und das Ziel sind nicht mehr wichtig.

Der offizielle Grund, warum der amerikanische Präsident sein Opfer nicht mehr loslassen kann, ist komplett unklar. Die Frage, warum er auf die zweite Amtszeit bestünde, konnte er einem CNN Bericht nach nicht beantworten. Aber das ist auch kein Wunder, denn er hatte nicht einmal eine Ahnung, warum er überhaupt Präsident werden wollte. Er wollte einfach nur gewinnen und durch das Gewinnen der Welt beweisen, dass alle Menschen, die ihn ausgelacht und verspottet hatten, als er eine politische Karriere anstrebte, absolut falsch lagen. Der wahre Grund, warum er seinen Posten als Präsident nicht aufgeben will, ist, wie vermutet wird, nicht nur, dass er das Prestige haben will, eine zweite Amtszeit zu gewinnen, obwohl er keine Ahnung hat, was er damit anfangen soll, sondern auch sich vor seinen unzähligen Klagen zu schützen. Abgesehen davon will er, wie auch die Frau, anscheinend sein offensichtliches Versagen nicht eingestehen, und ist der Realität gegenüber blind. Aus Stolz seiner Nation, aus Stolz ihres Kindes gegenüber, und auf Kosten einer gesamten Nation, und möglicherweise der Welt, die durch jahrzehntelange US-Politik abhängig gemacht wurde, und unschuldigen Fußgängern, denen fast die Augen mit den offenen Regenschirmen ausgestochen werden.

Doch ist zielstrebig-einfältiges Verfolgen ein Zeichen der Ausdauer oder Dummheit? Wann und wo zieht man die Grenze? Oder ist es etwa eine mentale Erkrankung? Zwanghaftes Verhalten? Eine ähnliche Frage eröffnete sich mir, als mein Papa vor ein paar Wochen eines Nachmittags ganz aufgeregt anrief. Er ruft sonst nie an, außer er hat sehr schlechte oder sehr gute Nachrichten. Meistens allerdings ist es eine Whatsapp-Nachricht, oder er verkündet mir die Nachricht während unserer wöchentlichen Videotelefonate. Ich machte mir also natürlicherweise sofort Sorgen. „Weißt du was gerade passiert ist? Das Steueramt hat uns eine Nachricht geschickt, dass unsere Steuern um 100 Prozent angehoben wurden! Ich habe sofort im Steueramt angerufen, um den Grund dafür klarzustellen, denn meine Rente ist schon erhöht worden, aber nur um ein paar jämmerliche Prozent! Die Regierungsangestellte am Telefon meinte nur, dass muss schon stimmen, immerhin hat der Computer diesen Steuerbetrag ausgespuckt, und der Computer hat immer Recht! Und der ganzen Sache auf den Grund zu gehen, unterstütze ich sie nicht, da sie sonst mit ihrer Vorgesetzten reden müsste und alles noch einmal nachrechnen müsste!" Unglaublich. Natürlich verständlich, wenn das der Fall ist, dann zahlt man die 100 Prozent Steuererhöhung doch gerne. Zielstrebige Verfolgung ohne Anweisungen zu hinterfragen, kein Wunder, dass die Regierungsangestellten einen schlechten Ruf haben, sie sind einfältige Sklaven des zielstrebigen (Computer)-Systems.

Doch bei zielstrebigen Verfolgungen kann man sich schnell brennen, oder sogar verbrennen, wie ich kürzlich bemerkt habe. An unserem Lift befindet sich ein Schild, auf dem es heißt: „In case of fire do not use." Daneben ist ein Rollstuhl abgebildet. Entweder zielstrebig die Treppe runter oder gnadenlos in der Liftlobby verbrennen, was auch immer schneller geht. Manchmal würde es sich anbieten, stehen zu bleiben und sich einen Moment zu gönnen, um über die Relevanz seiner zielstrebigen Verfolgungen nachzudenken.

Kleider machen Leute

Ich finde Mode interessant. Ich erfreue mich an schöner Kleidung, bin aber selbst nicht sonderlich modisch. Genaugenommen bin ich überhaupt nicht modisch. Ich habe zwar viele schöne Kleidung in meinem Kleiderschrank, die ist allerdings hauptsächlich ungetragen, Resultat temporärer Motivation, mich geschmackvoll zu kleiden. Ich trage schon seit zwei Jahrzehnten eine Uniform: Damals in der Arbeit schwarze Kleider mit bunten Pumps, schwarze Röcke oder Hosen mit schwarzen Oberteilen, auch mit bunten Pumps. Dann hörte ich auf, in einem Büro zu arbeiten, und meine Freizeitkleidung wurde zur täglichen Kleidung: Jeans mit schwarzen T-Shirts und bunten Schuhen. So sehe ich jeden Tag aus, außer ich gehe schwimmen, schlafen oder spazieren. Dann sind es schwarzer Badeanzug, schwarze Pyjamas oder schwarze Sportkleidung. In Sachen Kleidung kommt bin ich nicht unbedingt kreativ und/oder mutig. Mir gefallen jedoch gut gekleidete Menschen. Frauen in schönen Kleidern, Männer in Anzügen. Doch diese bekomme ich hierzulande heutzutage kaum noch zu Gesicht, abgesehen gelegentlich ein paar Japaner und Japanerinnen. Was ich allerdings sehr oft beobachte, sind ungewöhnliche Outfits und den Aufstieg ultra-freizeitlicher Kleidung. Mir ist aufgefallen, dass es Leggings, die Lieblingskleidung der 1980er Jahre, nicht nur in das Jahr 2020 geschafft haben, sondern überall hin. An Männerbeine, in Kombination mit Pumps (nicht an Männerfüßen), Plattform Flip-Flops, normalen Flip-Flops und sogar Birkenstock-Sandalen. Man sieht Leggings überall, und ich bin mir ziemlich sicher, dass die meisten nicht gerade auf dem Weg zum Yoga sind, denn sie haben entweder teure Designerhandtaschen dabei oder nur ein kleines Täschchen, groß genug für Lippenstift und Handy. Sie schlapfen in Flip-Flops und mit süßem Getränk in einer Hand und Smartphone in der anderen langsam vor sich hin, ohne Wasserflasche oder Yogamatte weit und breit. Doch Yogahosen sind nicht die einzigen Sportkleidungsartikel, die es in den akzeptablen Alltagsgebrauch geschafft haben. Ich habe schon Frauen in Jogginghosen und Pumps gesehen; Frauen beim Einkaufen, gekleidet in Leggings oder Yogahosen und Sportbüstenhalter (ohne weitere Kleidungsstücke); Frauen beim Mittagessen in Laufshorts, kurzen Yoga-Oberteilen und Birkenstock-Sandalen, Absicht in naher Zukunft oder Vergangenheit zu joggen oder gejoggt zu sein, also fragwürdig. Birkenstock sind überhaupt wieder sehr in der Popularität gestiegen, bei Mann und Frau, besonders die Plastikausgabe, obwohl ich mir die in den Tropen nicht unbedingt als hygienisch und trittfest vorstellen kann. Manche Outfits ähneln Unterwäsche oder Badekleidung. In meinem Nachbarschaftslebensmittelgeschäft traf ich vor einiger Zeit auf eine Frau in Spandex-Hotpants – die aussahen wie meine Schwimmshorts – und einem Sport Büstenhalter, ohne weiteres Oberteil. Sie sah aus, als hätte sie das Lebensmittelgeschäft mit einem Schwimmbad verwechselt. Ich kann zwar sicherlich nicht behaupten, mich als am besten gekleidete Person des Landes zu qualifizieren, doch ich kenne wenigstens den Unterschied zwischen Unterwäsche, Sportkleidung, Alltagskleidung und Abendkleidung, und wann und wo man welche trägt.

Dank ihres Komforts haben wir Sportkleidung artverändert und zu akzeptabler Freizeitkleidung gemacht. Kein Wunder, dass die Umsätze der Sportkleidungsindustrie in den letzten Jahren drastisch gestiegen sind. Der weltweite Markt für Sportbekleidung erzielte 2019 einen Umsatz von rund 181 Milliarden US-Dollar, eine Steigerung von mehr als sieben Milliarden US-Dollar gegenüber dem Vorjahr, und die steigenden Einnahmen werden sich voraussichtlich fortsetzen und bis 2025 auf rund 208 Milliarden US-Dollar geschätzt.

Wir haben zwar heutzutage mehr Kleidung, aber dafür weniger Geschmack! Vielleicht bin ich aber auch einfach nur altmodisch. Doch wenn man Fotoalben von seinen Großeltern durchblättert oder alte Filme ansieht, bemerkt man, dass man sich früher Mühe machte, sich schön und vor allem angemessen zu kleiden. Frauen trugen Kostüme auf Reisen, Männer Anzüge; bei Ausflügen kleidete man sich den Aktivitäten entsprechend. Ich kann mich an ein Bild meines Opas erinnern, das ihn auf einer Bergwanderung zeigt. Er trägt Knickerbocker, ein geknöpftes Hemd und ein Sportsakko. Heutzutage unvorstellbar. Bei meiner Oma war es ähnlich. Nachdem mein Opa verstorben war, nahmen wir meine Oma grundsätzlich auf Familienausflüge mit. Jedes Mal fragte sie, was genau geplant war, damit sie sich dementsprechend kleiden konnte. Meine Oma war eine stets perfekt und angemessen gekleidete Dame! Doch heutzutage wenden wir uns unseren Yoga- und Jogginghosen zu, warum adrett und angemessen, wenn es bequem auch geht?

Kleidung und ihr Gebrauch hat sich über die Jahre stark verändert. Angefangen hat der ganze Spaß in den USA, in Silicone Valley, bei den Info-Technologiefirmen. Dort fing man an, Jeans und Poloshirt als Arbeitskleidung zu akzeptieren, später wurden Jeans und Poloshirt sogar mit kurzen Hosen und T-Shirts ersetzt. Und jeder kennt das Bild des erfolgreichen, amerikanischen Technologie-giganten-Leitpersonals: Steve Jobs in Jeans und schwarzem T-Shirt, Mark Zuckerberg in Jeans und T-Shirt. Nur Jeff Bezos trägt noch Anzüge, er gehört immerhin auch der vorhergehenden Generation an. Das Bild des Erfolges hat sich mit der Entwicklung der Tech-Industrie geändert, Jobs, Zuckerberg und Bezos sind die Vorbilder junger Leute, keine anzugtragenden Stocktrader und Banker mehr. Die heutige Generation identifiziert sich mit Tech-Milliardären. Anzüge sind steif und konservativ, symbolisieren die alte Welt, gefüllt mit langweiligen Bankern und Anwälten. Info-Technologie ist kreativ und revolutionär und benötigt Bewegungsraum, was sich in der Kleidung spiegelt. Früher trug man tolle

Anzüge mit Krawatten nicht nur als Arbeitskleidung, und man hatte einen Schneider. Ein wenig von dieser Tradition ist in der Finanzwelt noch übriggeblieben. In Großbritannien, wie auch in Hongkong findet man noch viele erfolgreiche Schneider, die ihr Klientel aus Banken und Anwaltskanzleien regelmäßig mit neuen Anzügen ausstatten. In den Geschäftsvierteln in Hongkong, London und Tokyo kann man seine Augen noch mit dem Anblick von gutangezogenen, Kostüm- und Anzugtragenenden Menschen verwöhnen. Mein Mann gehörte da damals auch dazu, aber seit er einer amerikanischen FinTech Firma beigetreten ist, verstauben seine Anzüge, Hemden und Lederschuhe bleiben im Schrank und erinnern nur gelegentlich beim Abstauben an ihren früheren Glanz. Trotz jahrelangem Anzugtragen fällt es ihm mittlerweile sogar schwer, ordentliche Jeans und ein Polohemd in die Arbeit zu tragen, denn die meisten seiner Kollegen tragen kurze Hosen und T-Shirts. Noch unvorstellbar vor zehn Jahren. Karl Lagerfeld wird sich hinsichtlich dieser Modebewegungen wohl stündlich im Grab umdrehen, denn zu Lebzeiten hatte er schon die Jogginghosen auf dem Kicker. Doch nicht nur die Kleidung hat sich verändert, auch Sportschuhe, also bunte Laufschuhe oder derart wurden akzeptable Schuhwahl, auch wenn kein Sport betrieben wird. Heutzutage ist der wichtigste Leitfaden der Kleidungswahl Bequemlichkeit und Komfort. Bequem oder faul?

Doch dieser Trend der artverfremdeten Sportkleidung hat sich noch nicht jeden Winkel der Welt verbreitet. Ich habe vor ein paar Monaten einen Bericht über sogenannte Dandies im Kongo gesehen. Das sind Männer, die das Gentleman-Sein zur Lebensphilosophie gemacht haben und Mode als Lebensform sehen. Dieser Lebensstil nennt sich ‚La Sape‘ und basiert auf einfachen Werten: sich elegant zu kleiden, mit Integrität zu handeln und andere zu inspirieren. La Sape ist ein Akronym, das wörtlich übersetzt „Gesellschaft der Ambiente Hersteller und eleganten Menschen" bedeutet. Männer dieser Bewegung tragen extravagante Anzüge, Krawatten und hochpolierte Lederschuhe aus Überzeugung.

Doch ansonsten sieht die Zukunft der maßgeschneiderten Mode im Augenblick trostlos aus, vor allem da Covid-19 die Notwendigkeit, sich angemessen für die Arbeit zu kleiden, weitgehend eliminiert hat. Bei Zoom-Meetings bequem von zu Hause aus ist höchstens ein Arbeitshemd notwendig, solange man nicht aufsteht und vor dem Bildschirm herumläuft. Niemand trägt – geschweige denn kauft – Anzüge, und die Auswirkung bekommen nicht nur die wenig übriggebliebenen Schneider zu spüren, sondern auch die Wollindustrie und australische Wollhersteller. Sie sitzen nun auf Tonnen unverkaufter Merinowolle und hätten noch einige tauschend Schafe, die dringendst einen Haarschnitt benötigen. Italienische Wollmühlen liegen still. Vielleicht könnte man diese wunderbar-weiche Wolle in Jogginghosen und Sweatshirts umfunktionieren. Jedenfalls, schade um die Anzüge, mir gefallen Männer in Anzügen! Und wie Barney Stinson, ein Charakter aus einer amerikanischen Sit-Com, sang: „Nothing suits you like a suit!" Aber wer weiß, vielleicht kommen Anzüge ja wieder! Und Geschmack vielleicht auch.

Buying the Dream – Werbung

Wir haben daheim kein Fernsehen. Einen Fernseher schon, und wir schauen uns auch Filme an, aber Fernsehen mit Werbung haben wir nicht. Und wenn ich nun manchmal die Chance bekomme, fernzusehen, mit Werbungsunterbrechung, etwa, wenn ich in einem Hotel bin oder zu Besuch bei meinen Eltern, dann sauge ich die Werbungen förmlich auf, denn Fernsehwerbung gefällt mir am besten! Mit Inbrunst und Überzeugung werden Produkte angeboten und wird um Kunden geworben, ganz egal was verkauft wird oder wie unglaublich fantasiereich sich manches anhört. Vor allem die Werbungen für Hautcremes, die einem über Nacht jede Falte aus dem Gesicht, vom Hintern und den Oberschenkeln ausbügeln. Shapewear Werbungen sind auch toll. Da werden Models in Shapewear, also praktisch enge Wursthäute für unförmige Menschenkörper, gezeigt, die gar nichts haben, das in Form gedrückt werden muss. Heißt das also, wenn ich diese Shapewear trage, sehe ich aus wie ein Model? Oder Windeln, so bequem, dass man sie kaum spürt und weiche Babypopos glücklich machen. Wie weiß man denn so was? Tragen die Hersteller die Windeln selbst? Haben sie kohärent sprechende Baby-Windel-Tester? Außerdem saugen die Windeln eine Unmenge Milliliter Urin auf, bevor sie platzen. Das habe ich persönlich schon mal getestet, nicht an mir und auch nicht an meinen Kindern, aber mir ist einmal eine Windel in die volle Badewanne gefallen. So eine Windel kann ganz schön was aufsaugen, bevor sie platzt. Man bräuchte also theoretisch die Windeln seines Babys nur etwa zweimal am Tag wechseln, vorausgesetzt, das Baby hat an diesem Tag keinen Stuhlgang. Aber wer macht das schon? Trotz unglaublicher Saugkraft riecht die Windel trotzdem und fühlt sich auch leicht feucht an. Apropos Stuhlgang, Milchpulver Werbungen finde ich faszinierend, vor allem eine, die ich kürzlich gezwungenermaßen im Internet sah. Eine Mutter erzählt, wie sie doch früher gestresst war, da ihre Baby-Tochter nur alle zwei bis drei Tage Stuhlgang hatte, doch seit sie das besagte Milchpulver entdeckt hat, sind sie und ihre Tochter glücklich, da sie nun jeden Tag groß in die Windel macht (I am so happy, she poops every day now!). Nach zehn Minuten ununterbrochener Werbung breche ich normalerweise in hysterisches Lachen aus oder schalte verärgert und beleidigt den Fernseher wieder aus. Wollen uns die alle für blöd verkaufen? Wer denkt sich diese Werbungen aus? Bringen diese Werbungen überhaupt etwas, außer hysterischen Anfällen, Ärger und Beleidigung?

Werbung erweist sich bei großen Teilen unserer Bevölkerung als höchst effektiv, auch wenn die Erfolgsraten von einzelnen Werbungen etwas schwierig zu messen sind. Werbung ist eine Kommunikation, die dazu dient, Einzelpersonen über Produkte oder Dienstleistungen zu informieren, aufzuklären, zu überzeugen und daran zu erinnern. Um die

Aufmerksamkeit potenzieller Kunden zu bekommen, muss Werbung störend sein – das heißt, Zuschauer müssen aufhören, ihre momentane Aktivität zu unterbrechen, um sich dem Inhalt der Werbung zu widmen. In Theorie sollte Werbung auch glaubwürdig, einzigartig und einprägsam sein, um funktionieren zu können, doch das trifft in der Realität selten zu.

Mein Mann ist ein Mitglied des beeinflussbaren Bevölkerungsteils. Er liebt Werbung auch, aber meiner Ansicht nach nicht aus den richtigen Gründen. Er holt sich Kaufinspiration von Werbung. Wie oft sind wir schon in ein Lebensmittelgeschäft oder eine Drogerie gewandert, auf der Suche nach einem Produkt, das wir kürzlich in einer Werbung sahen, und das ohne konventionelles Fernsehen und daher limitierter Exposition bezüglich Fernsehwerbung!

Doch wer setzt die Trends, wer denkt sich aus, welche Produkte und Dienstleistungen gerade benötigt werden? Wie zum Beispiel Männerleggings. Vor ein paar Wochen sah ich zum ersten Mal einen männlichen Jogger in Leggings. Mittlerweile sind Männerleggings auf meinen morgendlichen Spaziergängen ein alltäglicher Anblick. Werbung dafür ist mir allerdings bisher entgangen. Aber nur gut, dass mein Mann den Trend der Männerleggings (noch) nicht mitbekommen hat.

Die meisten Menschen sind unkreativ oder wagen es nicht, kreativ und anders zu sein, Dinge gegen dominante Trends zu machen oder es fehlt ihnen die Zeit sich Neues auszudenken. Konzerne nutzen dieses Vakuum der Massenkreativität, beziehungsweise das Fehlen der Individualität aus, denn Werbung basiert auf dem psychologischen Drang der Herdenzugehörigkeit. Ideen in Form von Produkten, Verhaltensweisen und Dienstleistungen werden mit Hilfe von Werbung und Gruppenzwang dominant. Der Besitz eines bestimmten Produktes oder das Nutzen einer bestimmten Dienstleistung bedeutet Zugehörigkeit, und ist auch oft ein Ausdruck der Aspiration, als Mitglied einer erwünschten Gruppe identifiziert zu werden. So kann man sich beispielsweise seinen Traum der Zugehörigkeit mit Kleidungsstil kaufen, wie ich vor einiger

Zeit auf einem meiner Spaziergänge beobachtete. Ich bemerkte einen etwa 45 Jahre alte Mann, der nach seinen Haaren, Gesicht und Körperbau zu urteilen ein sogenannter Geek war. Doch er war von Kopf bis Fuß mit hipper Skaterkleidung ausgestattet und befand sich auf einem e-Scooter (der damals noch erlaubt war). Offensichtlich wollte dieser Mann lieber als hip und jung anstatt als Geek identifiziert werden. Effektivität seines Skateroutfits ist jedoch fragwürdig. Doch dieser Mann war nicht der Einzige, der sich Zugehörigkeit zu seinem Traum zu kaufen versuchte. Auch mit dem Besitz neuester technologischer Geräte wie etwa dem iPhone 12 kann man die Zugehörigkeit zu einer Gruppe beweisen, und kann man sich das neuste iPhone nicht leisten, werden nun von besonders cleveren Leuten iPhone Konverter angeboten. Das sind Aufkleber in der Form der neusten iPhone Linse, die man über die Linse seines veralteten iPhones klebt, und voilà, man sieht so, aus als hätte man das neuste iPhone!

Konsum fasziniert mich, vor allem da ich in einer Stadt lebe, in der man nur sehr limitierte Unterhaltungsmöglichkeiten hat: Essen und Shoppen. Museen, Parks und Sehenswürdigkeiten sind innerhalb einer Woche erledigt. Daher ist Konsum hierzulande eine große und wichtige Sache. Werbung bildet Grundlage für exzessiven Konsum, man wird sich Produkten bewusst, die man vorher weder brauchte noch von deren Existenz ahnte. Doch wo hat Massenkonsum eigentlich seine Wurzeln? In Amerika, wo alles groß und vielfältig ist. Die Geschichte des amerikanischen Konsums beginnt an Ende des zweiten Weltkrieges. Die Kriegsproduktion trug dazu bei, Amerikas Wirtschaft aus der Depression herauszuholen, und ab Ende der 1940er Jahre erlebten junge Erwachsene einen bemerkenswerten Anstieg ihrer Kaufkraft. Doch das erfreute nicht nur Verbraucher und Konzerne, sondern Privatkonsum wurde auch zur Notwendigkeit, den ultimativen Erfolg der amerikanischen Lebensweise zu erzielen. Amerikanische Verbraucher wurden in den 1950er Jahren als patriotische Bürger gelobt. Historikerin Lizabeth Cohen erklärt, dass gute Käufer, die sich mehr, neuerem und besserem widmeten, als gute Bürger gepriesen wurden, da nach anderthalb Jahrzehnten der Depressionen und Kriege die wirtschaftlichen Erholung von einer dynamischen Massenkonsumwirtschaft abhing. Anfangs fühlte sich die amerikanische Bevölkerung noch etwas unwohl bei überflüssigem Konsum, doch Konsum wurde bald als Mittel propagiert, Klassenunterschiede abzuschwächen. Für die Arbeiterklasse bedeuteten Dinge, die das gute Leben definierten und nun in ihrer Reichweite lagen, eine Hoffnung auf Aufwärtsmobilität, nach der sie sich so sehr sehnten.

Massenkonsum wurde nicht nur zur Basis des amerikanischen Traumes und der amerikanischen Wirtschaft, sondern besteht noch immer und ist in andere entwickelte Nationen wie auch in andere Aspekte der amerikanischen Kultur übergeschwappt. Werbung erhält den unersättlichen Durst nach mehr, neuerem und besserem. Doch wir sind so sehr von Werbung begeistert, dass wir sogar extra bezahlen, um mit Logos und Warenzeichen für beliebte Marken auf unseren T-Shirts, Handtaschen und Turnschuhen werben zu dürfen.

Bei der Milchpulverwerbung, die kurz unsere aufregende Verfolgung der US-Wahlen auf YouTube unterbrach, meinte mein Mann: „Sollen wir unseren Kindern dieses Milchpulver geben?" Err … beide sind aus dem Milchalter raus und wurden während ihrer Babyzeit gestillt. So effektiv kann Werbung sein!

Unzufriedenes Warten

Good things take time – Gute Dinge brauchen Zeit. Wie ein hand-gehäkelter Winterpullover. Der dauert, ist aber dann auch dementsprechend – weich? Toll? Auf jeden Fall besonders, oder zumindest anders als der maschinengehäkelte. Da macht warten Sinn, denn auch Handwerk braucht Zeit. Warten und Geduld sind etwas, das mir in letzter Zeit allzu familiär geworden ist. Warten auf das Ende der Pandemie.

Warten fällt mir schwer, es gibt mir dieses Gefühl der Machtlosigkeit. Ich bin ein von Natur aus ungeduldiger Mensch. Jeder geht und fährt mir zu langsam auf der Straße. Manche Leute reden mir zu langsam, so langsam, dass ich ihnen gerne die Sätze vollenden wollte. Das nicht zu tun, fiel mir vor allem in der Arbeit schwer, wenn sich kurze Besprechungen in langwierige Sitzungen verwandelten, die Mittagszeit anstand und mir der Magen zu knurren anfing. Mir fehlt auch die Geduld, langwierigen Erklärungen zuzuhören oder lange Antworten abzuwarten. Ich habe keine Zeit, wortträchtigen Anleitungen zu folgen, das endet nicht immer positiv, da ich aus Ungeduld Rezepte verkürze und kurzfristig umordne, und die dann einfach nicht mehr klappen. Sauerteig benötigt Warten und Geduld. Doch da Geduld eine Tugend ist, versuche ich sie mir seit Jahren anzueignen, und zwar mit Häkeln (wenn ich Stricken könnte, würde ich wahrscheinlich stricken). Da Schals zu häkeln recht schnell geht, aber sich Schals trotz eiskalter Klimaanlage als unglaublich nutzlos in einem tropischen Land herausgestellt haben, habe ich mich dem Pullunder-Häkeln zugewandt. Und da die Wolle, die ich hierzulande bekomme, für meine Projekte und die Hitze zu dick ist, verbringe ich Stunden, die Wolle sorgfältig zu trennen, um dann viele weitere Stunden den Pullunder mit dünnen Wollfäden zu häkeln. Es dauert manchmal qualvoll lange, mein Projekt fertigzuhäkeln. Das ist die Absicht, ein meditatives Training, um mir Geduld anzugewöhnen. Wollig-warme Kaschmirpullunder brauch ich ja zum Glück nicht. Warten fällt mir trotzdem noch immer schwer, vor allem, da ich Warten als Zeitverschwendung betrachte. Ohne Warten wäre keine Geduld notwendig. Was ist denn so toll am Warten? Ist es nicht nur eine Ausrede für Faulheit, Geduld als Tugend zu verkaufen? Warten ist in den meisten Fällen mit Inaktivität verbunden. Man sitzt herum und macht nichts, man wartet. Inaktivität trägt keinen positiven Unterton wie es bei Geduld der Fall ist. Doch trotzdem formt das Wort Warten die Basis für viele Worte mit positivem Unterton: Abwarten, erwarten, Erwartungen. Als ob Warten und Inaktivität Erwartungen erfüllen könnten. Wir verbringen sehr viel Zeit mit Warten, fast unser halbes Leben. Wir warten auf den Bus, wir warten auf den Feierabend, wir warten auf unser Gehalt. Wir warten auf Regierungsbehörden (wenn man da allerdings inaktiv wartet, kommt man während seiner Lebenszeiten wohl nicht dran). Wir warten auf den Sommer. Und leider kann man in diesen Fällen in der Tat nichts anderes tun, als zu warten, und vielleicht schauen wir deswegen immer alle so unzufrieden. Weil wir alle von Natur aus ungeduldig sind, sofortige Befriedigung unserer Wünsche vorziehen, jedoch immer dazu gezwungen werden zu warten, abzuwarten und geduldig zu sein. Unangenehme Dinge lassen wir gerne warten. Wer weiß immerhin schon, wie viel Zeit wir haben!

Doch abgesehen von der Tatsache, dass Warten sehr lästig sein kann, stellt sich ganz ernsthaft die Frage, warum die meisten Menschen in unserem Umfeld so unzufrieden dreinschauen. Selten trifft man auf Leute, die ein zufriedenes Lächeln auf dem Gesicht haben, besonders die besser angezogenen. Die sehen manchmal so aus, als gehörte ein unzufrieden-gekränktes Gesicht zu ihrem Outfit dazu, und vielleicht ist das sogar der Fall. Man beobachte nur die Models auf dem Catwalk, die sehen alle so, als würden sie einem jeden Augenblick an den Kragen gehen (aus Heißhunger etwa?). Umso besser es uns geht, umso unzufriedener schau'n wir. Man kann das hauptsächlich in entwickelten und reichen Kulturen feststellen. Ist es Angst vor Neid? Weil sie auf Instagram oder Facebook festgestellt haben, dass es anderen anscheinend besser geht als ihnen? Ist es die Gier nach mehr? Die Angst, dass einem jemand etwas abschaut? Oder die Befürchtung, von einer verrückt-freundlichen Person angelächelt oder sogar angesprochen zu werden? Die Möglichkeiten sind endlos. Wahrscheinlich aber, weil Erwartungen trotz langwierigem Warten nicht in Erfüllung gegangen sind.

Ich habe mir Geduld so weit wie möglich angeeignet, hauptsächlich aus Selbstschutz, denn Warten kann sehr oft nicht vermieden werden, und wenn man Geduld besitzt, ist Warten auch nicht ganz so unangenehm. Doch man sollte Geduld nicht mit Inaktivität verwechseln.

Manchmal muss man das Schicksal selber in die Hand nehmen, um Erwartungen zu erfüllen, in anderen Fällen muss man geduldig Handgriffe wiederholen bis man auf Resultate kommt, wie beim Häkeln, ich sitz' ja auch nicht einfach da und warte darauf, dass sich der Pullunder von selber häkelt, da muss ich schon selber die Häkelnadel in die Hand nehmen!

Selfies

Seit Jahren, seit etwa 2005, als der Selfie-Stick populär wurde (erfunden wurde er in Japan in den 1980er Jahren von Hiroshi Ueda, und ein zweites Mal dann in 2005 von Kanadier Wayne Fromm), trifft man sie regelmäßig und überall, wo man möglicherweise ein Foto von sich machen kann. Viele Leute gibt es, die gerne Fotos von sich selbst mit aller Art von Hintergrund machen. Oft stehen sie mit ihren Selfie-Sticks direkt vor einer Sehenswürdigkeit, einem Hinweisschild oder Eingang, den man gerne selbst gerade benutzen würde. Wenn sie keinen Selfie-Stick dabeihaben, dann befinden sie sich oft in der Begleitung eines Privat-Fotografen, also Freund oder Ehemann. Menschen, versessen auf Selbstaufnahmen, sind nichts neues und auch keinesfalls eine Seltenheit. Doch heute auf dem Weg zum Mittagessen hatte ich eine merkwürdige Begegnung: Eine Joggerin mit Selfie-Stick. Ich wusste gar nicht recht, wohin ich schauen sollte, gut, dass ich mich gerade nicht aufs Gehen konzentrieren musste, da ich mich in einem Taxi befand. Sonst wäre ich wahrscheinlich gestolpert. Ich konnte sie schlicht und einfach nur anstarren und mich wundern: Warum läuft sie mit Selfie-Stick? Ist das Bild nicht fürchterlich verwackelt? Wofür? Beweis, dass sie joggen geht? Eine Marktlücke in den Sozialen Medien? In den Sozialen Medien findet man heutzutage ja allerlei merkwürdige Dinge, die die jüngere Generation als normal empfindet. Für ältere Ausgaben wie mich machen manche nicht gerade sehr viel Sinn. Ich habe auch kürzlich einen jungen Mann getroffen, der mit seinem Handy Gerichte vorstellte. Ein neugieriger, jedoch trauriger Anblick. Man kann Selbst-Videos beim Aufstehen, Essen, Putzen, Streiten und Computer Spielen auf YouTube und anderen Sozialen Medienplattformen finden, nur Toilettenvideos fehlen. Aber das, also die Besessenheit, sich selbst bei aller Art von Aktivitäten zu filmen, ist eine andere Geschichte. Ich bin zwar etwas veraltet, doch mit Selfies kenne ich mich recht gut aus, denn, als vor fast 20 Jahren der Wahn mit Selfiefotografie anfing, Boden zu fassen, interessierte mich dieses Verhalten so sehr, dass ich ein paar Jahre später meine Universitätsabschlussthese darüber schrieb. Das war bevor der Selfie-Stick populär wurde, und meine These stellt verschiedene Gründe dar, warum wir so gerne Fotos von uns selbst machen.

Die Bedeutung einer Handlung ist mit der zugrunde liegenden Rationalität verknüpft, also was wir uns dabei denken, und was uns dazu treibt. Dieser Gedanke, dass soziales Handeln eine Manifestation der eigenen Rationalität ist, basiert auf Max Webers interpretativer Methodik.

Und so ist Selbstfotografie zum Beispiel eine Manifestation des Dranges zu sehen, wie man eigentlich wirklich aussieht, vor allem da das Aussehen eine extrem wichtige Rolle in unserer Gesellschaft spielt. Selbstfotografie, wie Roland Barthes erklärt, erlaubt einem „sich anders zu sehen als im Spiegel". Das Foto ist die Entstehung von sich selbst als anderen, eine clevere Trennung von Bewusstsein und Identität. Selbstobjektivierung ermöglicht die Trennung des Selbst und des fotografierten Selbst und gibt uns damit die Chance, uns selbst zu betrachten, wie andere uns sehen. Wir machen uns zu einem Objekt unserer eigenen Betrachtung. Und das kann uns ein Spiegel nicht bieten, denn es gibt gute und böse Spiegel! In jedem Spiegel sieht man ein wenig anders aus. Man nehme unsere Spiegel zuhause. Ich habe zwei böse Badezimmerspiegel und einen braven Wohnzimmerspiegel. An guten Tagen traue ich mich vor alle, an schlechten Tagen versuche ich die bösen so weit wie möglich zu vermeiden, was im Badezimmer natürlich sehr schwerfällt! Wer auch immer diese bösen Spiegel voller Länge installiert hat, musste sie natürlich ins Badezimmer tun. Und auf Grund der Unzuverlässigkeit der Spiegel schätze ich das gelegentliche Foto von mir selbst, aber seit wir Kinder haben, gibt es kaum noch welche von mir. Ich werde höchstens gefragt, mich zur Seite zu stellen, um nicht im Weg zu sein. Doch das bin ich schon von früher gewohnt, bei Sehenswürdigkeiten musste ich auch schon immer aus dem Bild verschwinden. Befürchtungen, die Geburt meiner Kinder könnte meinen Anblick derart verschandelt haben, dass ich es nun nicht mehr wert bin fotografisch aufgenommen zu werden, sind wahrscheinlich unbegründet. Kommentare anderer sind genauso unzuverlässig, außer man hat einen Freund vom anderen Ufer. Der Ehemann kann sich keine ehrlichen Aussagen dem Aussehen seiner Frau gegenüber leisten, daher sagt mein Mann stets ‚nicht schlecht‘ oder ‚normal‘, wenn ich ihn frage, ob mir zum Beispiel ein bestimmtes Kleidungsstück steht. Bei Freundinnen ist es ähnlich. Zu ehrlich ist nicht gut für die Beziehung. Also bleiben zur Selbstbestätigung und zur Kontrolle des Aussehens nur Selfies. Übrigens nehmen nicht nur Frauen Selfies, Männer machen das mittlerweile auch recht gerne, und so entstehen täglich hunderttausende von oft peinlichen Selbstaufnahmen, die es regelmäßig schaffen, auf Facebook und Instagram einen Platz zu finden. Denn vor allem Selbstaufnahmen mit Sehenswürdigkeiten im Hintergrund, bei einer spannenden Aktivität wie Skydiving (ist das überhaupt möglich? Mir würde da mein Handy aus der Hand fallen), mit einer besonderen Persönlichkeit oder auch nur einer besonderen Mahlzeit, dienen als Beweismittel dazu, etwas besonders getan, gesehen oder gegessen zu haben.

Doch manchmal geht Selbstfotografie zu weit und kann sogar tödlich enden. Ich hatte schon des Öfteren von tödlichen Selfie-Aufnahme-Aktionen gehört, war aber bis vor ein paar Jahren der Überzeugung, dass das urbane Legenden seien, bis in einem benachbarten Einkaufszentrum ein Selbstfotograf dank seiner Besessenheit, ein spannendes Foto von sich zu machen, in den Tod stürzte. Er wollte auf einem unechten Boden im zweiten Stock des Einkaufszentrums die perfekte Aufnahme machen, der Boden brach, er fiel und landete auf dem Marmorboden des Erdgeschosses. Man hat mittlerweile besonders hohe Abgrenzungen in diesem Teil des Einkaufszentrums installiert, um zukünftige Vorfälle dieser Art zu vermeiden.

Spiegel, auch wenn man ihnen nur schwer vertrauen kann – nicht einmal die böse Stiefmutter-Königin von Schneewittchen traute ihrem Spiegel – sind trotz allem eine sicherere Option.

Ode an die Familie

Heute Morgen fand ich eine Whatsapp-Nachricht auf mich wartend. Ich musste kurz überlegen, ob ich sie in der Tat vor meinem ersten Schluck Kaffee zu mir nehmen wollte. Denn ich hatte kürzlich schlechte Erfahrungen mit frühmorgendlichen Whatsapp-Nachrichten gemacht. Doch diesmal war es keine Nachricht über den lästigen Teacher Luke und seine unwissenschaftlichen Listen. Es war eine Nachricht von meiner lieben Schwägerin, die eine Geburtstagsüberraschung für meinen Bruder plante. Sie lud uns alle ein, Beträge zu seiner anstehenden Geburtstagsfeier zu leisten. Da ich mit meiner Familie eine halbe Welt entfernt lebe und wir auf Grunde von Covid-19 Einschränkungen nicht international reisen dürfen, können wir uns nur digital beteiligen. Doch meine anderen Familienmitglieder wie mein jüngerer Bruder, meine weitere Schwägerin und meine Mama erklärten sich sofort bereit, ein Fest aufzukochen und Lieder und Gedichte vorzubereiten.

Das eifrige Vorbereiten auf das anstehende Fest erinnerte mich an meine Kindheit, als wir fast wöchentlich Familien- und Verwandtenfeste feierten, mit Übernachtungen, Musik, Spielen mit Cousins und Cousinen. Und wenn wir keine Feste feierten, dann besuchten wir Großeltern, Tanten, Onkels und Cousinen. Meine fast gleichaltrige Cousine und ich verbrachten so viel Zeit miteinander, dass man uns fast für Schwestern halten konnte. Wir freuten uns wie Schneeköniginnen im Winter, als uns bewusst wurde, dass wir sogar denselben

Nachnamen teilten. Meine älteren Cousins und Cousinen wie auch meine Großeltern übernahmen des Öfteren auch den Babysitting-Dienst, wenn meine Eltern einen Abend oder ein Wochenende ohne Kinderanhang verbringen wollten. Man kann behaupten, dass unser Familiennetz sehr eng verknüpft war und immer noch ist. Denn meine Geschwister, Cousins und Cousinen und ich haben dieses Netzwerk mental übernommen, und Familienfeste und Babysitting-Dienste werden weiterhin selbstverständlich fortgeführt.

Doch Familie darf man keinesfalls als selbstverständlich halten, denn ich habe auch mit ganz anderen Versionen von Familie Bekanntschaft gemacht. Mein angeheirateter Familienteil erwartet Geschenke, vorgeschriebene Erwartungen müssen erfüllt werden, um Aufmerksamkeit und Respekt zu bekommen, und es besteht ein steter Wettbewerb zwischen Geschwistern. Familienzusammenkünfte, die nach dem Auswandern meiner Schwiegereltern nach Kanada ohnehin sehr selten geworden sind, hören sich eher an wie Geschäftsverhandlungen. Persönliche Fragen nach Wohlbefinden halten sich in Grenzen. Allgemeines Interesse an Neffen und Enkelkinder besteht, allerdings nur solange es keine Arbeit und Mühe mit sich bringt. Babysitting-Dienst von Tanten und Onkel sind unvorstellbar, nicht einmal die Großeltern erklären sich dazu bereit.

Als ich gerade meinen älteren Sohn auf die Welt gebracht hatte, und meine Schwiegermutter einflog, um den Nachwuchs zu begutachten, überließ sie mir zwar den Windelwechsel und Füttern (dank Desinteresse meines Sohnes an Nahrungsaufnahme musste ich damals abpumpen und ihn dann mit der Flasche füttern, kann nur die Mama), bot mir aber großzügig an, sich um ihren Enkelsohn zu kümmern, aber unter der Bedingung, dass ich ihr auch eine Haushaltshilfe bereitstellte. Wofür ich sie dann brauchte, ist mir bisher unklar, und so lehnte ich ihr freundliches Angebot dankbar ab. Mit einem Kind und einem kleinen Haushalt würde ich schon selbst klarkommen. Unsere damalige Wohnung in Hongkong war immerhin außerordentlich klein, und meine beste

Freundin wohnte nur ein Stockwerk unter uns. Sie war immer bereit zu helfen, selbst ohne bereitgestellter Haushaltshilfe, und trotz eigenem, gleichaltrigen Baby.

Seitdem mein Schwager eine Tochter hat, hat meine Schwiegermutter selbst Fotomöglichkeits-Interesse an meinen Buben verloren. Mädchen sind halt einfach niedlicher, wenn auch nicht unbedingt und immer. Aber das ist nicht so schlimm, denn von meiner Familie, auch wenn sie weit weg ist, können sie lernen, wie eine Familie funktionieren sollte. Dort erwarten sie jedes Mal freudige Cousins, liebevolle Großeltern, stets spielbereite Tanten und Onkel und viele interessante Geschichten aus meiner Kindheit. Die Wichtigkeit des Familien- und Verwandtennetzwerks ist nicht zu unterschätzen. Kinder können in sicherer Umgebung Wettwerbe ausführen, Stärke messen, von älteren Cousins lernen und sich um Jüngere kümmern. Soziologisch spielt der erweiterte Familienkreis eine Schlüsselrolle in der kulturellen Sozialisation, insbesondere in Bezug auf Vermittlung des Erbes, indem sie Familiengeschichte und Geschichten teilt und Kinder kulturellen Ereignissen und Aktivitäten aussetzt.

Aber ganz so schlimm war es dann auch wieder nicht. Meine Schwager hat vor eigenem Kind oft meine Buben besucht und mit ihnen gespielt, meine Schwägerin ist damals manchmal aus Kanada eingeflogen, um ihre Neffen zu besuchen, und meine Schwiegermutter hielt immer schöne Belohnungen für die Fotografie-Sitzungen mit ihr bereit. Man übernimmt eben Dinge so, wie man sie von seiner Familie gelernt hat und es gewohnt ist.

Wie Tag und Nacht

Meine Kinder sind unterschiedlich wie Tag und Nacht. Angefangen bei der Haar- und Augenfarbe: der Ältere hat dunkle Haare und hellere Augen, beim Jüngeren ist es umgekehrt, helle Haare mit ganz dunklen

Augen. Und so sind die zwei in jeder Hinsicht: der Ältere unglaublich unordentlich und verplant, der Jüngere unglaublich ordentlich, sauber und organisiert. Der Ältere redet wie ein Wasserfall, der Jüngere ist ruhig, gelassen und redet nur, wenn er etwas zu sagen hat. Der Ältere hasst das Wasser in jeder Hinsicht (sogar duschen ist eine Qual), den Jüngeren bekommt man kaum aus Swimming Pool und Dusche heraus. Der Ältere verabscheut Gemüse und liebt Fleisch, beim Jüngeren ist es genau andersrum. Und so geht die Liste endlos weiter. Ich frage mich dann oft, wie zwei Brüder nur so unterschiedlich sein können! Klar, sie sind keine Zwillinge, und es gibt 101 Millionen Variationen, wie sich die DNA, das Erbgut der Eltern vermischen kann. Aber man glaubt und hofft doch auch, dass Kindererziehung und soziale Umgebung das Verhalten und die Persönlichkeit von Kindern prägen würden. Wenn man etwas Bildungssoziologie studiert hat, kennt man die Debatte zwischen Erziehung und Natur, wieviel wird uns biologisch vorgegeben und zu welchem Grad ist es Erziehung bzw. Bildung. Ich stelle daher eine wissenschaftlich-untüchtige Analyse meiner zwei Söhne auf. Variablen sehen gut aus, sie sind beide männlich, blutsverwandt, und wachsen im gleichen Haushalt auf mit gleicher Zuwendung und gleichen Forderungen.

Betrachten wir zuerst einmal den Geschmack: Als mein älterer Sohn ein Baby war, hatte ich noch die Energie und Zeit dazu, eine richtige Übermutter zu sein. Ich verbrachte Stunden mit Absorbieren von Information über gesunde Ernährung, war auf der Jagd von gesündesten biologisch angebauten und tierfreundlich aufgezogenen Lebensmitteln, und verbrachte natürlich viele weitere Stunden mit altersgerechter Zubereitung der Nahrungsmittel und langwierig-geduldigen Babyfütterungen. Ich war Stammkunde jedes Luxus- und Gourmetgeschäfts meiner Stadt. Ich ließ meinen wertvollen Sprössling alles probieren, von feinstem Käse aus Frankreich bis hin zu ökologisch und liebevoll großgezogenem Lachs aus Irland. Nichts war mir zu dumm oder zu umständlich, denn ich wollte meinem lieben Kind den Geschmack an gesunder und ausgewogener Ernährung beibringen. Seit Sieben Jahren ist er ein schrecklicher Esser, er hasst alles grüne, asiatische, scharfe, langweilige, eigentlich fast alles außer Steak und Lobster (naja, vielleicht habe ich ihm diese Welt ja eröffnet, wer mag Lobster nicht lieber als Karotten). Er ist nun acht Jahre alt. Bei meinem jüngeren Sohn hatte ich weniger Zuversicht/Naivität, Energie und Zeit. Fand ich zufällig mal etwas biologisch Angebautes oder artgerecht Großgezogenes im Nachbarschaftslebensmittelgeschäft im Angebot, nahm ich es ihm mit. Ansonsten gab es halt zu essen, was ich gerade schnell mit zwei Kindern im Schlepptau im Lebensmittelgeschäft in den Korb werfen konnte. Mein jüngerer Sohn wuchs nicht mit Luxus- und Gourmetlebensmitteln auf. Er wuchs so auf, wie die meisten zweit-, dritt-, undsoweitergeborenen aufwachsen: normal. Heute ist er ein ausgezeichneter Esser. Er liebt Gemüse, er liebt Gesundes, er liebt Essen! Erziehung 0 Punkte, Natur 1 Punkt

Nächster Bereich: Wasser. Von kleinstem Baby an brachte ich meinen älteren Sohn zum Schwimmen, denn ich wollte ihn ans Wasser gewöhnen und ihm die Angst davor nehmen, er schrie nämlich schon beim täglichen Baden in der Babywanne wie am Spieß. Im Interesse meines Gehörs brachte ich ihn also trotz Unzufriedenheit mit meinem ‚Post-Baby-Body' (also fettwabbligen Nach-Baby-Körpers) wöchentlich in das öffentliche Freibad. Mit drei Jahren bekam er dann sogar seinen eigenen Schwimmlehrer, der nun seit fast fünf Jahren ein vertrautes Gesicht ist. Trotzdem – er hasst das Wasser. Schwimmunterricht ist eine Qual, und geduscht wird auch nur unter lautstarken Protesten. Wer will raten? Bei meinem Jüngeren ist es genau das Gegenteil. Er ist eine regelrechte Wasserratte! Er konnte weder bereits sprechen (nur schreien) noch selbständig gehen, da wollte er schon in das Erwachsenenschwimmbecken. Ging man nicht lange genug mit ihm ins Wasser, fing er an, sich die Seele aus dem Leib zu schreien. Ich hatte oftmals die Befürchtung, er könnte im kalten Poolwasser erfrieren! Er bekommt nun seit weniger als einem Jahr Schwimmunterricht, und schwimmt so gut wie selbständig. Er liebt das Wasser, und man kann ihm keine größere

Freude machen, als ihn zum Schwimmen zu bringen oder zumindest die Badewanne einzulassen (naja, Gleichstand mit Brokkoli). Erziehung 0 Punkte, Natur 1 Punkt

Dritter Bereich der Analyse: Als ich mit meinem ersten Sohn schwanger war, kaufte ich mir ein Buch über französische Kinder-erziehung. Dieses Buch war damals sehr hipp, ‚French Kids don't throw Food' von Pamela Druckerman (die ist ja gar keine Französin, kein Wunder, dass die Tipps nicht funktioniert haben), und beschrieb, wie man seine Kinder zu guterzogenen, höflichen und vor allem alles-essende Menschen verwandelt. Ich habe dieses Buch praktisch auswendig gelernt, es war meine Bibel der Kindererziehung, denn freche, ausgestochene und unhöfliche Kinder mochte ich nämlich damals noch gar nicht. Ich wandte jeden Trick, jeden Tipp an meinem lieben, süßen und immer fröhlichen Sohnemann an. Ich bin nun die stolze Mutter von einem ausgestochenen, unhöflichen und verwöhnten Grundschüler, der meint, er wäre schon ein Teenager. Vielleicht ist das Buch nur für Franzosen oder hat zu viele Übersetzungsfehler. Wie auch immer. Mein jüngerer Sohn war ein anstrengendes Baby. Er schrie, weinte, aß, weinte und schrie wieder, beschwerte sich mit seinen ersten Worten über Dreck und hatte grundsätzlich eine miese Laune. Er war immer so schlecht drauf, dass ich so ziemlich alles tat, um ihn vom Schreien und Weinen abzuhalten. Ich verwöhnte ihn von oben bis unten, Manieren und Höflichkeit waren mir da keine Prioritäten. Und siehe da, er ist nun fünf Jahre alt und ein unglaublich nachsichtiges, liebes und höfliches Kind (wenn ich gerade nicht hinschaue, schikaniert er allerdings seinen älteren Bruder ganz gerne). Er gehorcht, merkt sich Regeln und macht alles, mich glücklich zu machen. Erziehung 0 Punkte, Natur 1 Punkt

Endstand: Erziehung 0 Punkte, Natur 3 Punkte. Dieser Rechnung nach könnte man sich Erziehung eigentlich wirklich sparen. Wie viele graue Haare, geplatzte Nackenadern und Ärgerfalten ich mir in diesen wenigen Jahren der Kindererziehung schon erworben habe, und das schon vor den Teenagerjahren! Mütter, spart euch die Kindererziehung,

Natur kann man nicht bekämpfen! Na, hoffentlich sieht es bei der Bildung besser aus!

Betrüger sind gar nicht lustig

Ich bin mir ziemlich sicher, dass es sie schon immer gab: Betrüger. Betrüger erinnern mich ein wenig an Mücken. Sie sind lästig, schwer loszuwerden, sie stehlen, und es gibt sie schon seit der Zeit der Dinosaurier. Außerdem weiß kein Mensch, welchen Zweck sie erfüllen. Ans Aussterben denken sie leider nicht. Meiner Meinung nach haben sich Betrüger wie auch Mücken eher vermehrt als verringert, trotz Eingreifens von Regierungsstellen. Statistiken zeigen sogar, dass während einer Krise wie Covid-19 noch mehr betrogen wird als normal. Mückenzahlen sind auch drastisch angestiegen. Betrüger lieben Krisen. In Krisen sind Menschen gestresst, abgelenkt und auch mehr dazu geneigt, sich ausnutzten zu lassen. Perfekte Umstände für Betrüger, die müssen einen dann nämlich gar nicht mehr selbst stressen, um dem Opfer Geld abzunehmen. Wie zum Beispiel im Augenblick: Jeder hat Angst, von Covid-19 krank zu werden und sucht nach Möglichkeiten, gesund und sicher zu bleiben, etwa durch Vitamine, Medikamente und Masken. Betrüger haben sich in den letzten paar Monaten goldene Nasen mit Hokuspokus Medikamenten und billigen Masken verdient, die beide nichts bringen.

Ein amerikanischer Report berichtet, dass 2019 fast 667 Millionen US-Dollar an Betrüger verloren wurde, und das nur an Imposter. Insgesamt hat sich die Betrugsindustrie mehr als 1.9 Milliarden US-Dollar verdient. Das ist ein ziemlich gutes Geschäft! Aber Betrug kostet noch viel mehr Geld, als in diesem Bericht dokumentiert wurde. Regierungen der ganzen Welt müssen Steuergelder verwenden, um ihre Bürger vor Betrügern zu beschützen (vielleicht sollte man Betrüger schwerstens besteuern … wenn man nur wüsste, wer sie sind). Hierzulande findet man in U-Bahn-Stationen und Bushaltestellen Poster, die vor Betrug warnen.

Es gibt sogar eine Webseite, auf der man über verschiedene Betrugsschemen nachlesen und selbst von Erfahrungen berichten kann.

Ich kenne mich mit dem Thema ziemlich gut aus. Ich bekomme nämlich schon seit vielen, vielen Monaten Anrufe von Betrügern, die mir verkaufen wollen, sie wären von meiner Bank oder von DHL. Bei DHL ärgere ich mich immer besonders. Denn diese Anrufe geben mir immer ganz kurze Vorfreude auf eine Überraschung aus fernem Lande! Fast wäre ich vor ein paar Monaten selbst Opfer eines Betrugs geworden. Eines schönen Morgens, als ich gerade fleißig am Putzen war, läutete mein Handy. Ich dachte zuerst, es wäre mal wieder mein älterer Sohn, der mich so gerne von der Schule aus anruft, nur um mich etwas zu stressen. Aber nein, es war ein Mann, der ins Telefon reinschrie, dass ich von meinen Regierungsbehörden in Deutschland gesucht werde, da ich dort etwas angestellt hatte und mich nun in Ausland versteckte, und ich sofort deportiert werde. Natürlich lehnte ich das vehement ab, ich geh ja nicht einmal bei Rot über die Ampel! Dann meinte der Mann, der sich als Regierungsangestellter des Arbeitsamts ausgab, dass wohl jemand meine Identität gestohlen hatte. Er wollte daraufhin persönliche Daten von mir wissen, um mir zu helfen, mein Problem zu lösen. Doch dank meines Studiums in Kriminologie wusste ich, dass hierzulande nur die Polizei nach persönlichen Daten fragen darf und das auch nicht über das Telefon oder Internet macht. Ich lehnte daher sein Angebot ab und meinte, ich würde mich sofort auf den Weg zur Polizeistation machen. Der Vorschlag gefiel dem sehr unfreundlichen Mann nicht und er drohte, einen Polizeiwagen zu mir zu schicken und mich einsperren zu lassen. Ich gab ihm meine Zusage und hing auf. Daraufhin informierte ich sofort die Polizei und die Amtsstelle, die der gemeine Anrufer als Arbeitgeber angegeben hatte. Der Polizeiwagen kam nie, und deportiert wurde ich auch nicht. Aber ich zitterte für den Rest des Tages und erzählte am Abend meinem Mann in Tränen von dem Vorfall. Ich trage immer noch seelische Schäden davon, und das finde ich ungerecht, denn leider habe ich die Identität des Betrügers nie herausgefunden und kann ihn daher nicht einmal um Schmerzensgeld verklagen. Betrüger nehmen uns mehr als nur Geld, sie nehmen uns den Glauben an das Gute der Menschen, sie machen uns Angst und schädigen unser Sicherheitsgefühl. Diese Ungeziefer saugen mehr als Blut, sie verbreiten Misstrauen wie Krankheiten in unserer Gesellschaft. Leider lassen sie sich jedoch nicht ausrotten, und ein ganzer Untergrundarbeitsmarkt für Betrüger hat sich entwickelt. Betrüger sein ist mittlerweile ein gut bezahlter Beruf. Das Einzige, was wir Nichtbetrüger machen können ist, uns vor Betrug zu schützen, wie wir es mit Mücken auch machen. Mücken allerdings stellen sich jetzt als nützlich heraus. An ihrem gestohlenen Blut kann man nämlich wissenschaftliche Einblicke in die Entwicklung von Krankheiten wie Covid-19 bekommen ... Das gleiche kann man von Betrügern nicht behaupten. Hoffentlich gibt es wenigstens eine besondere Hölle für böse Betrüger!

Smartphone-Zombies

„Gehen die Leute auf der Straße eigentlich absichtlich so langsam (...) Manchmal könnte man meinen ihr blödes Schlendern wäre Absicht" (Tocotronic). Endlich, nach mehr als 20 Jahren, habe ich die Antwort auf diese Frage gefunden. Und sie ist ganz einfach: Smartphones, um genauer zu sein, Smartphone-Zombies. Man trifft sie ständig und überall, und vor allem, wenn man es eilig hat und versucht, einmal jemanden nicht absichtlich zu überfahren. Menschen mit Smartphones in ihren Händen gehen, höchst vertieft in ihre kleinen Bildschirme, schön langsam vor sich hin, bleiben dann plötzlich stehen oder laufen direkt in einen anderen Smartphone-Zombie rein. In China hat man daher extra Spuren für Smartphone-Zombies kreiert, damit sie nicht mit lebendigen Menschen zusammenstoßen und dabei unabsichtlich verletzten. Verantwortlich für ihre Tat können sie ja nicht gemacht werden, immerhin ist ihr Gehirn temporär behindert. Man stelle sich dann nur die ständigen Krankenhaus- und Versicherungskosten vor! Da machen Gehwege für Smartphone-Zombies, die von Steuerzahlern gedeckt werden, viel mehr Sinn. In Singapur hat man sich ähnliches überlegt, Schriften (Look Up) am Boden anzubringen, um Smartphone-Zombies daran zu erinnern, beim Überkreuzen von Straßen erst nach Verkehr zu schauen. Ich wundere mich da nur, ob sie mit temporär behindertem Gehirn die Buchstaben am Boden überhaupt wahrnehmen und verarbeiten können. Aber ist ja auch egal, alles von netten Steuerzahlern unfreiwillig und ungefragt beigesteuert. Aber man möchte sich rechtlich schon schützen. Smartphone-Zombies haben ja auch Menschenrechte.

Menschenrechtsprobleme gelöst, stellt sich eine weitere Frage. Was machen diese Smartphone-Zombies denn eigentlich an ihren schlauen Handys? Ich hab mich mal ganz wissenschaftlich schlau gemacht und ganz unverdächtig (hätten sie verdächtig wahrscheinlich auch gar nicht gemerkt) geschaut, was da so auf den kleinen Bildschirmen der Smartphone-Zombies läuft. Gesehen habe ich: Fernsehserien, YouTube Videos, Instagramseiten, Facebook, Shopping Webseiten, unter anderem. Kaum jemand las ein E-Book. Alles zur Unterhaltung. Was haben wir damals nur ohne Smartphones gemacht? Bücher mit uns rumgetragen, Landkarten, Geldbeutel, Gehirn … Alles dank Smartphone nicht mehr notwendig.

Smartphones, so wie wir sie kennen (bzw. iPhones) wurden erst 2007 populär und erschwinglich. 13 Jahre später, und man kann sich sein Leben ohne Smartphone nicht mehr vorstellen. Wir finden ja zum Teil gar nicht einmal mehr heim ohne Google Maps. Aber wie ist das alles passiert? Warum müssen wir uns nun ständig unterhalten, und noch dazu elektronisch? Damals, vor 20 Jahren ging man einfach nur auf der Straße, man sah sich Schaufenster oder einfach die Umgebung an. Man überlegte und man summte vielleicht vor sich hin. Moderne Menschen hörten sich Musik über ihren Walkman an (für die jüngere Generation: Walkman ist ein Kassettenspieler; Kassetten trugen Musik in damals kompakter Form). Man brauchte nicht viel mehr

Unterhaltung als Gehen. Wenn man zu zweit ging, dann redete man mit seinem Spazierpartner. Heutzutage redet man nicht einmal mehr miteinander, wenn man am Esstisch zusammensitzt. Man hat ja das Smartphone zur Unterhaltung, um sich mit anderen auszutauschen. Wer braucht da schon echte Menschen. Elektronisch ist alles viel einfacher. Smartphones haben uns abhängig gemacht, von unkomplizierter, gehirnbetäubender visueller Unterhaltung, von Google-Allwissenheit. – Augenblick, ich habe gerade eine Nachricht erhalten … Haha, ein neues Katzenvideo auf YouTube.

Leute auf der Straße gehen nicht absichtlich so langsam, sie sind nur in ihr Smartphone vertieft!

Leider beantwortet meine Smartphone-Zombie-Theorie Tocotronics Frage nicht. Man bedenke, das Lied wurde 1997 herausgebracht, und da gab es hauptsächlich einfache Handys, mit denen man nur telefonieren konnte. Das erste Smartphone (Simon von IBM) wurde zwar 1992 herausgebracht, 15 Jahre vor dem erstem iPhone, schaffte es aber nie auf den Massenmarkt. Die Lösung: Smartphone einfach mit Handy zu ersetzen … Leute können sich auch nicht auf Telefonieren und Gehen auf einmal konzentrieren … Übrigens, es gibt auch fahrende Smartphone-Zombies, und die sind so richtig gefährlich! Ich wundere mich, wie wir die Menschenrechtsprobleme dieser Gruppe mit unserem Steuergeld erfolgreich lösen …

Besitz: Man ist, was man hat?

Unser Auto ist kaputt gegangen, und es hatte keinen Sinn mehr, es zu reparieren. Schweren Herzens (hauptsächlich mein Herz) entschieden wir uns, es zu verkaufen. Zuerst heulte ich, dann mein älterer Sohn, und dann wieder ich. Es war ein wahrlich anstrengender Tag, und nass, es regnete nämlich auch stundenlang. Es regnet sonst im Juni kaum, aber das ist eine andere Geschichte …

Jedenfalls waren mein Sohn und ich ziemlich aufgelöst. Mein Ehemann meinte, es sei doch nicht so schlimm, es wäre doch nur ein Auto. Ich weiß, dass er ja Recht hat, aber für mich, und ich denke auch für meine Kinder, hat UNSER Auto eine ganz andere, viel tiefere Bedeutung. Für mich sind es Erinnerungen: Als wir nach Singapur zurückgezogen sind stand das Auto für uns bereit, ein Teil Heimat/Zuhause; ich brachte meinen jüngeren Sohn in diesem Auto nach der Entbindung vom Krankenhaus heim; wir unternahmen unzählige Ausflüge mit unserem Auto; wir zogen um, aber das Auto behielten wir. UNSER Auto bedeutet für uns Freiheit, Stabilität und gute Erinnerungen. Jedoch ist es eigentlich nur ein Nutzgegenstand.

Aus Mitleid mit unserem Sohn versprach mein Mann, dass wir uns bald ein neues Auto aussuchen könnten. Mein Sohn lehnte das vehement ab. Für ihn kann sein Auto nicht ersetzt werden, entweder das gewohnte oder gar keines. Mir geht es ähnlich. Ich leide unter der Fehlannahme, dass Objekte Erinnerungen enthalten, und sobald ich diese Objekte aufgebe, verliere ich auch meine Erinnerungen daran. Das ist ein ziemlich herkömmlicher Gedanke und kann sogar zu einem Problem werden, wie man bei ‚Messies‘ oder -‚Hoarders‘ beobachten kann. Diese Kategorie von Menschen haben eine psychologische Sperre, Dinge herzugeben, manchmal so extrem, dass sie sich nicht einmal von ihrem Müll trennen können. Ihre Wohnungen oder Häuser werden so nach einiger Zeit unbenutzbar, da sie mit allen möglichen Dingen zugestopft sind, von denen sich ‚Hoarders‘ scheinbar nicht trennen können. Für ‚Messies‘ werden alltägliche Gegenstände Teil von ihnen selbst. Sie werden, was sie haben.

Jedoch bei genauerem Betrachten bemerkt man, die Idee, dass der Besitz zur Identität beiträgt und sie sogar oft bestimmt, außerordentlich gewöhnlich ist. Es ist nur eine andere Umsetzung! Werbungen basieren darauf, unser Kaufverhalten und die Wahl der Produkte und Marken werden davon stark beeinflusst. Warum kaufen wir einen europäischen Luxuswagen, wenn uns ein wesentlich preiswerteres, japanisches

Model auch von A nach B bringen könnte? Weil er unseren Erfolg beweist. Warum wollen wir das neuste iPhone? Weil wir zeigen wollen, dass wir modern sind, uns mit Technologie auskennen und es uns vor allem leisten können! Warum tragen wir lieber eine Louis Vuitton Tasche als einen einfachen Einkaufsbeutel der eigentlich viel praktischer ist? Ästhetik? Ästhetik läuft auch wieder auf Identität zurück. Immerhin ‚verschönert‘ ein ästhetischer Gegenstand den Träger, spricht von gutem Geschmack, er wird Teil der Identität des Besitzers und beweist weitere Attribute des Besitzers. Geht in die gleiche Richtung wie ‚Kleider machen Leute‘. Gegenstände, Kleidung, Wahl unserer Umgebung sind unsere soziale Visitenkarte.

In seinem Buch ‚Haben oder Sein‘, stellt uns Erich Fromm eine Alternative zu dieser Facette unserer Gesellschaft vor: „Wenn ich bin, der ich bin, und nicht, was ich habe, kann mich niemand berauben oder meine Sicherheit und mein Identitätsgefühl bedrohen. Mein Zentrum ist in mir selbst.“

Hinter Besitz und Identität, wie auch dem dadurch ausgelösten Kaufzwang steckt natürlich noch viel mehr. Aber das überlasse ich den Vollzeit-Soziologen!

Als ich meine eigene Trauer um unser Auto überstanden hatte, fragte ich meinen Sohn, warum er so traurig sei. Er meinte daraufhin, was denn die Nachbarn nun denken würden! Man ist was man hat … Tja, in ein paar Jahren lass ich ihn Erich Fromm lesen!

Das rote Männchen

Wer hasst es nicht? Das rote Männchen. Es erscheint immer dann, wenn man es nicht brauchen kann. Wenn man sich wünscht, es zu sehen um etwas mehr Zeit zu verbrauchen, dann kommt bestimmt nur das grüne Männchen raus (das wir nie wirklich hassen; meiner Meinung nach ist Grün eine eh viel schönere Farbe als Rot, aber Geschmäcker unterscheiden sich ja). Doch das rote Männchen tut mir leid. Niemand nimmt es erst, es wird gehasst, ignoriert und geradezu missbraucht! Ich beobachte das täglich mit meinen eigenen Augen. Menschen gehen auf die Ampel zu, sehen das rote Männchen, glauben seiner Warnung vor Verkehr nicht, schauen sich kurz um und überkreuzen dann ganz einfach die Straße. Viele Hunde machen das nicht einmal. Die haben nämlich gelernt, dass das rote Männchen viel Gefahr und Risiko bedeutet, und das grüne Männchen einen ganz gut vor einem schmerzvollen (manchmal tödlichen) Zu-sam-menstoß mit Fahrzeugen schützen kann. Das ist natürlich nicht überall der Fall, aber in Singapur wie auch Deutschland weiß ich, dass man sich da ziemlich gut darauf verlassen kann, sei denn der Fahrer ist farbenblind und dumm. Rot ist nämlich immer oben, und Grün unten (da musste ich allerdings in der Tat etwas nachdenken, um mir sicher zu sein). Na jedenfalls ist mir der menschliche Zwang, die Ampel bei Rot überqueren zu müssen, unerklärbar. Vielleicht kann es ja ein bisschen Mathematik verständlicher machen. Wer weiß, die rote-Männchen-Hasser könnten alle Mathegenies sein (kein Wunder, dass ich immer bei grün rübergehe; danke Herr Müller!!)! Es dauert etwa zwei bis drei Minuten, bis eine Ampel von Rot auf Grün umstellt, und umgekehrt. Großzügig gerechnet, spart man sich drei Minuten pro roter Ampel. Leute gehen normalerweise nicht wirklich weit, sie nehmen dann lieber das Auto (und da weiß man, dass man beim Rotdrüberfahren ordentlich gestraft wird!), also rechnen wir mal so zehn Ampeln pro Tag (in der Großstadt). 10 x 3 sind 30 Minuten, und das fünfmal pro Woche (Samstag und Sonntag fährt man mit dem Auto weg oder bleibt daheim), über 60 Jahre (Kinder folgen dem grünen Männchen bis zu ihrem etwa 12. Lebensjahr, dann werden sie rebellisch; rote-Männchen-Hasser haben eine höhere Wahrscheinlichkeit, überfahren zu werden, also ziehe ich zehn Jahre ab; ergibt ein Durchschnittsalter von 82 Jahren). Also, man spart sich 7.800 Minuten. Das sind 5,42 Tage in einem Leben von 82 Jahren. Meiner Meinung nach nicht wirklich viel im Vergleich zu den potenziell zehn Jahren, die man durch Überfahrenwerden verlieren kann.

Statistiken nach wurden 2019 allein in Singapur 1167 Fußgänger überfahren (in Deutschland 29.826), und die meisten davon nicht einmal absichtlich! Was auch schwer zu verstehen ist. Das kennt doch jeder, man fährt so schön zügig vor sich hin, singt beim Autoradio mit, freut sich über das grüne Männchen, und PLÖTZLICH!!! EIN FUSSGÄNGER der ganz gemächlich bei ROT über die Straße schlendert!!! Da würde man oft lieber einfach auf dem Gas ausrutschen als auf die Bremse zu stampfen. Aber dann erinnert man sich an den frischpolierten Lack des Autos und die Spuren, die ein solcher Fußgänger hinterlassen würde … Ich habe so einen roten-Männchen-Hasser ganz freundlich mit meiner Hupe vor der Gefahr meiner Motorhaube gewarnt. Aber das gefiel ihm gar nicht, und er zeigte mir als Dank den Mittelfinger. Undankbarkeit nennt man das. Aber zurück zum Thema. Die echte Frage ist, warum gehen Leute Risiken ein, von denen sie keinen wahrnehmbaren Gewinn treffen könnten? Manche sagen, es sei Langeweile, andere führen es auf unsere Evolution zurück. Evolutionär-Psychologe Andreas Wilke meint zum Beispiel, dass Männer gerne ihre sexuelle Fitness durch riskante Taten beweisen (Gewinne sind da schwer vorzustellen). Außerdem gehen Menschen schon seit ihrer Entstehung Risiken ein und hatten oftmals außergewöhnlichen Erfolg sowie außergewöhnliches Versagen. Dieses Risikoverhalten ist ein wichtiger Aspekt des menschlichen Daseins. Aber es hat jeder weder den gleichen Appetit für Risiko noch den Geschmack für das gleiche Risiko. Manche setzen ihr Geld aufs Spiel, andere ihre Gesundheit und Sicherheit, wieder andere gehen freizeitliche Risiken ein (wie Bungee jumping), oder ethische und soziale (z. B. ein schlechter Witz auf der Party des Vorgesetzten).

Anscheinend gibt es da noch eine andere Kategorie, die Psychologen noch nicht entdeckt haben. Und zwar die, welche gerne ihre eigene Sicherheit und die anderer riskieren. Denn ich habe heute erst eine schwangere Frau mit ihrem Mann die Kreuzung bei Rot überqueren gesehen. Das arme Kind hat dann gar nichts von dem Nervenkitzel oder von den 5,24 dazugewonnen Tagen … Ich schätze das rote Männchen von nun an!

Kinder & Job: Manchmal hinterfragt man alles, außer das Gras auf der anderen Seite

Aus geografischen Gründen verbringe ich jede Woche eine gute Stunde mit intensiven Diskussionen mit meinen Eltern. Das ist meistens recht spannend, da wir häufig unterschiedlicher Meinung sind, auch oft aus geografischen und kulturellen Gründen. Vor kurzem erzählte mir meine Mama, dass meinen kleinen Bruder zurzeit sein Job sehr auf den Keks geht, und er ernsthafte Bedenken hat, die richtige Karriere gewählt zu haben. Das verstehe ich, diese Bedenken habe ich auch oft.

Ich habe vor zehn Jahren meinen bezahlten Job an den Nagel gehängt, bin (zum zweiten Mal) ausgewandert, und traf dann und dort die Entscheidung, traditional-anerkannte Arbeit für immer gegen Kinderaufziehen einzuwechseln. Da wir damals weder Familie noch genügend Platz für eine Haushaltshilfe hatten, war das die einzige Möglichkeit, ein Kind zu haben. Denn in Hongkong gibt es solche Einrichtungen wie Kinderhorte oder Childcare nicht, und ich könnte mir auch ganz schwer vorstellen, meine Kinder von Fremden bzw. einer Haushaltshilfe aufziehen zu lassen. Und so stieg ich mit dieser Entscheidung in die Welt der Hausfrau um. Zuerst Hausfrau ohne Kind, dann Hausfrau mit Kind. Zwei sehr unterschiedliche Welten, die eine Existenz noch schwerer zu rechtfertigen als die andere. Daheimzubleiben, um sich um den Nachwuchs zu kümmern, wird gesellschaftlich leichter akzeptiert als daheimzubleiben, um sich um den Ehemann/Partner zu kümmern.

Trotzdem, ich habe fast täglich Bedenken meiner Karrierewahl, wenn mir am Mittnachmittag die Puste ausgeht, ich von Nachmittagsmüdigkeit fast überwältigt werde, und die Kinder zum Streiten anfangen. Dann fragte ich mich: Ist das wirklich die richtige Karriere für mich? Unbezahlte, nicht geschätzte Sklavenarbeit? Ohne Urlaub, Bonus und Beförderung? Ohne tollen Jobtitel und Bewunderung? Ich komme auch oft auf keine gute Antwort, da mir meistens einfach die Zeit ausgeht, um darüber weiter nachzudenken. Denn plötzlich weint ein Kind, das andere schreit um Hilfe, und ich muss über Berge von Spielzeug steigen und meine Füße von Lego massieren lassen, um endlich an das betroffene Kind ranzukommen. Und meistens setzte ich mich dann einfach mitten unters Lego und fange an zu bauen, was auch die Kinder beruhigt. Wir bauen oft stundenlang, ganz fantastische Kreationen, und hören uns dabei Musik an. Bis wieder Realität einkehrt, und ich mich um das Abendessen kümmern muss. Aber in dieser Zeit sind die Karriere-Gedanken auch schon wieder verschwunden, denn um diese Uhrzeit freue ich mich schon auf einen ruhigen Abend, mit den Kindern im Bett. Da gefällt mir meine Karrierewahl dann wieder besser. Am nächsten Morgen freue ich mich auch schon wieder, wenn meine ‚Arbeit‘ aufwacht, und ich sie umarmen kann, und sie mir sagen, dass sie mich lieb haben. Und um ganz ehrlich zu sein, blutet mein Herz jedes Mal, wenn ich sie in der Schule abgebe. Ich brauche zwar die Zeit, um mich um den Haushalt zu kümmern und etwas Energie durch Sport zu tanken, aber mir fällt die Trennung für ein paar Stunden schwer.

Es ist doch sehr ähnlich mit ‚richtiger‘ Arbeit. Manchmal liebt man seinen Job (vor allem wenn man um 18 Uhr endlich heimgehen darf und daheim einfach nichts machen muss), und manchmal hasst man ihn, wenn Dinge einfach nicht so laufen, wie man sie sich vorgestellt hatte, oder der Chef etwas Dummes sagt, was fast täglich vorkommt, weil etwas Dummes sagen einfach zum Chef-sein dazugehört. Wenn dann alles wieder glatt läuft, man Lob und vielleicht sogar eine Belohnung für die Frucht seiner harten Arbeit bekommt, liebt man seinen Job und ist überzeugt, die richtige Wahl getroffen zu haben. Man ist dann voller Energie und kann es oft kaum erwarten, an seinem Projekt weiterzuarbeiten.

Also, was auch immer es ist, was auch immer man für eine Karriereentscheidung trifft, man hat gute und schlechte Zeiten. Und: Gute wie schlechte Zeiten vergehen. Während schlechter Zeiten sollten wir uns vielleicht öfters fragen, ob das Gras auf der anderen Seite wirklich grüner ist oder vielleicht doch auch überstreut mit Legosteinen …

Ich hätte mehr aus mir machen können –
dafür habe ich viele schöne Schuhe

Mein Bruder wurde befördert. Mein Papa hat mir das ganz stolz geschrieben. Meine Mama auch. Ich freue mich für ihn, und bin natürlich auch stolz. Aber gleichzeitig reflektiere ich über mein eigenes Leben nach. Beförderung, ja, die guten alten Zeiten, als mir das auch noch passierte. Belohnung für gute Arbeit, Erfolg mit harter Arbeit, Respekt und natürlich eigenes Gehalt. Harte Arbeit habe ich schon noch, Erfolge in einem anderen Sinne auch, Belohnungen manchmal, Respekt und Gehalt keinen. Hausfrauen werden belächelt. Oh, sie kümmert sich um den Haushalt, alles ist staubfrei, es gibt Frischgekochtes zum Frühstück, Mittagessen und Abendessen. Circa 1960, mit Schürze und geschniegelten Kindern. Vielmehr als neuste Putzmittel und Kochrezepte im Kopf wird von solch einer Frau nicht erwartet. Dieses Bild war 1960 in den USA ganz normal und respektiert. Auch in Europa war das normal. Die Frauen kümmerten sich um das Zuhause, damit es auch ein angenehmes Heim war. Aber die Zeiten haben sich geändert. Der Großteil der Mittelschicht in den USA und in Europa kann sich solch einen Lebensstil nicht mehr leisten und will es auch nicht. Frauen wollen nicht mehr von ihren Männern abhängig sein, sie wollen ihre Ausbildung auskosten und gleichberechtigt sein. Man hat auch höhere Erwartungen, braucht mehr (nur so läuft der Kapitalismus), und immerhin muss man ja mitmachen können. Klassisches „Keeping Up with the Joneses". Die Meinung der Mehrheit ist generell dominant. Die Mehrheit kann sich einen ‚Single-Income Household' nicht leisten, dem Kapitalismus gefällt das, immerhin wird mehr produziert und gekauft, Hausfrauen sind daher nicht mehr akzeptabel, weil sie dem typischen Bild der Mittelklasse nicht mehr entsprechen. Single-Income bedeutet nun oberer Mittelstand und höher. Allerdings spielen die Frauen im oberen Mittelstand eine ganz andere Rolle. Sie sind gebildet, mit Universitätsabschluss und oft noch mehr. Ihre Bildung nutzen sie nicht, um berufstätig Gehalt zu verdienen. Sie kümmern sich um die intellektuelle Entwicklung der Kinder und unterstützen ihre Ehegatten. Die Aufgaben des Haushalts werden in den meisten Fällen von Angestellten aus der Arbeiterklasse übernommen. Die Zeit dieser Frauen ist zu kostbar, um sie mit Putzen, Kochen und Bügeln zu verschwenden. Diese Frauen werden respektiert, ihre Kinder schaffen es regelmäßig in die besten Schulen, ihre Ehemänner sind erfolgreich, und die Haare und Maniküre immer perfekt, genauso wie ihre Outfits, wenn sie die Kinder in die Schule bringen.

Ich weiß nicht, in welches Loch ich reingefallen bin. Weder noch. Ich habe auch eine gute Ausbildung mit Universitätsabschluss, allerdings habe ich keine Haushaltshilfe, und schon gleich gar keine perfekten Haare und entsprechende Maniküre. Das ist manchmal schwer. Immerhin hätte ich meine Nägel machen lassen können anstelle von Kloputzen … Aber wenn ich erst Nägel mache und dann Klo putze, versaue ich mir gleich wieder meine Nägel … Und wenn ich erst Klo putze und dann Nägel mache, habe ich keine Lust mehr aufs Nägel machen. Ich versuche meine Wahl zu rechtfertigen. Aber für wen? Für mich selbst. Für meine Umwelt. Immerhin scheint es, dass ich meine Ausbildung mit Hausarbeit und Kinderaufziehen verschwenden würde. So kommt es zumindest mir vor. Aber wenn ich genauer darüber nachdenke, verwende ich mein soziologisches, philosophisches und auch politisches Wissen aus Universitätszeiten fast täglich. Ich wende Marx und Weber an, um die Kinder dazu zu bringen, ihre Hausaufgaben zu machen; ich verwende Philosophie, meinem Kleinen den Umgang mit Ungerechtigkeit beizubringen (That's not fair!!! – My dear, life is not meant to be fair!) und Politikwissenschaft, Kriege zu beenden und Bettzeiten

auszuhandeln. Wer behauptet da also, dass eine Universitätsausbildung
an Kindererziehung verschwendet wäre? Man stelle sich nur vor, ich
hätte Chemie studiert! Oder Physik? Meine Küchenkünste wären dann
einfach nur unglaublich, ich könnte Maschinen erfinden, die die Kinder
automatisch füttern und baden … Die Möglichkeiten wären grenzenlos!
Immerhin, wo ein Wille ist, ist auch ein Weg. Und solchen Unsinn denke
ich mir durch meine Kunstabitur-erworbene Kreativität dann aus, damit
ich mich nicht irgendwann aus Frustration und unerfüllten Karriereträu-
men von einer Brücke stürze. Aber wer würde dann die ganzen schönen
Schuhe tragen, die ich mir aus Selbstbelohnung über diese letzten zehn
Jahre gekauft habe? Ich hätte vielleicht mehr aus mir machen können …

Heidelbeeren oder Geld:
Die Wahl zwischen Erinnerungen und Luxus

Ich habe meine Schwägerin vor kurzem gefragt, ob ihre elf Monate alte
Tochter Heidelbeeren mag. Wir hatten Kaffee und Kuchen daheim, und
dachte, die Kleine würde vielleicht gerne etwas mitessen. Meine
Schwägerin sah mich auf diese Frage für ein eine halbe Minute mit einem leeren Blick an und meinte dann, dass sie keine Ahnung habe, da
sie ihr Kind nicht füttere. Diese ganze Geschichte hört sich erst einmal
komisch an, aber man bedenke, dass meine Schwägerin Anwältin ist,
und ihr Kind von einer Haushaltshilfe versorgt wird. Da stellt sich nun
die Frage, was im Leben wichtiger ist: zu wissen, ob sein elf Monate
altes Kind Heidelbeeren isst, oder ob es besser ist, als gebildete Mutter
seinen Beruf weiter auszuüben, sich um eine gute finanzielle Gegenwart und Zukunft zu kümmern und ein respektiertes Mitglied der Gesellschaft zu bleiben. Diese fundamentale Frage, die ich mir sehr oft
stelle, da ich Kindererziehung als Alternativ-Karriere gewählt habe,
kann ganz gut mit Karl Marx und Max Weber analysiert werden. Nach
Marx' Theorie des Kapitalismus verdient sich nur ein produktives (bzw.
geldverdienendes) Mitglied Anerkennung, da Produktion und

Entfremdung der produktiven Masse Grundlage des Kapitalismus bilden. Es ist daher fundamental, so viele Mitglieder der Gesellschaft in der Arbeitswelt zu beschäftigen wie möglich, denn diese vernebelt und kreiert Gruppenzwang, welcher uns dazu bringt, zu vergessen, was im Leben eigentlich wirklich wichtig für uns ist. Man möchte immerhin überall mitmachen und mitreden können, sich Luxus gönnen und leisten können. Doppeltes Einkommen ist dafür in den meisten Fällen notwendig. Frauen können das Aufziehen ihrer Kinder anderen Frauen überlassen und ihnen damit eine Möglichkeit der Produktivität bieten, und dabei selbst ein produktives Mitglied der Gesellschaft bleiben. Produktiv zu bleiben und scheinbar Unerreichbares anzustreben, motiviert uns, in diesem Zyklus des endlosen Konsums und Produktion des Kapitalismus mitzuspielen. Das klassische Hamsterrad des Kapitalismus. Das beantwortet weitgehend die Frage der Motivation, Kindererziehung Fremden zu überlassen, zumindest im asiatischen Kontext. In europäischen Ländern und in den USA mag das etwas anders aussehen. Arbeitende Mütter dort kümmern sich noch weitgehend um ihre Kinder und den Haushalt auf Kosten ihrer eigenen Freizeit. Wie allerdings wird sich diese Tendenz des Auslagerns der Kindererziehung auf die nächsten Generationen auswirken? Wenn man etwas Soziologie der Familie studiert, versteht man, dass Familie das wichtigste Element der Kinderprägung ist. In den ersten Lebensjahren eines Kindes lernt es Verhalten, Werte und Beziehungen von den engsten Familienmitgliedern. Kleinkinder erkennen – übrigens ähnlich wie Entenküken – keinen großen Unterschied zwischen biologischer Mutter und Aufziehperson. Unsere ausgelagerten Kinder absorbieren die Werte und Verhalten von ihren uns fremden Bezugspersonen. Hier in Singapur haben Kinder oft eine engere Beziehung zu den Haushaltshilfen als zu ihren eigenen Eltern, die sie nur abends und am Wochenende sehen. Meilensteine wie erste Worte, erste Schritte und erstes Liebhaben erfahren sie bei Fremden. Ich persönlich kann mir das nur schlecht bei meinen eigenen Kindern vorstellen, immerhin wuchs ich auch mit sehr viel Fürsorge meiner

Eltern und Großeltern auf. Ich bin auch viel zu eifersüchtig, um mir besondere Ereignisse meiner Kinder von Fremden erzählen zu lassen. Aber dem Karrierepfad zu folgen, anstelle sich Kindererziehung zu widmen, ist ja nicht immer eine freiwillige Wahl. Daher habe ich wirklich Respekt vor Müttern, die diesen Lebensweg gehen, obwohl sie lieber bei ihren Kindern wären. Bei Frauen, die sich für Karriere aus Liebe zum Geld entscheiden, versuche ich mich zu überzeugen, die richtige Entscheidung getroffen zu haben.

Ich kann mich ganz ehrlich nach vier Jahren auch nicht mehr daran erinnern, ob meine Kinder mit elf Monaten Heidelbeeren gegessen haben (wahrscheinlich schon, mein älterer Sohn aß immerhin mit zwölf Monaten am liebsten französische Lammkoteletts). Jedenfalls weiß ich, dass ich mich nicht um meine finanzielle Zukunft kümmern kann und ich auch bestimmt kein Erspartes habe. Ein angesehenes Mitglied der Gesellschaft bin ich auch nicht. Aber ich bin die stolze Besitzerin von Erinnerungen an die ersten Worte meiner Kinder, an den Tag, an dem sie anfingen, selbständig zu laufen, an ihr Lachen bei Kitzelangriffen und verrückten Legokonstruktionen; erschöpfende Lebensmitteleinkaufsausflüge mit quengelnden Kindern, schoko- und breiverschmierte Kindergesichter, als sie anfingen, sich selbst zu füttern, und unglaublich-mit-Essensresten-verschmutzte Böden nach jeder Mahlzeit; überschwemmte Badewannen und ertrunkene Plastiktiere im Badewasser. Ob ich die Erinnerungen aus meinen Kindererziehungsjahren wohl mehr vermissen würde als Geld und Respekt? Als zahllose Massagen, teure Restaurantbesuche, haufenweise Handtaschen und Designerkleidung? Leider könnte ich das nur in meinem nächsten Leben beantworten, und das auch nur, wenn ich mich an das Jetzige erinnern könnte …

Vita

Kathrin Wee – geboren im schönen Bayern und im tropischen Singapur zu einer „mittelalterlichen Mutter" geworden. Nach einem Studium der Sozialwissenschaften an der National University of Singapore und einer aufregenden Karriere beim Arbeitsamt in Singapur, schloss sie sich – nach einer weiteren Auswanderungsepisode nach Hongkong – der nicht-für-Geld-arbeitenden Gesellschaft an und tauschte ihren Arbeitslaptop gegen eine Schürze und zwei Kinder, denen sie seither, wie auch ihren Mann, mit semi-wissenschaftlichen Sezierungen ihrer sozialen Umwelt zusetze. Wenn nicht gerade mit Schlafen oder Häkeln schwer beschäftigt, schreibt sie – nun wieder zurück in ihrer ursprünglichen Wahlheimat Singapur – ihre Gedanken nieder.

www.ingramcontent.com/pod-product-compliance
Lightning Source LLC
Chambersburg PA
CBHW060037260726
48658CB00004B/1094